U0128145

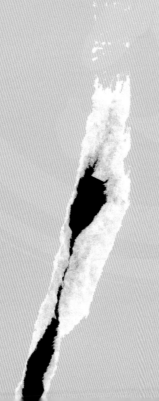

新文京開發出版股份有限公司

NEW WCDP 新世紀・新視野・新文京—精選教科書・考試用書・專業參考書

New Wun Ching Developmental Publishing Co., Ltd.

New Age · New Choice · The Best Selected Educational Publications — NEW WCDP

第八版
8th Edition

國際禮儀
International Etiquette

連娟瓏 編著

本書提供充足而實用的知識
讓您不只外在表現合於禮儀規範
而且能自然流露出優雅的禮儀風範
真正的禮儀不只是一種規範
而是發自內心的優雅
這,是禮儀的內涵

國家圖書館出版品預行編目資料

國際禮儀/連娟瓏編著. -- 第八版. -- 新北市：新文京
開發出版股份有限公司, 2023.09
　　面；　公分

ISBN　978-986-430-959-7（平裝）

1. CST：國際禮儀

530　　　　　　　　　　　　　　112013437

國際禮儀（第八版）　　　　　　（書號：H077e8）

編 著 者	連娟瓏
出 版 者	新文京開發出版股份有限公司
地　　址	新北市中和區中山路二段 362 號 9 樓
電　　話	(02) 2244-8188（代表號）
Ｆ Ａ Ｘ	(02) 2244-8189
郵　　撥	1958730-2
初　　版	西元 2002 年 11 月 20 日
第 二 版	西元 2007 年 05 月 01 日
第 三 版	西元 2010 年 03 月 01 日
第 四 版	西元 2013 年 01 月 15 日
第 五 版	西元 2014 年 05 月 15 日
第 六 版	西元 2016 年 09 月 01 日
第 七 版	西元 2019 年 02 月 20 日
第 八 版	西元 2023 年 09 月 01 日

國際禮儀是常識、知識、也是學識，值得研習。

國際禮儀是知性、感性、也是理性，必須實踐。

在我國亟思和國際接軌之際，在國人有能力四處旅行時，在國際外交急需拓展層面時，「國際禮儀」是必備的工具，只看如何去運用得恰到好處。

近年來，在大學院校莫不希望栽培學生成為有國際競爭力的人才，除了加強學生的語文能力，更希望訓練出彬彬有禮、進退應對風姿優雅的紳士淑女，連娟瓏老師以她空服員的背景資歷，及後來鑽研觀光休閒的心得，將所見所聞所學，撰寫成書，確是兼具深度、廣度、實踐和體驗的好教材。

曾在本校休閒遊憩系任教的連娟瓏老師，所著作的《國際禮儀》一書，包含了食、衣、住、行、溝通、社交、職場、商務、出國，各領域的相關禮儀，不僅具宏觀視野的概念，更含細微小節的提示，豐富生動，溫馨活潑，讀來賞心悅目，可以是課堂上的教科書，可以是讀書會研習的題材，是案頭上修習的工具書，更是生活中的禮儀小百科。

閱讀《國際禮儀》，細細揣摩擷取實用的資訊，必定會大有所穫、受用無窮。

余政光

國立虎尾科技大學教授

　　本書作者連娟瓏小姐，曾任本校商用英文、祕書實務、國際禮儀、商用套裝軟體等課程教師，由於教學生動，授課內容豐富，深受學生愛戴。

　　連老師至本校任課之前，曾在中華航空公司任職，擔任空服員八年，足跡遍及世界各地，見多識廣。機艙內的所見所聞，固然多采多姿，但也因飛得高看得遠，她知道天地之間另有更寬闊的境界；飛行之餘不忘充實自己，考進文化大學觀光事業研究所，留職停薪修得碩士學位，並將所學所見轉服務於年輕學子，教育英才，係國內數一數二具空服員實務經驗和研究觀光領域的專才。

　　教學之餘，連老師以她飛航世界各地之豐富閱歷，撰成《國際禮儀》一書，不僅成為國內大學院校教科書，第一版更發行於中國大陸，享譽對岸。連老師風姿典雅，經常應邀於國際社團演講，傳授禮儀常識，協助提升國人國際視野。

　　得悉連老師大作《國際禮儀》再版出刊，與有榮焉，特為之序。

康自立 謹序
國立彰化師範大學教授

　　在空服工作領域上常可見到許多好氣又好笑的事，面對國際交流日益密切的地球村時代，國人需要的不只是外語能力，而是要認識國際共同遵守的行為規範，這就是國際禮儀了。

　　市面上雖然這方面的書籍不少，不過大多偏於各國風俗的介紹或是原則性的規範，常常讀了之後知道了哪些事情該做、哪些事情不該做，反而讓人拘謹了起來。

　　連娟瓏女士曾擔任華航空服工作多年，足跡遍及許多國家，而後繼續深造取得觀光事業碩士學位，在實務經驗及學識上均有深厚的根基。目前則返鄉貢獻心力，於科技大學教授國際禮儀及各國課程，為國家栽培更具國際觀的下一代。如今結合其工作經驗、學術專業及教學心得，編撰成這本《國際禮儀》，本人獲邀為之作序，深感與有榮焉。

　　連女士這本國際禮儀處處可見其編撰之用心：除了禮儀規範之外，更在相關章節之間穿插禮儀萬事通的專篇來提供讀者更深入的知識背景。誠如其自序所言，豐富的常識是禮儀的內涵，而有內涵的禮儀才能自在優雅而不失於拘謹。此外，內文中經常以貼心叮嚀與禮儀小錦囊提醒讀者容易忽略的細節，這也是本書的一大特色。

　　尤其令人愛不釋手的，是全書插圖與美術設計之精美，在在顯示出作者與出版者對精緻出版的堅持。雖然作者是因教學上的需要而編撰本書，但它不僅是一本教科書，也是十分值得大眾讀者閱讀的好書。無論對於經常出國差旅、招待外賓客戶或是喜歡出國旅遊的朋友而言，這本《國際禮儀》都是一本必備的寶典。

周正剛　謹序

華航空服處處長

在全球化、國際化的衝擊下，國際禮儀不僅是商務人士必備的常識，更成為世界共同的行為規範，各大專院校紛紛開設此一課程。然而坊間雖不乏相關書籍，但不免龐雜而流於生活常識彙編或各國風俗集錦，且配合的圖片甚少，以致不易引發學生的學習興趣。筆者根據多年實務經驗及教學心得編撰本書，力求內容清楚簡明、圖文並茂，對食、衣、住、行及商業禮儀等等，一一加以介紹，期能使學生在研習本課程時更容易吸收。

關於國際禮儀的源起

禮儀的英文為Etiquette，這個字源於法文，原意為標籤，是對人言行舉止的一種標準規範，在英文中courtesy、politeness及manners都有禮儀的意思。據說國際禮儀源自中古世紀的歐洲，而禮儀是英國宮廷中的產物，而後又傳到美國，在第二次世界大戰之後才傳到世界各角落，今日的國際禮儀已是長期的使用在人性化、合理化而大家約定成俗的一種行為的規範了。因此我們也可以瞭解到，禮儀並不是一成不變的，不同的文化及不同的時代可能有不同的禮儀準則，本書所述禮儀為適用於國際性場合，對於各國傳統的、非世界共通的禮儀亦略做介紹，讀者若掌握書中的禮儀要點，配合入境問俗的基本原則，相信就可以有禮走遍天下了。

為什麼要學國際禮儀——禮節就在細節裡

一個人受過禮儀的訓練，接受禮儀的薰陶，在日常生活及工作場所中將受用無窮。本書對食、衣、住、行及商業禮儀等一一介紹，從中可瞭解一個熟諳禮儀的人將具有下列的優點：

1. 用餐時不會與眾不同，並可避免用餐時可能發生的碰撞及不便。
2. 在適當的場合穿適當的服裝。

3. 能重視居家環境，並與鄰居和睦相處。

4. 在行進間懂得長幼有序，在職場上也懂得自己身分立場。

5. 懂得表達謝意及歉意。

6. 懂得適時讚美他人。

7. 常保儀態優雅、輕鬆、自在，在工作時常能與工作夥伴形成良好的互動關係。

8. 學會傾聽，並能提出切中要點的問題。

9. 懂得應對進退，不會強人所難。

10. 懂得謙虛為懷。

　　筆者認為禮節都在細節裡，在日常生活中多說謝謝、請和多主動幫助別人，這些小細節將使自己更快樂，更能表現自己有禮的行為。

自在而優雅的禮儀風範——有內涵的禮儀

　　要能在適當場合展現出深諳禮儀的優雅，除了行為上的規範之外，豐富的常識更是禮儀的內涵。缺乏內涵而只是謹守規範，雖然沒有失禮的言行，卻也不免讓人覺得太過拘謹而難以親近的感覺。本書在禮儀規範之外，更設計了禮儀萬事通來介紹相關的常識，例如酒的世界、認識社交舞、認識名牌等，均是十分實用而且能在國際社交場合中輕鬆融入眾人話題的常識。期使讀者不只外在表現合於禮儀規範，而且能以充足的知識應用於言行之中，自然展現出自在而優雅的禮儀風範。

　　國際禮儀涵蓋層面甚廣，本書之內容取捨仍恐有不足之處，敬祈各方學者、先進不吝指正。此外，從2019年開始，嚴重特殊傳染性肺炎疫情嚴峻，這是人類歷史上大規模流行病之一。因為這流行病的發生，人與人之間的社交方式改變了些許，也產生了保持安全社交距離(social distancing)的觀念。因此，本次改版，除了延續統整最新領隊導遊相關試題，並依章節分類以便讀者對照使用之外，增加了Chapter 11〈防疫期間禮儀〉，同時補增最新國際旅遊相關資訊。感謝各界的使用及指教，希望八版的內容能增加您對這本書的喜愛。

連娟瓏 謹序

致 謝
FOREWORD

　　國際禮儀的範圍包含了生活的各個層面，從食、衣、住、行到人際溝通、商務往來等等，十分廣泛。為了讓這本書成為一本編輯精緻的教材，感謝新文京開發出版股份有限公司為本書特聘專業插畫家，繪製了許多精美插圖做為文字敘述的輔助。同時也感謝許多認識與不認識的朋友們熱心幫忙、提供了許多圖片。

　　在「酒的世界」中，橡木桶洋酒代理公司的《酒黨》雜誌提供了許多圖片讓我們使用，在此致謝。在「衣的禮儀」這章，子時出版社的《Men' s Uno》男人誌提供男性服飾的相關圖片，臺灣東販的《HERE! PLUS 時尚誌：Perfect Brand》則提供了女性服飾及名牌介紹的圖片。

　　誠如筆者在序言中所述，禮儀不應只是表面的規範，深具內涵才能陶冶出優雅的禮儀。而內涵，是要以豐富的常識為背景的。本書限於授課時數，只能做初步的介紹，希望能藉本書激發同學及讀者們的興趣，更深入探索，或廣泛涉獵這些生活知識。以上這些雜誌以及參考文獻所列的書刊都是很值得推薦的。

　　最後，再次感謝多年支持我的老師及讀者們。

連娟瓏　謹誌

目 錄
CONTENTS

CHAPTER 01 食的禮儀

Section 1　餐桌禮儀及餐前準備 ·············· 2

Section 2　中餐的禮儀 ······················· 4

Section 3　西餐的禮儀 ······················· 9

　　　　◆禮儀萬事通　西餐宴會的籌備 ·········· 22

Section 4　日式料理禮儀 ···················· 24

Section 5　自助餐 ·························· 28

Section 6　酒的禮儀 ······················· 30

　　　　◆禮儀萬事通　酒的世界 ··············· 36

Section 7　咖啡與茶的禮儀 ·················· 51

　　　　◆禮儀萬事通　咖啡的產地 ············· 57

CHAPTER 02 衣的禮儀

Section 1　穿著的重要性 ···················· 62

Section 2　正式場合的衣著—男士篇 ·········· 64

　　　　◆禮儀萬事通　領帶的打法與要訣 ········· 75

Section 3　正式場合的衣著—女士篇 ·········· 78

　　　　◆禮儀萬事通　認識名牌 ··············· 85

Section 4　休閒場合的衣著 ·················· 92

Section 5　儀 容 ·························· 97

　　　　◆禮儀萬事通　基本保養與化妝 ··········101

CHAPTER 03 · 住的禮儀

Section 1　居家禮儀 ················· 108
Section 2　作客借宿禮儀 ············· 109
Section 3　旅館飯店禮儀 ············· 110
Section 4　溫泉禮儀 ················· 114
　　　　　◆禮儀萬事通　認識旅館飯店 ········· 115

CHAPTER 04 · 行的禮儀

Section 1　姿勢與儀態 ··············· 120
Section 2　行進間的禮儀 ············· 122
Section 3　電梯禮儀 ················· 123
Section 4　乘車禮儀 ················· 125
Section 5　單車禮儀 ················· 129

CHAPTER 05 · 溝通聯繫的禮儀

Section 1　寒暄與交談的禮儀 ········· 132
Section 2　電話禮儀 ················· 139
Section 3　書信與電子郵件禮儀 ······· 143
Section 4　面對媒體的禮儀 ··········· 154

CHAPTER 06 　社交往來的禮儀

Section 1 　拜訪與待客的禮儀 ………………………… 158
Section 2 　送禮的禮儀 ………………………………… 160
　　　　　◆禮儀萬事通　花之物語 ………………… 165
Section 3 　探病禮儀 …………………………………… 167
Section 4 　舞會禮儀 …………………………………… 169
　　　　　◆禮儀萬事通　認識社交舞 ……………… 171

CHAPTER 07 　職場禮儀

Section 1 　辦公室禮儀 ………………………………… 176
Section 2 　辦公室電話禮儀 …………………………… 181
　　　　　◆禮儀萬事通　辦公室電話英語 ………… 184
Section 3 　面談的禮儀 ………………………………… 185
　　　　　◆禮儀萬事通　常見面談問題 …………… 190

CHAPTER 08 　商務人員禮儀

Section 1 　介紹的禮儀 ………………………………… 194
Section 2 　見面禮儀 …………………………………… 197
Section 3 　互遞名片的禮儀 …………………………… 201
Section 4 　商務拜訪與接待的禮儀 …………………… 203

CHAPTER 09 出國旅遊禮儀

Section 1　出國須知 ·································· 206

Section 2　搭機禮儀 ···························· 227

　　◆禮儀萬事通　各國免稅品入境限制········231

　　◆禮儀萬事通　航空公司簡稱·············238

　　◆禮儀萬事通　旅行社的分類·············241

Section 3　商務差旅之禮儀 ················ 243

　　◆禮儀萬事通　小費怎麼付？·············246

Section 4　旅遊衛生與保健 ················ 249

　　◆禮儀萬事通　就醫時常用的英語········252

CHAPTER 10 國際間的禮儀

Section 1　國與國之間禮儀 ················ 256

Section 2　掛國旗的禮儀 ···················· 257

Section 3　各國禮儀簡介 ···················· 259

CHAPTER 11 防疫期間禮儀

Section 1　居家安全防疫禮儀 ············ 280

Section 2　工作場所防疫禮儀 ············ 280

Section 3　防疫期間用餐禮節 ············ 281

參考文獻　283

歷屆考題　285

習　作　327

Chapter 01

食的禮儀

Section 1　餐桌禮儀及餐前準備

Section 2　中餐的禮儀

Section 3　西餐的禮儀

　　◆禮儀萬事通　西餐宴會的籌備

Section 4　日式料理禮儀

Section 5　自助餐

Section 6　酒的禮儀

　　◆禮儀萬事通　酒的世界

Section 7　咖啡與茶的禮儀

　　◆禮儀萬事通　咖啡的產地

SECTION 01 餐桌禮儀及餐前準備

在餐桌上的行為舉止不僅反映出一個人的禮儀修養，也反映出所受的家庭教育及背景。與友人或同事進餐，良好的用餐習慣或不好的用餐習慣，都將改變別人對我們的看法；所謂「吃飯皇帝大」，這句話表現出飲食是人生的一件大事，不可隨便馬虎。

在國際餐宴的場合中，在用餐時表現出從容優雅的禮儀是為自己國家提高形象的機會。以下幾個要點是我們在用餐時應注意的。

1. 手機請關機。

2. 椅子應輕聲拖拉，切勿發出不悅耳的聲音。

3. 男士應先協助女士入座後，自己再入座。

4. 坐姿要端正，與餐桌的距離約兩個拳頭大，如果用餐時間很長，可適時將雙手自然垂下。

5. 女士所攜帶的皮包可放於背部與椅背之間。

6. 如須自己點餐時，應用心看菜單，如有不懂的地方可請教服務人員。在點餐時，如自己是客人時，應考量到餐點的價錢是否在對方可接受的範圍；身為主人時，除了考量客人的喜好之外，第一道菜不要點最低價的餐點，以免客人不好意思點較高價的菜。

7. 餐廳的服務人員就如同餐廳的主人一般，我們應尊重其專業及服務精神。

8. 主人入座且開動時，客人始可跟進。

9. 兩手臂不可擴張太大，以免影響到鄰座客人用餐。

10. 咀嚼食物時，請將嘴巴閉上。

11. 嘴巴有食物時不要說話，如果還有話要說，請先將食物吞下。

12. 進餐速度不宜太快或太慢，宜配合女主人之速度。

13. 用餐時，應與鄰座客人適時的交談，藉此餐會時間增加彼此的認識及感情。

14. 如果需要用到牙籤，請飯後再祕密的進行吧。

15. 全餐食畢，等主人有意離席時，方可離席。

16. 為了不要在餐廳前久等，或特殊假日人潮洶湧，應於用餐前幾天先訂位，訂位中可告知餐廳用餐人數、希望用餐時餐桌靠近的景觀或用餐的性質，如需餐廳準備蛋糕及飲料都可先知會餐廳服務人員。

17. 用餐中或用完餐請勿發出打嗝的聲音，這是很不禮貌的行為。

18. 如須離開或暫時離開，須告知主人，並請跟同桌人士打聲招呼。

INTERNATIONAL ETIQUETTE

禮儀小錦囊

有關打包(Doggy bags)

　　一般而言，除了在正式約會，或商務午餐及晚餐外，打包餐館吃剩的食物是可以被接受的。

SECTION 02 中餐的禮儀

一、餐具介紹

中式餐具不像西餐那麼繁複，通常包括餐巾、餐盤、水杯、湯匙、筷子。有些餐廳會提供筷架和給個人用來放調味沾醬的小碟子。如果要喝高粱之類的烈酒，可以請餐廳提供小酒杯。

●常見的中餐餐具擺設

二、餐桌禮儀

1. 用餐前，先將餐巾對折平放於大腿上方，才可開始用餐。此時，多半由主人請大家開動。

2. 中式餐桌多為旋轉桌，應先禮讓對方夾菜。

3. 進餐速度不宜太快，應配合女主人或主賓。

4. 如身為主人，就應招呼所有客人盡情享用。

●現今中餐也常以紅、白酒佐餐，故餐桌上也常有紅白酒杯擺設。

5. 不可站起來伸長筷子夾菜，這樣是非常不禮貌的。

6. 有些食物如丸子之類，並不易夾起，如果掉落，可從容夾回自己的盤內。

7. 中外有些餐廳有專人服務，服務人員會將菜餚等份分給在座客人；如果沒有服務人員，切勿在盤中翻揀菜餚。如果有公筷母匙，則應使用公筷母匙。

8. 喝湯時不要出聲。

9. 相鄰客人應互相寒喧及自我介紹。

10. 可適時的讚美菜色，適當的讚美能使主人覺得很有面子。

11. 大多數人以右手拿筷子，如果您是用左手用餐，在用餐前，可先向隔壁朋友說明，以免兩人吃飯時手相撞。如果餐桌為方形桌時，則可選擇最靠左邊的位置，這樣就不會影響到別人用餐了。

12. 有些長輩會用自己的筷子夾菜給客人以表示熱誠，現在慢慢改用熱情語言請客人多用菜。

13. 中國古老傳說，如將魚翻身是不祥的，所以用餐時，如一面魚已吃完，最好將其骨頭除去可吃到另一面，不要獨自將魚翻身。

14. 宴客中，相互常以「乾杯」表示熱情，但如不勝酒力，回以「隨意」，更能體量對方。

15. 宴客時，應由男主人及女主人開始敬酒，先敬男主賓及女主賓再敬大家。參加的賓客要等主人開始敬酒後，始得彼此敬酒。

禮儀小錦囊

筷子使用

· 筷子在中餐扮演的角色與西餐的刀叉是一樣的重要，握筷姿勢應優雅，以下為握筷姿勢，可供讀者參考。

· 手的五指自然彎曲，以大拇指前端、食指和中指扶夾住一根筷子，大拇指末端和無名指夾住另外一根筷子，小指自然彎曲。夾菜時，運用食指和中指夾菜。

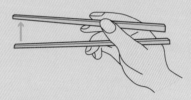

· 有些人受邀用餐，用餐前會用餐紙將餐具擦拭一次，這是不禮貌的舉動，會讓主人誤以為餐具不乾淨而感到不好意思。

· 用餐時，如要使用其他餐具，如用湯匙喝湯，應先將筷子放下。

· 用餐時，不要用筷子敲打碗或其他餐具。

· 用餐中休息或用餐完畢，筷子要放在筷架上，不要放在杯子或盤子上，也不可將筷子插在飯碗中；如果沒有筷架可平放於桌面。

· 在用餐夾菜時，不要用筷子在各碟菜餚中來回翻攪。

· 如果筷子掉落在地上，可請服務人員換一雙。

· 不要用一支筷子叉取食物，或用舌頭將筷子上的食物舔乾淨。

· 使用衛生筷時，除了品質不好的筷子外，將兩支筷子互相磨蹭是相當不好的行為。

· 有些人在用餐時，與在座的人說話，常將筷子當空比劃，這是很不雅的舉止。

三、席次安排

　　每桌的座位有尊卑之分，而桌與桌之間也有大小區分。除了自助餐、茶會或酒會之外，仍需安排客人的席次。如何安排席次常視宴客的目的而定，但宴會時必須先安排客人的席次，目前我國中餐圓桌及方桌有中式及西式兩種坐法，以下分別以123來表示桌次之大小。

◆ 一桌時：

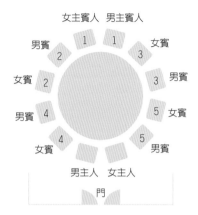

◆ 兩桌時：兩桌並排時以右邊為主桌。

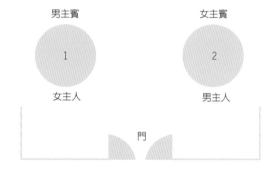

◆ 三桌時：

◆ 四桌時：

◆ 五桌時：

◆ 超過五桌時：在較大型的宴會場合，席位超過五桌時，通常以兩行、三行的方式排列。以下以八桌兩行排列為例，介紹桌次尊卑的安排方式。

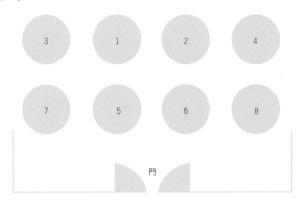

四、上菜程序

　　中餐的上菜程序一般為十道，第一道菜常為冷盤（拼盤），向來夾雜著以雞肉、豬肉及海鮮料理的菜，最後一道常以魚為主菜，代表吉祥及年年有餘，然後有甜湯及水果。通常上到甜湯時表示宴席已近尾聲。

03 西餐的禮儀

SECTION

一、餐具介紹

西餐餐具包括餐巾（餐巾布）、刀、叉、杯、盤、碗等，有時依食物不同而需要鉗、洗手盅等，以下是常見的擺設範例圖示。

● 常見的西餐餐具擺設

二、餐具使用要點

西餐中對於包括餐巾、刀叉、杯子、湯碗、洗手盅等各種餐具的使用均有一定的禮儀，若缺乏這方面的瞭解，就可能在餐宴的場合中鬧笑話，以下一一介紹各種餐具的使用的要點。

貼心叮嚀

飛機上的餐巾常於角落有一鈕扣孔，著襯衫時可將餐巾扣於襯衫扣子上或放在胸前，以免在機上用餐時遇上亂流而將衣物弄髒。

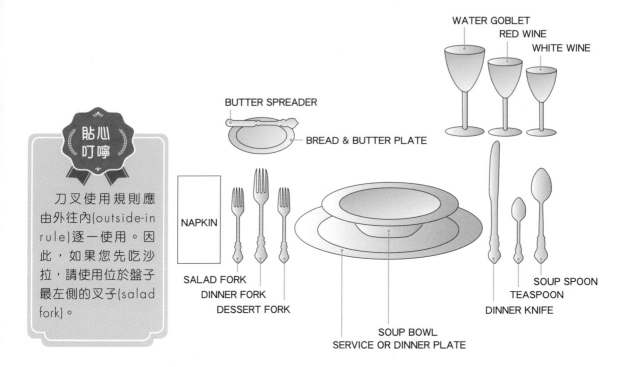

貼心叮嚀

刀叉使用規則應由外往內(outside-in rule)逐一使用。因此，如果您先吃沙拉，請使用位於盤子最左側的叉子(salad fork)。

◆ 餐巾(Napkin)：用餐前應將餐巾對折平放於大腿上再開始進餐，用餐中如需離席，需將餐巾擺在椅子手把上。用餐完畢時，則將餐巾大略折好放在桌上即可。餐巾的主要作用在防止衣服弄髒，可拿來稍微拭嘴，但切記不要將餐巾沾染上口紅。

◆ 刀叉：用餐中，需要用刀子切割食物時，以右手拿刀，左手拿叉，歐洲人較為傳統的習慣是吃完一塊肉再切一塊，切肉方向由左向右切，美國人有時喜歡將肉全部切好，刀擺於盤子上方，再將叉子換至右手用餐，這種方式稱為Zig-Zag，並不受歐洲人歡迎。

◆ 杯子：餐桌上，一般會有水杯和酒杯，而一個杯子只適合盛一種酒。不要先後用同一個杯子盛不同的酒，以免破壞酒的風味。

◆ 湯碗：分為有把湯碗及無把湯碗；在使用有把湯碗時，可先把湯內的食物吃完，再藉由碗把將碗拿起來喝湯。無把湯碗則不可拿起使用，在剩餘一些湯時，可傾斜碗，以便食用。

◆ 洗手盅：用餐時，可在必要時用洗手盅洗手，兩隻手不可同時進入盅中，一次只可放進一隻手。有些餐廳較為講究，會在洗手盅中裝飾花瓣，其紙墊邊緣綴以蕾絲，十分雅緻，使用時動作宜輕巧優雅才不失禮。

●洗手盅
洗手盅內有時會用一些玫瑰花瓣裝飾。

　　曾有一傳說，清朝大臣李鴻章出使德國時，應俾斯麥之邀赴宴。由於不懂西餐的禮儀習慣，竟將洗手盅的水端起來喝了。俾斯麥為了不使李鴻章丟臉出醜，便也將自己的洗手水一飲而盡。參加宴會的其他文武官員見此情況，也只得忍笑奉陪。

INTERNATIONAL ETIQUETTE
禮儀小錦囊

適當使用刀叉

　　用餐時正確而熟練的使用刀、叉及湯匙。使用叉子時，應該以拇指和食指握住叉子約3/4處，拇指抵住食指的背面，叉子的正面，其他的手指則由下而上依序握住叉子，中指由下而上撐住把柄。

各類刀叉之名或及用途			
	細項	英文	用途
刀(Knife)	食用刀	Dinner Knife	主要於正餐時切割肉類之用
	魚刀	Fish Knife	切割魚肉之用
	奶油刀	Butter Knife	刀薄而小，放在奶油旁，用來塗抹奶油
	排肉刀子	Steak Knife	有鋸齒的豬排或牛排切割刀
叉(Fork)	海鮮叉	Seafood Fork	專門用於吃海鮮食物
	魚叉	Fish Fork	經常用來吃沙拉或點心
	食用叉	Dinner Fork	用餐時配合食用刀一起使用
	龍蝦叉	Lobster Fork	專門用於吃龍蝦肉
	田螺叉	Escargot Fork	專門用於吃田螺肉
	切割叉	Carving Set-Fork	鋼質，叉片很銳利，像刀一樣，可做為割肉之用
其他餐具	龍蝦鉗	Lobster Pick	挑取龍蝦肉用
	田螺鉗	Escargot Clamps	用於固定田螺

三、餐桌禮儀

西餐中除了上述對刀叉、杯、碗等各種餐具的使用均有規定的禮儀外，在用餐中也有一些需要注意的禮儀：

1. 到餐廳用餐時，應於服務台前等候服務人員的帶位；入座時，應由服務生服務。

2. 就座時女士的小皮包可放於椅子背後，身體應與桌緣相距2個拳頭距離。

3. 西式宴會必須等到客人到齊，由主人打開餐巾，客人才可以跟進打開餐巾，之後才可以動用桌上的餐具。

4. 餐巾打開後對折放在大腿上以防止食物弄髒衣服。

① 中途離席時，可將餐巾掛在椅背或對折壓在餐盤下

② 用完餐將餐巾略折放在桌上即可

③ 用餐時將餐巾對折平放在大腿上

5. 西式宴會上菜時會一一供應給每位客人，而不是跟中餐一樣放在桌上讓大家自行取用。上菜時由客人開始取用，主人最後；主人拿到菜時應注意是否所有的客人都拿到菜了。

6. 食用佳餚時應由左向右切一小口食用，勿夾一大塊塞入口中。

7. 麵包應剝一小口後再入口；如需用奶油，也是以一小口麵包量塗上奶油。

8. 咖啡先放糖再加奶精，小湯匙用來攪拌，不能將湯匙放在杯內。

9. 用餐時，如要拒絕別人倒酒，須伸手稍微蓋住酒杯口即可。

10. 餐點、糖、奶精（油）、麵包、胡椒及鹽應依逆時鐘方向傳遞。

11. 用餐中如刀叉掉落可向服務人員要求一副新的，無須自己將刀叉撿起。

12. 用餐中如果要暫時放下刀叉，可將刀叉置於餐盤前緣，或架在餐盤與桌面上呈八字型；用完的餐具則刀叉平行以45度角或刀叉交叉置於餐盤上，刀口向內，叉尖朝下。

13. 西式宴會主人常於上甜點前致詞或敬酒，期間應營造和諧愉快的用餐氣氛。

14. 西式餐點程序多，時間亦較長，主客間應營造和諧愉快的用餐氣氛。

● 暫時停止用餐時，可將刀叉擺成「八」字形表示，但要注意刀鋒部分要朝內側，叉尖要朝下。

● 若已用餐完畢或不想再吃時，可將刀叉並排斜放45°於餐盤上，服務人員見狀後就可以將餐盤收拾。

四、席次安排

席次的安排是一門學問，也是項有趣的工作。每個客人都有不同的特性，只要花點心思，就能讓此次的宴會變得活潑生動。

西式宴會中，常以長桌擺設較為普遍。且男女主人及男女客人皆分開而坐，重要的客人要坐貴賓席，其席位之安排如下：

（一）長形餐桌的席次安排

◆ 英美式的長形餐桌：男、女主人應分別對坐於長桌的兩端，男主賓應坐在女主人右方， 女主賓則應坐在男主人右方；男女賓客相間而坐。

◆ 法式長形餐桌：男、女主人在長桌中央的兩側相對而坐，男、女主賓分別坐於女、男主人右手邊，而男、女次賓則分別坐於女、男主人的左手邊，其餘男女賓客相間而坐。

◆ 家中聚餐：家中聚餐雖然不需要太過拘謹，但如有長輩時，還是需要安排位置，以讓晚輩能有學習的機會。依人數多寡有不同，席次安排也有不同的方式。

● 餐點由主客開始服務，以逆時鐘方向依次服務，主人最後被服務；此時主人可以順便看一下，是否每一位客人都被服務到了。

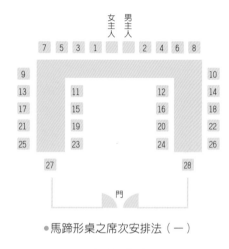

●馬蹄形桌之席次安排法（一）

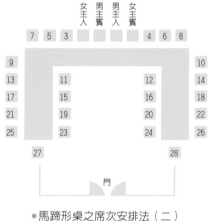

●馬蹄形桌之席次安排法（二）

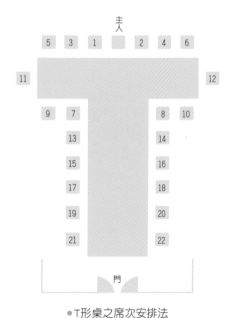

●T形桌之席次安排法

（二）其他形餐桌的席次安排

　　除了方桌、長條形餐桌等較傳統的形式外，在大型的餐會也可見到馬蹄形、T字形、鐵板燒桌等形式的排法。

◆ 馬蹄形桌之席次安排：在場地寬敞、賓客較多的場合，馬蹄形桌較為壯觀。在席次安排方面，以上桌為上位，兩排向外延伸的長桌則以越靠近主人越上位為原則。

◆ 馬蹄形桌的變形：在人數更多、規模更大的宴會場合，也有可能將馬蹄形桌加以變化為山形或E形的排法，席次安排也是依馬蹄形桌的原則，以上桌為上位，由內而外，由右而左。我們以圖示的方式介紹各種不同狀況的馬蹄形桌及其變化桌形的席次安排，圖中數字越小表示越上位。

◆ T形桌之席次安排：T形桌以T字頂端的上桌為上位，同樣以越靠近主人越尊貴為原則，與主人距離相同時以右邊為尊。

◆ 鐵板燒桌之席次安排：鐵板燒桌的形狀可以看成反過來的馬蹄形桌，但內側是料理師傅工作的地方，不能安排座位。

●鐵板燒桌之席次安排法

五、西餐上菜次序

正式西餐上菜次序分別為前菜、湯、海鮮、肉類、冷飲、烘烤食物、沙拉、甜點、水果及茶或咖啡。

◆ 前菜：前菜又稱為開胃菜(Hors Doeuvre)，是為了讓食客更有食慾而設計的菜餚，最常見的是冷盤，如牡蠣、滷鵝肝、蝸牛肉及昂貴的魚子醬(Caviar)等，有些前菜會裝飾一些芹菜、荷蘭芹、胡蘿蔔及小洋蔥等，或者在薄餅上面放小魚乾或起士等，這些是可以用手取食的。前菜是餐宴的開始，宜少量取用即可。

INTERNATIONAL ETIQUETTE

禮儀小錦囊

魚子醬(Caviar)

Caviar字源於波斯灣中的魚卵，在歐洲市場鮭魚、柳葉魚、鱒魚及鱘魚等等口味都非常暢銷。其最好的食用方法是冷食，但不要冰鎮，飲料搭配冰的香檳或伏特加就是人間美味。

◆ 湯：一般而言，西餐的湯可分為清湯(Potage-clair)及濃湯(Potage-lie)，在用餐時可依個人的喜好而點湯。西式用湯匙喝湯的方向是由內向外舀，第一口先小口試試溫度及味道，之後再酌量加入調味品。喝湯時不宜任意攪拌或用口吹涼，喝完後可將湯匙放在湯盤的碟子上；如果湯杯有杯耳，可用兩手執耳，端起來喝。

◆ 麵包：麵包的供應常與湯同時上桌，吃麵包時不能將整塊麵包拿起來咬，需以撕一小口一小口方式入口，麵包盤與奶油盅置於餐桌左上方。在法國餐廳，客人常留下一小塊麵包，在湯快喝完時拿著這一小塊麵包，將湯碗裡所有的湯汁擦拭得乾乾淨淨，然後再送入嘴裡品嚐。

●沒有杯耳的湯杯，喝湯時不宜拿起。

●●●● 禮儀小錦囊

牛排要幾分熟？

用於肉類熟度的講法有Rare（三分熟的）、Medium（五～七分熟的）、Well-Done（全熟的），國外服務生常用：

Would you like your steak rare, medium, or well-done?

（你要牛排三分熟、七分熟，還是全熟？）

牛小排

全名Bone-in Short Rib帶骨牛小排，取自第6~8節肋骨橫切之部位，肉質柔軟，是很好的食材，臺灣聞名的台塑牛小排就是使用這個部位。

●吃甜點時，除了用小叉子，亦可用小湯匙協助食用。

◆ 海鮮：一般的貝類、魚類或是蝦，份量並不多。

◆ 肉類：此時，上的菜就是我們所謂的主菜(Main Course)，我們在點菜時可依個人的喜好點自己喜歡的肉類。

◆ 冷飲：此道冷飲也常以果凍及水果替代。

◆ 烘烤食物：有些餐廳會省略此項食物。

◆ 沙拉：沙拉通常為生鮮蔬菜、醬汁、起司等食材的組合，較豪華的沙拉會加入培根、火腿和切碎的水煮蛋。

◆ 餐後甜點：餐後甜點通常是蛋糕、布丁及起士蛋糕之類濕軟的食物。

◆ 水果。

◆ 咖啡或茶。

六、特殊食物食用法

有些食物依照一般日常習慣的方法食用較不雅觀，在此介紹合於國際禮儀的食用法，不妨自行練習看看，以便在適當場合展現你的優雅風範。

1. 水煮蛋：水煮蛋先置於蛋架上，再用刀子割破蛋殼尖端，挖出一個開口後，再用蛋匙（小湯匙）挖來吃。

INTERNATIONAL ETIQUETTE

禮儀小錦囊

美式早餐—蛋的分類（中英文對照）

Fried Egg　煎蛋

Fried Sunny-side-up　單面煎蛋（蛋黃在上方）

Fried Easy-over　煎一半熟蛋

Scrambled Eggs　炒蛋

Omelet　煎蛋捲

Soft Boiled Egg　水煮蛋（蛋黃未熟）

Hard Boiled Egg　水煮蛋（蛋黃已熟）

2. 蘋果：食用蘋果或梨子時，可先用刀切成四等份，再用叉子取食。

3. 香蕉：食用香蕉前要先用刀子切掉香蕉兩端的蒂頭，接著以刀橫向劃開香蕉皮，露出蕉肉後，再用刀叉由左向右切段取食。

4. 葡萄：可直接用手先剝皮再食即可。小型的李子、櫻桃等水果都可以直接用手取食，但果核、籽、梗等要吐在小湯匙或握成杯狀的手中，再放到盤子上。

5. 水煮玉米：可直接用雙手拿來吃。

早午餐（英語：brunch，源於breakfast和lunch兩詞的結合）用餐時間介於早餐和午餐時間，因為種種緣故（例如：起床較遲或基督徒早晨上教堂等等）而無法正常時間吃早餐，而改於早餐和午餐之間的時間吃東西。通常是週日吃，份量比早餐豐富，但食物則差不多。在歐美等地，有些書院及宿舍會提供早午餐，尤其是在週日及假日的時候。早午餐多為自助式，也可按菜單點菜，或兩種形式的混合。餐膳包括標準的早餐食品，例如：雞蛋、香腸、醃肉、火腿、水果、酥餅、熱香餅等，飲品方面可包含不同種類的雞尾酒，如血腥瑪莉等。

剝過葡萄皮或吃完玉米後，在洗手盅洗手時，記得一次只能洗一隻手，不可兩手一起放進去。

● 蝸牛鉗／田螺鉗
先用蝸牛鉗將蝸牛固定，再用叉子將蝸牛肉取出食用。由於蝸牛肉之湯汁鮮美，可用麵包沾取食用，並不失禮。

6. 龍蝦肉：龍蝦肉用刀叉取出來吃，龍蝦殼可擺於盤子上方。

7. 麵包：吃麵包時，果醬（牛油）不能直接用，需先移入自己的盤中再取用。

8. 魚：食用整條魚時，可先將上層魚肉吃完，然後切斷頭、尾，將整條魚骨取出移到餐盤上方，再繼續吃另一面的魚肉。

9. 蝸牛：先用蝸牛鉗夾住蝸牛，然後用叉子挖出蝸牛肉食用。

10. 鋁箔紙包住的食物：先用刀子將鋁箔紙以劃十字的方式切開，然後再將紙撥開後食用。

11. 用餐時，如不要別人倒酒了，只要稍微伸手蓋住杯口即可，但不用觸摸到杯口。

12. 宴客前，主人應先嚐嚐看酒的口感，千萬不要在客人面前試酒。

INTERNATIONAL ETIQUETTE

禮儀小錦囊

義大利麵的食用方式

　　最方便的方式是右手拿叉子，左手拿吃點心用的大湯匙。把麵條推到叉子上，並且用湯匙加以托住使麵條不致垂下來，再將叉子送入口中。但此種方式被視為較不「正統」的吃法，正統的吃法不會使用湯匙輔助，只會用到叉子。這種吃法的祕訣在於使用叉子時，捲繞的麵條不宜太多，一次大約只捲四、五條，捲繞時速度緩慢，讓所有的麵條結實地繞在叉子上，接著就可以將它送入口中食用了。

義大利麵之種類

　　義大利麵大致可分為五大類，即長條麵(Cord)、絲帶麵(Ribbon)、空心／螺旋麵(Tubed/Twisted)、貝殼麵(Shell)和包餡麵(Stuffed)。而這五大種類又可分為許多種：一般大眾較常食用的繩子麵(Spaghetti)屬長條麵；我們最常看到的小小段的通心粉（麵）(Macaroni=Dumpling)屬於空心／螺旋麵；方塊麵、義大利餃(Ravioli)及千層麵(Lasagna)都屬包餡麵。

禮儀小錦囊

宴會類型可分

國宴(State Banquet)

正式且是元首間的宴會。

茶會(Tea Party)

舉行時間在早餐與午餐間，或午餐與晚餐間。

酒會(Cocktail，Cocktail Party，Reception)

請帖會註明起迄時間。

園遊會(Garden Party)

通常在大花園舉行。

自助餐(Buffet)

不排座次，先後進食不拘形式，自己選取喜歡的食物。

午宴(Luncheon, Business Lunch)

通常為中午十二時至下午二時。

晚宴(Dinner)

在下午六時以後舉辦的可稱之為晚宴。

晚會(Soiree)

下午六時以後，包括餐宴及節目（音樂演奏、遊戲、跳舞等）。

宵夜(Supper)

是指在欣賞完歌劇或音樂會後舉行的隆重宴會。

西餐宴會的籌備

　　宴會的舉辦不僅可以擴展自己的人際關係，亦有下列幾項功能：

1. 認識新朋友。
2. 擴展自己的生活圈，建立新的社交網。
3. 與老友敘舊，重拾往日情誼。
4. 取悅別人。
5. 擴展商機。
6. 感謝朋友的幫忙。
7. 慶賀用，如週年慶、生日等。

　　儘管各種宴會的目的有所不同，但主要的目的還是希望與會者皆能歡喜，宴會圓滿結束。以下幾點為宴會前的準備工作，供讀者參考：

(1) 預算的控制：若先訂定預算，有益於安排宴會的形式。宴會的形式包括自助餐式、家庭聚餐、雞尾酒會、商業聚餐、單身派對等。

(2) 選訂日期：宴客的日期，盡量不要和重要日子撞期，如聖誕節、母親節等，以免造成與會者的不便。

(3) 提出邀請並發送邀請函：邀請函可以自行設計，也可以請專人印製，發送邀請函前要注意寄達客人的時間，不要讓賓客在最後一刻才收到邀請函，給人措手不及的感覺。邀請函最後要附上「敬候回覆(R.S.V.P.)」的回函，以方便人數統計。中式邀請函的回帖選項中，「陪」表示參加，「謝」為表示不參加。一般來說，宴客日期的一週前須寄邀請函。

(4) 選擇地點：地點應以方便舒適為主，不要選擇離市區太遠、交通不便或停車位難找的地方，最好能在邀請函上附上宴客地點的地圖。

貼心
叮嚀

　　邀請函內容注意事項：稱謂、時間地點、何種類型的餐會和服裝的款式要求須註明。如果不希望與會者帶禮物，可婉轉告知，或於邀請函中說明。

(5) 受邀客人名單訂定：受邀的客人不用侷限於特定職業或年齡，如能將各類型的朋友齊聚一堂，並介紹彼此認識，如此不僅能擴展彼此的人際關係，或許也能因此而結交到志同道合的朋友。不過千萬記得需對主賓好惡宜特別留意，不要將兩個冤家同時邀請到一個宴會，而造成彼此的尷尬。

(6) 菜單選定：主人可先與餐廳討論菜單的樣式，如果不喜歡的菜色可以要求更改，菜餚的選定前，可先瞭解賓客的好惡及各宗教的忌諱，如西方人通常不吃內臟、佛教徒吃素食、回教徒不吃豬肉、猶太教徒不吃豬肉、印度教徒不吃牛肉、天主教徒星期五忌吃肉類及摩門教徒不喝酒、不喝茶、不喝咖啡，甚至不抽香菸等。而客人的個人健康因素也可考量進去，如有些人吃海鮮易引起過敏、或適合糖尿病患者的食物及高血壓病患之食物等，如能注意到這些細節，這場宴會將會賓主盡歡。用餐時用的杯碗也可依菜色的種類來安排，需注意到美觀與否的問題。

● R.S.V.P.為French repondez s'il vous plait（法）敬請賜覆（請帖用語）（=please reply）

（英文請帖範本）

(7) 服務人員的安排：宴會中除了上菜服務人員外，可另外安排專人負責一些事務，如照相、倒飲料，帶位等。如果參加者帶著小朋友，可事先請一些保姆來幫忙。

(8) 餘興節目的安排：主人可以營造輕鬆、愉快的氣氛來進行整場宴會，也可安排一些餘興節目，如唱歌、演奏，或是在飯後來個小舞會亦非常有趣。

（邀請函）

（回函）

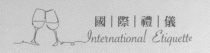
04　日式料理禮儀

　　雖然國際禮儀是從西方社會傳出來的，國際場合也通常以西式的飲食為主，但許多西方人士卻對東方文化十分有興趣，日本料理也和中餐有時會成為宴請西方人士時常見的選擇，所以我們不妨多認識一下日式料理及享用時應注意的禮儀。

一、認識日式料理

　　日式料理中，以懷石料理最為精緻且感覺較為豪華、正式。懷石料理源自於日本寺廟中的素食，其名稱即來自禪師修行時為了忍住飢餓而將溫過的石頭抱在懷中而得名，是一套富含禪意、量少而精緻的料理，也成為日式料理的代表。

　　懷石料理有固定的上菜程序，因此只要按照餐廳上菜的順序食用即不至於失禮。而定食則是比較簡便且平民化的日式簡餐，較少見於正式餐宴場合。但部分場合需以點菜的方式，用餐時就要對日式料理的種類稍作認識，以下依常見的進食順序加以介紹：

1. 前菜，即開胃菜，指一些醃漬或涼拌的小菜，例如：涼拌牛蒡絲。有時也會用酢物來當做開胃菜。

2. 刺身，即生魚片。當生魚片種類有多種時，可先從味道較淡的先吃，而脂肪較多的可留在後面吃。

3. 酢物，指用醋涼拌或醃漬的食物，屬於小品菜，大多以魚貝類為食材。常作為開胃前菜，或在食用過口味較重的菜餚後提供，以便清爽口齒。

4. 吸物，或稱前湯，通常是清湯。當清湯一上桌即應先品嚐一番，不應擱置在旁。

5. 揚物，即油炸食物，應從自己的前方開始吃。

6. 蒸物，以清蒸的方式烹調，目的在強調食材鮮美的原味，多以海鮮為食材，屬於口味較清淡的菜餚。

7. 鍋物，就是火鍋。在日本，火鍋很受歡迎，種類也很多。

8. 燒物，指燒烤料理，依烹調方式可分為直接火烤的「直火燒」與放在器皿上燒烤的「隔火燒」。直火燒依使用調味料不同，又有素燒、鹽燒、照燒等種類；隔火燒則依所用器皿不同而有鐵板燒、岩燒、殼燒等不同名稱。燒物在日式料理中，屬於主菜的部分，食材以海鮮與肉類為主。

9. 煮物，類似中式料理中的「紅燒」，但種類更為繁多，依菜餚色澤可分為紅煮、白煮、青煮……等等。

10. 米飯，可與汁物及香物交互食用。若要再添飯，必須留些飯粒於碗內。日本人習慣先喝酒、吃菜之後再吃飯，享用日式料理時，也應依照這個程序為宜。

11. 汁物即湯，日式料理中，湯的種類不多，味道也較簡單而清淡。例如味噌湯即屬於汁物的一種。

12. 香物，即醃醬菜之類醃漬食品，例如：泡菜之類。香物是配飯用的，吃完可要求補充。

13. 果物，即水果。

14. 甜點，通常由棉紙墊在底下，習慣一次只取一個。

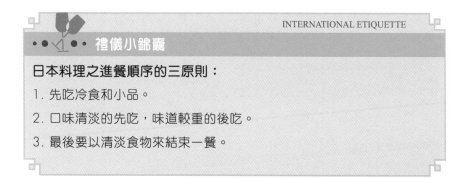

INTERNATIONAL ETIQUETTE

禮儀小錦囊

日本料理之進餐順序的三原則：

1. 先吃冷食和小品。
2. 口味清淡的先吃，味道較重的後吃。
3. 最後要以清淡食物來結束一餐。

二、日式料理用餐禮儀

1. 日本民族吃飯前會先說一聲「いただきます」(i ta da ki ma su)，表示要開始享用餐點的意思。

2. 壽司是日本的代表食物，應以右手的拇指、食指及中指捏住來食用。

3. 吃麵時，不管男士及女士皆應發出「嘛嘛」的聲音，表示東西非常好吃，這是傳統的日式禮儀。

4. 宴會時，應幫對方倒酒，不喝酒的人需將酒杯倒蓋。

5. 若大家乾杯時，應將酒杯舉起與眼睛同高，這樣才合乎禮節。

6. 2020年日本修改「健康增進法律」，在餐廳內都不能吸菸，但日本政府又擔心此規定會影響小型餐飲業者的營收，所以小型餐飲店內仍可以吸菸，但必須在店門口貼上「未滿20歲不能入內用餐」貼紙。提醒赴日有帶小孩的人要特別注意，以避免發生糾紛。

7. 用餐完畢，常將用過的筷子，套回紙套中，並置在筷架上。

喫煙可能店
Smoking area

20歳未満の方は立ち入れません。
「喫煙」には、加熱式たばこを吸うことが含まれます。

● 日本的餐廳如果貼上「未滿20歲的人不能進入」的貼紙，就代表店內可以吸菸。

INTERNATIONAL ETIQUETTE

禮儀小錦囊

　　吃麵時發出「嘛嘛」聲以表示好吃禮儀，對許多年輕一代的日本人而言，已逐漸成為一種過時的習慣了，尤其是曾在國外留學或任職的日本女性，或者受西方文化影響較深的年輕日本人，大多不會在吃麵時發出聲音。

三、其他著名的日本食物

◆ 壽司(sushi)：壽司並不屬於套餐中的菜餚，壽司種類繁多，本身即可成為一餐，就像中國的餃子、西洋的漢堡、披薩。

◆ 天婦羅(tenpura)：將海鮮和蔬菜裹上麵粉，經過油炸製作而成的食物。

◆ 關東煮(oden)：將魚板、蘿蔔等食物，通通放進以柴魚熬成的高湯中煮食，是由東京生活圈發展出來的食物。

◆ 烏龍(udon)：粗麵條，冷熱皆可食。

◆ 拉麵(la men)：由中國傳入日本，但現在已是日本最具代表性的麵食了。在不同地區也發展出不同特色口味的拉麵，例如：有名的味噌拉麵即由北海道研發出來的。

◆ 涮涮鍋(shabu-shabu)：小火鍋。

◆ 串燒(kushiage)：用竹籤串起的燒烤食物。

◆ 丼(don)：將裝在碗裡的飯覆蓋上配菜，是常見的簡餐。配菜為油炸品時，則會另置於盤上隨飯供應。

◆ 神戶牛排(kobebeef)：一種以特殊方式飼養的牛為食材所烹調成的牛排。

◆ 納豆(natto)：由黃豆發酵而成的，故有一股強烈的味道，因為是健康食品，故日本人常食用，特別是在早餐時。

◆ 味噌湯(miso soup)：味噌是由大豆發酵而成的，常和昆布柴魚片一起熬煮成味噌湯，是一種日本人常喝的湯品，被視為是具代表性的傳統食品。

自助餐

　　自助餐(Buffet)是指多樣的食物放置在同一個場所，人們可以自取的一種餐飲風格。對於大型集會，例如：婚禮、公司餐會和朋友聚會等等，以自助餐的方式宴客是不錯的方式。準備自助食譜比較簡單；菜餚可嘗試以主菜來區分，如中餐區、西餐區、日式料理、其他異國美食，也可取決於客人喜好。

　　在自助餐場合中，排隊是一種禮儀，也是一種社交的機會，以下有幾點可供讀者參考：

1. 自助餐美餚常令人忘記自己食量多少，我們可先選取少量食用，在選取食物之前，先初步瀏覽所有食物，可以幫助你規劃自己將拿取何種食物，以免浪費食物。

2. 這是一個社交場合，排隊是一種禮節。耐心等待之中也可藉此機會適時的與前後朋友交談。隊列之時，注意不要觸碰到別人，保持適當距離，不要讓前面客人有壓迫感。如果你前面的人動作很慢，我們也應將動作調慢，不可從中插隊。

3. 當你走近自助菜餚前，耐心地等待前面客人夾完菜，你才能拿起公匙夾菜。即使多個公匙，也不要同時間與前面客人一起夾同一道菜。

4. 盤子上不要堆滿食物。如果你想要多吃一些，可下次再取用。

5. 自助餐是一種自我服務的餐點型態，當再次取用餐點時，我們必須更換新的餐盤，因為使用公匙時可能碰觸到自己的餐盤，這將造成其他用餐者對於衛生品質的疑惑。

6. 如果不知道食物味道或烹飪方式，可詢問服務人員，不要在隊伍當中，進行口味測試，或近距離聞食物。

7. 另外主人或主辦單位應注意自助餐食譜，以確保它們是不是太辣；有些人對某些食物過敏，應該小心避免，特別是那些沒有嘗試過的食物。

8. 自助餐點最好能迎合所有類型客人的不同口味，素食和非素食餐點之間也需做明確的分隔。

9. 用餐時，對服務人員和試圖使你的用餐體驗愉快的其他人員，不要忘了說請和謝謝。

10.有關小費的問題，目前國內並沒有當場給服務人員小費的習慣，但在國外給小費是常見的。

　　瞭解適當的自助餐禮儀，可以幫助你和其他人享受一頓佳餚，用餐將是一件愉快的事。

INTERNATIONAL ETIQUETTE

 禮儀小錦囊

　　西式早餐有兩個基本的選項，一個叫「歐陸式早餐」(continental breakfast)，一個叫「美式早餐」(American breakfast)。

歐陸式早餐(continental breakfast)

　　「歐陸式早餐」這個名稱十九世紀起源於英國。指的是法國與歐陸地中海沿岸的早餐。「歐陸式早餐」包含的是咖啡、果醬、水果、烤麵包或派。相對於英式早餐，歐陸式早餐較為清淡與精緻。

英式早餐(The Full English Breakfast)

　　雖然英國有著傳統的豐盛早餐，但是早上為了趕上班，早餐往往就以果醬麵包，或是混合了燕麥、蜂蜜的麥片棒(Granola bars)，再配一杯果汁或咖啡。

正統的英式早餐(full breakfast)或(fry-up)

　　傳統的英國早餐不但是無所不包，除了早餐幾乎都有的煎蛋或炒蛋外，英國早餐至少還得有香腸、煙燻培根、煎過的厚片蕃茄、蘑菇、燉豆子、煎吐司與黑布丁，有時也會配上薯餅。

美式早餐(American breakfast)

　　美式早餐是有蛋、培根香腸或火腿、鬆餅、薯餅或薯條、果汁、咖啡的組合。

SECTION 06　酒的禮儀

無論在中式、西式或是日式餐宴，甚至是慶祝性的酒會（例如：開幕酒會），酒都扮演重要的角色。國際場合中，仍以西式宴會為主，因此本節將帶領讀者瞭解一般餐會中，上酒的程序以及飲用時的禮貌及各種酒杯的正確持法。有意更深入瞭解的讀者，可詳閱本節末的禮儀萬事通所提供的各種酒類的基本介紹。

一、上酒程序及常提供之種類

一般在西式餐宴中，會先上開胃酒，或稱飯前酒(Aperitiff)。常見的開胃酒有雪莉酒(Sherry)、金巴利(Campari)、苦艾酒(Vermouth)，也有人用不甜的白葡萄酒或氣泡酒代替，雞尾酒(Cocktails)中也有不少適於飯前開胃用，通常以口味清淡為主。

用餐時則通常以葡萄酒(Wines)做為佐餐酒。不同的食物須搭配不同的酒，我們在本節的禮儀萬事通中將詳細說明，最基本的概念是紅肉（牛、羊、鴨等）搭配紅酒，而白肉（雞、魚、海鮮等）搭配白酒。

用餐後通常會上飯後酒。飯後酒的供應種類也有區分，若是用來搭配飯後甜點，可用微甜的白葡萄酒或氣泡酒；若已吃不下甜點，則可選用較甜的強化葡萄酒，例如甜的波特酒(Porto)或甜的雪莉酒(Sherry)。而最常用來作為飯後酒的應屬香甜酒（Liqueurs，又稱利口酒），因此Liqueurs也常作為飯後酒的代稱。當然，也有人喜歡在餐後喝一小杯烈酒(Spirits)來消積解膩、振奮精神。

在非正式的聚會時，啤酒也是很受歡迎的選擇，適合較不拘禮節的場合。

除了酒類之外，通常還有一些非酒精飲料可供選擇。常見的包括果汁、汽水、可樂等，通稱為Soft Drink。此外還有咖啡、茶、牛奶等。

二、飲酒禮儀

如同中國人對喝茶的諸多講究一般，西方人對飲酒也有其品嚐的程序和禮儀，由於不同的酒有不同的品嚐方式，我們在後續介紹各種酒類時會詳加說明，在此先簡要介紹餐會時的飲酒禮儀。

（一）主人招待禮儀

1. 幫客人倒酒時應適量，一般以五分至八分滿為宜。

2. 第一次上酒時，可依逆時鐘順序為客人盛酒。

3. 如果拿出好酒招待，不妨特別介紹一番，讓客人看看酒的標籤、年份等等。亦可讓席中懂酒的客人有個可以聊的話題。

4. 若招待的是較一般的酒，可以放在漂亮的玻璃瓶中加以裝飾。

（二）客人的禮儀

1. 第一次敬酒須由主人開始，主人尚未敬酒前，不可先行敬酒，以免喧賓奪主。

2. 敬酒時先向女士敬酒，以由近而遠的順序敬酒。

3. 有人敬酒時，若距離較近者，可舉杯輕碰，較遠者則可點頭或舉杯致意。

●在日本，當別人幫自己倒酒時，須用雙手拿杯子去迎接，右手拿住杯子，左後輕輕托住杯子。兩人喝酒時，先幫對方倒酒，再給自己倒酒。喝清酒時，如果別人幫你倒酒，你必須先喝乾杯子裡的酒，再拿杯子去接酒。同時要回敬。

4. 喝酒時淺啜即可，敬酒時也只要雙方點到為止。對於不喝酒的人，以飲料代替不算失禮，勉強人家喝才是失禮的行為喔！尤其國人常有「先乾為敬」的觀念，可不要用到國際場合中，把整杯葡萄酒一口喝乾，會給人粗魯野蠻的印象。

5. 在餐會、酒會中，若要發言可用小湯匙輕敲酒杯；相對的，聽到有人敲玻璃杯發出「噹！噹！噹！」的聲音時，也請停下你的動作和談話，注意一下人家說些什麼吧！

三、酒杯種類及持法介紹

不同的酒有不同的特性及品嚐方式，因此所用酒杯也就有所不同，而不同的酒杯也有不同的持杯方式，這是必須注意的。用錯杯子或持杯方式不對都是失禮的行為。酒杯大致可分為葡萄酒杯、雞尾酒杯、啤酒杯、烈酒杯等，此外像白蘭地有它專屬的杯形與持法，更是不可弄錯。

（一）葡萄酒

葡萄酒杯又可分為紅酒杯、白酒杯及香檳和氣泡酒用的香檳杯等三大類。

1. 紅酒杯：杯肚略大而杯口略為內收，容量比白酒杯稍大，且杯口較寬，這是因為紅酒需要氧氣來活化它。

2. 白酒杯：樣式與紅酒杯相似，但容量較紅酒杯稍小一點，杯口稍小一點。

3. 香檳杯：用來盛含有氣泡的香檳或氣泡酒，為了避免氣泡散失，通常用鬱金香形的香檳杯(Champagne Tulip)，即杯形細長而杯口略為內縮的形狀。

INTERNATIONAL ETIQUETTE

禮儀小錦囊

在有些慶祝場合中，為了方便賓客敬酒，或是堆成塔狀製造氣氛，會用杯口寬而杯身淺的碟形香檳杯(Champagne Saucer)。不過這對於品嚐高級香檳而言並不適合，正式餐宴多已不用了。

（二）雞尾酒

雞尾酒花式繁多，相對的，所用杯形也較多樣化，但最常見的是杯身成倒圓錐形，開口大而杯形淺的雞尾酒杯(Cocktail Glass)、杯身寬且短無腳座的古典杯(Old Fashioned)、杯身稍長略凸一點的高飛球杯(High Ball Glass)以及杯身細長而呈直筒狀的可林杯(Collins Glass，又稱煙囪杯)。

●雞尾酒常用的杯子，由左至右分別為雞尾酒杯、古典杯、高飛球杯、可林杯。

（三）烈酒及香甜酒

一般烈酒純飲時通常用一口杯(Shot Glass)，為直身無座的小杯，杯形或圓或方，容量小。但烈酒若加冰塊或水飲用時則用古典杯(Old Fashioned)，因此古典杯又稱岩石杯(On the rocks)，顧名思義就是酒澆在冰塊（岩石）上。

香甜酒(Liqueurs)又稱利口酒，酒杯形狀像一般高腳杯，但杯身較小，因為香甜酒的酒精度高，不適合大量飲用。

白蘭地(Brandy)杯則為杯底寬、杯口小，雖然杯形較一般烈酒用的杯子大，但盛酒時只能斟大約1oz.左右。這樣的設計是讓手掌可以握住杯身，讓手掌溫度幫助酒香散發出來；而杯口較窄的目的則是讓香味可以凝聚在杯中，供飲者品嚐。

●烈酒和香甜酒的杯子通常較小，由左至右為一口杯、香甜酒杯、白蘭地杯。

（四）啤酒

啤酒適於大口暢飲，因此通常用較大型有耳的杯形，或用寬直筒型的高腳杯。此外由於歐洲人有將啤酒倒入長靴中飲用的傳統，因此也有人設計出靴形的啤酒杯。

（五）各類酒杯的持法

一般而言，平底的杯子通常以手持底部，而高腳杯可握住杯身下緣及杯腳，有耳的杯子則握持杯耳。葡萄酒杯應握住杯腳中段，須避免手的溫度影響到酒的風味；而飲用白蘭地時則需用以食指與中指夾住杯腳而用整個手掌捧握杯身。

●平底的杯子可手持底部。 ●高腳杯握住杯腳和杯身下緣。

●有杯耳時則握住杯耳。 ●白蘭地要用掌心捧著，讓手掌的溫度幫助酒香散發出來。

（六）拒絕再添酒

如果不希望再加酒，可以手勢表示即可，但不須把杯口全部蓋住。在一般宴會中，杯中最好有酒或飲料，以備互相敬酒之用。

酒的世界

本節我們瞭解了飲酒的禮儀，但是在喝酒時若不能跟同席賓客聊聊酒經，那麼表現出來的彬彬有禮也會顯得呆板與拘謹，本文要帶你進入酒的世界，讓你在餐會中能加入同席者有關品酒的話題，展現出你的優雅風範，表現出具有深度的禮儀。

一、認識葡萄酒

葡萄酒是西式餐宴中不可或缺的一環，對葡萄酒的認識與品嚐能力，能使你在餐宴場合中顯得更為優雅，也較能融入西方賓客談論賞酒的話題。因此本書用了較多篇幅來介紹葡萄酒的產地、種類、適合搭配的食物，以及飲用時所需注意的禮儀。

（一）葡萄酒主要產地

1. **義大利**：義大利是世界最大的酒產國，其著名葡萄酒產區有中部的塔斯卡尼(Tuscany)、西北部的皮德蒙(Piedmont)及東北部的維內托(Veneto)。義大利的葡萄酒分級制度有DOC (Denominazione di Origine Controllata)制度，及更嚴格的DOCG (Denominazione di Origine Controllata e Garantita)標準。因此，酒瓶上標有DOCG或DOC等字樣者，即為義大利國家認證的高品質葡萄酒。

●法國葡萄園一景（圖片提供：葡萄酒王國季刊，第一期）

2. **法國**：法國葡萄酒產量雖不及義大利，但其整體品質卻是世界之冠。主要以波爾多區(Bordeaux)、勃艮第酒區(Burgundy)、隆河谷地酒區(Rhone Valley)、阿爾薩斯區(Alsace)、羅瓦爾河谷地酒區(Loire Valley)等地所出產的葡萄酒較為出名。此外在法國北部的香檳區(Champagne)以生產香檳酒馳名世界，而波爾多

區北方的干邑區（Cognac）所生產的白蘭地（Brandy），也因品質精純使得Cognac一詞成為白蘭地的代稱。

法國葡萄酒的分級制度以A.O.C.(Appellation d'Origine Controlee) 為最高標準，因此只要在酒標上標註A.O.C.字樣的酒，就是法國官方認證最佳品質的酒。

3. **美國**：美國的葡萄酒產區大多集中於加州、紐約州及華盛頓州，其中加州的產量即占全美國產量的90％，且加州葡萄酒 的品質也居於全美之冠。美國的葡萄酒法定產區稱為ＡＶＡ(American Viticulture Area)，因此在酒標上標有AVA字樣即表示該酒85％以上來自同一法定產區。

4. **德國**：德國以啤酒聞名，但其實也是重要的葡萄酒產國，主要產區有萊茵河流域的萊茵區，以及在摩澤爾(Mosel)、薩爾(Saar)、魯威爾(Ruwer)三條河流兩岸坡地，簡稱摩澤爾區。

德國酒以QMP(Qualitatswein Mint Pradikat)為特級良質酒的標記，QBA(Qualitatswein Bestimmter Anbaugebiete) 較次。QMP等級中又以BA級與TBA級較為高級。

5. **葡萄牙**：葡萄牙以生產波特酒（Porto）與馬德拉酒（Madeira）聞名，二者皆屬於強化葡萄酒。葡萄牙全國各地均適合葡萄生長，以北部(Norghern Part)的杜爾河谷（Dourd Valley）為最主要產區。

（二）葡萄酒的種類

葡萄酒是由新鮮葡萄經釀酵而產生的酒精性飲料。依其不同特性，又可分為四大類：1.無泡葡萄酒；2.氣泡葡萄酒；3.強化葡萄酒；4.香料葡萄酒。

1. **無泡葡萄酒**：無泡葡萄酒(Still Wine) 就是不起泡的葡萄酒，酒精含量約在14％左右，依顏色又可分為白葡萄酒、紅葡萄酒及玫瑰紅酒三類。

●秋天的葡萄園景緻（圖片提供：葡萄酒王國季刊，第一期）

◆ 白葡萄酒(White Wine)

製成方式：白葡萄酒是由白葡萄或紅葡萄去皮釀製而成。白葡萄酒又可分甜和不甜的。

適當溫度：飲用白酒最好先冷藏，且不可將冰塊直接加入酒中，以免破壞酒原來的風味。若為不甜的白酒，其適飲溫度為10～12度。甜的白酒及酒齡較淺的酒，適飲溫度則為5~10度，冷藏後的酒更好喝，但也不宜太冰。

搭配食物：一般適合搭配海鮮、魚類、家禽類等烹調方式，及較為清淡的食物。

著名產地：較有名的白酒產地為法國的勃艮地(Burgundy)。

◆ 紅葡萄酒(Red Wine)

製成方式：紅葡萄酒是由紅葡萄帶皮釀酵而成。口感不甜(Dry)，但較為甘美。

適當溫度：其適飲溫度為歐洲的一般室溫，大約是14~20度之間。若溫度太高將會失去原來的香味。在飲用陳年的紅酒前，可於前一小時就打開瓶蓋，讓香氣與空氣混合而溢出。

搭配食物：紅葡萄酒，適合搭配牛肉、豬肉、羊肉、乳酪等口感較重的食物。

著名產地：較有名的紅酒產地為法國的波爾多(Bordeaux)。

◆ 玫瑰紅酒(Rose)

製成方式：由紅葡萄釀製而成，但果汁與果皮混合在一起浸泡的時間較短，顏色也較淺。

適當溫度：適飲溫度為10~12度。

搭配食物：可搭配多種的食物。

2. **氣泡葡萄酒**：氣泡葡萄酒(Sparkling Wines)中，產於法國香檳地區的稱為香檳酒，其餘則泛稱氣泡酒。但一般仍以香檳為此類酒的代表。

◆ 香檳酒(Champagne)

香檳(Champagne)是位於法國東北邊一個極小的區域，距巴黎約145公里，由於該地區肥沃的土壤、適宜的氣候孕育出獨特且名貴葡萄品種，釀製出舉世聞名的香檳酒。法國政府規定，只有在法國香檳地出產的氣泡酒才可以冠稱香檳酒，其他地方的只可以叫氣泡酒。香檳酒以天然釀酵，產生二氧化碳而成。可單獨飲用或配以頭盤或海鮮，亦是喜慶宴會不可缺的飲料。在飲用前需冷藏，適飲溫度為5~10度。

●各式各樣的香檳在各種慶祝會中扮演重要角色。

◆ 氣泡葡萄酒(Sparkling Wine)

在法國Champagne產區以外，經傳統方式釀製而成，或以人工方法將二氧化碳加進葡萄酒桶中，而後裝瓶而成。可單獨飲用或配以白肉、海鮮、喜慶宴會不可缺的飲料。適飲溫度為5~10度。

3. 強化葡萄酒：強化葡萄酒(Fortified Wines)又稱為加烈葡萄酒，是以中性葡萄白蘭地來強化酒精濃度，使其達到4~20％。由於酒精含量高，存放期較長，開瓶後仍可保存，且運送時能適應運程中的不同氣溫。

雪莉酒(Sherry)、波特酒(Porto)與馬德拉酒(Madeira)為最有名的強化葡萄酒，這三種雖然製法各異，但都是常在西式餐宴見到的酒，有些適合當開胃酒，也有些常做為飯後酒，也是調製雞尾酒的重要材料。

● 三種不同的雪莉酒，由左至右分別是Oloroso, Fino, Amontillado

◆ 雪莉酒(Sherry)

雪莉酒主要產於西班牙南部，莎士比亞曾譽為「裝在瓶中的西班牙陽光」，有西班牙國寶酒之稱。雪莉酒中菲諾雪莉(Fino)氣味清新、顏色淡黃而沒有甜味；阿蒙提拉朵雪莉(Amontillado)酒色較深且略甜；甜度最高的則是歐洛羅索雪莉(Oloroso)。

◆ 波特酒(Porto)

波特酒的主要產地在葡萄牙北部，其特色是在葡萄醱酵中途即加入中性白蘭地提高酒精度，同時終止其醱酵作用，使得酒中保留天然葡萄的糖分。如同雪莉酒之於西班牙，波特酒也被譽為葡萄牙的國寶酒。

● 波特酒號稱葡萄牙的國寶酒

◆ 馬德拉酒(Madeira)

馬德拉酒也是葡萄牙的特產，其產地在葡萄牙的馬德拉島。其製法特色是將醱酵完成，且加入中性白蘭地強化過的酒液放進特別設計的溫控室中，用3~6個月的時間將溫度逐漸升高至攝氏40~46度，之後再慢慢降回一般室溫。加熱回溫完成後靜置一年半至兩年，然後再添加中性白蘭地，將酒精度強化至20%後貯存數年才算完成。一瓶上好的馬德拉酒，其貯存期可達上百年。

● 葡萄牙特產的馬德拉酒可以貯存上百年

4. 香料葡萄酒：香料葡萄酒(Aromatized Wines)即指苦艾酒(Vermouth)，是一種加了香料的強化白葡萄酒，所加香料為多種植物花草、根、皮、果、種籽等等，酒精濃度約為15.5~20%。苦艾酒又分為甜的(Sweet)及無甜味的(Dry)兩種，甜苦艾酒香味較濃，葡萄味較重，較辣且較有刺激感，飲後有

甜苦的餘味，並略帶柑橘的香氣，義大利製的葡萄酒均屬此
類，是調製Manhattan不可或缺的材料。

（三）品酒步驟

1. **閱讀標籤**：在開瓶之前，先閱讀標籤，如不是自己喜歡的
   酒則可要求更換。你可以從葡萄酒的標籤上看出有關這瓶
   酒的基本資料，例如：酒名、酒廠、何年份是否無誤。歐
   洲的產酒國多會標示分級制度，例如：法國AOC和義大利
   的ＤＯＣ，但美國、澳洲等，多標示葡萄品種，例如：
   CabernetSauvignon（卡貝納），Chardonnay（雪多莉）。

●卡洛迪拉斐堡

2. **開酒**：開酒時應掌握一些訣竅，才不至於在開酒時讓有氣
   泡的酒冒得一地都是，或是將紅酒瓶的軟木塞弄得碎屑散
   布，甚至落進酒裡，讓自己狼狽不堪。

●開酒瓶器

◆ 無泡葡萄酒(Still Wine)

‧包住瓶塞的錫箔應沿瓶頸整齊的割開，確保倒酒時經過瓶口不會
流經錫箔倒流瓶中，同時也可保持瓶口錫箔的整齊、美觀。

‧開瓶器應對正瓶塞的中央，小心地旋轉（力量要均衡）。不可用
太大的力量壓瓶塞，以免瓶塞掉入瓶中，轉到底後即可向外拉
出，將瓶塞取出時，但不可發出像開香檳一樣的聲音。

貼心
叮嚀

品嚐葡萄酒時，
將酒杯放在桌上，由
侍者來倒酒即可。

‧瓶口在開瓶前後均應擦拭乾淨。

‧開瓶時如果瓶口破裂要小心，最好不要用，或者更換瓶子，以免
不知情者開瓶塞時受傷。

‧開瓶後先聞一聞軟木塞，同時檢視軟木塞是否濕潤，如果軟木塞
已經乾涸，則可要求更換。

◆ 香檳酒(Champagne)、氣泡葡萄酒

- 香檳酒及氣泡葡萄酒都屬於發泡葡萄酒，因為瓶內的壓力很大，開瓶時必須小心，否則瓶蓋會飛起，容易受傷。
- 香檳送出時必須冰過。
- 酒瓶不可搖晃。
- 把瓶塞外的錫箔整齊割除，拆掉鐵絲，拆鐵絲時建議用布蓋住瓶塞，以防瓶塞跳出。
- 用布包住瓶蓋一手抓著，將瓶子傾斜握住。前後搖動瓶塞將瓶塞取出。
- 將瓶口擦拭清潔。

INTERNATIONAL ETIQUETTE

禮儀小錦囊

在慶功宴中，常見到將香檳瓶搖晃，利用瓶內氣體壓力將軟木塞彈出，讓香檳泡沫噴灑而出，以製造喜慶的戲劇效果。但須十分小心，不要讓軟木塞彈出傷人。

3. **看酒的顏色(Sight)**：用沒有花紋的玻璃杯，可讓我們正確判斷酒的顏色。白葡萄酒越老，顏色會漸漸變深。紅葡萄酒越老，顏色會漸漸變淺。

4. **確認酒的氣味**：當你緩緩將杯中的酒輕搖，使它散發香味時，你就可大致獲得酒可能給予你的味覺感受。此時，聞聞看該酒的氣味是否芳香、新鮮。

5. **品酒**：最後試喝一口酒，但先不要吞下去。讓它在口中打滾，以便品嚐它的氣味，然後當你已正確地給予評價後，才吞下去，並體驗它的餘味。一瓶好的葡萄酒，應該是甜度、酸度、酒精、單寧四種味覺達到一種平衡的飽滿感。

無論對酒是否很瞭解，形式上要有上述幾項動作，以示懂得品酒禮貌。男士要先舉杯邀女士共品美酒，營造愉快的氣氛。

（四）酒的保存

1. 開瓶前：

◆ 為了使瓶塞保持濕潤，酒瓶須經常橫置，以免瓶塞因太過乾燥，導致空氣侵入而使酒氧化。若軟木塞乾涸時開瓶時將不好開，木塞易斷裂。

◆ 因為地窖或地下室氣溫常年穩定不變，被視為最理想的儲酒處；一般而言，理想的儲酒溫度是攝氏11~15度、濕度65~80％。假如沒有地窖，則選擇放在最涼快的地方。光線與高溫易破害酒的品質。

◆ 在儲酒時，應避免接近具有難聞氣味之物品，例如：汽油、柴油、溶劑、油漆及工業用油劑等等。

2. 開瓶後：
開過的酒則應將軟木塞塞回，把未喝完的紅酒或白酒直立擺回冰箱。可儲存約3~7天左右，但若放得太久酒會變味。避免光線與高溫破壞酒的風味。喝剩下的酒，也可以作炒菜或醃牛排之用。

（五）酒與餐的搭配

　　大部分的葡萄酒多屬佐餐酒(Table Wine)，也就是在用餐時搭配主食飲用。大體說來，選用紅酒或白酒並無一定的規則，完全依個人喜好而定，不過有個原則性，即白酒因酸度高而有去腥的功效，較適合搭配各種海鮮食物；紅酒中所含的單寧酸有去油解膩的功用，搭配肉類較合宜。

　　德國葡萄酒有乾（不甜）、半乾（略甜）、甜等口味，乾葡萄酒適合搭配涼拌開胃菜，以及口味較清淡的菜餚；辛辣厚重的食物，則需半乾或甜葡萄酒來烘托；新鮮或煙燻的海鮮，可以點一杯乾的白酒來搭配。

● ● ● 禮儀小錦囊

酒與乳酪之搭配

　　乳酪以牛奶（或羊奶、鹿奶）經醱酵製成的。歐洲的乳酪在希臘時代就有了，經由羅馬傳到中世紀的歐洲各國，由教會和修道院承繼製作乳酪的精緻技術，這種技術亦成為修道院的重要財源。由於各地氣候的不同，使用同一種原料，所造出來乳酪亦有所差異，目前世上已有五百多種不同乳酪。乳酪對於湯、沙拉或點心是一種極佳的調味品，尤其搭配硬麵包、水果或葡萄酒味道更佳。

乳酪的種類	搭配酒類
略帶酸味的新鮮乳酪	配合較不甜的白酒
較溫和的乳酪（伊丹、高達）	可跟多種紅酒與白酒
成熟度較高的卡蒙貝乳酪	紅酒（年份較低）
濃烈的乳酪	濃度較高的紅酒
口味較濃的硬乳酪	勃艮地紅酒、卡勃那紅酒、卡洛特紅酒
柔軟系列及湯潤乳酪	香檳
藍乳酪（刺鼻味）	卡勃那紅酒或波爾多深紅酒
佩塔乳酪（鹹味）	不甜的白酒或淡紅酒

二、認識烈酒

　　烈酒(Spirits)是由含酒精成分的液體以蒸餾方式製成的酒，酒精濃度很高，一般除了純飲之外，也常做為調製雞尾酒時的基酒。洋酒中常見的烈酒包括白蘭地(Brandy)、威士忌(Whisky)、蘭姆酒(Rum)、杜松子酒（Gin，或譯為琴酒）、伏特加(Vodka)等等。

（一）白蘭地(Brandy)

　　白蘭地是由葡萄酒或醱酵過的水果汁液蒸餾後，再貯存於木桶中陳年存放。常見的白蘭地酒有Cognac、Armagnac、Spanish Brandy、Apple Jack (Apple Brandy)、Slivovitz (Plum Brandy)等，其中以Cognac最有名。

喝Brandy有專用的Brandy杯，其形狀為開口小而肚子大，杯肚的大小以單手能握住較合適。喝Brandy時需以手溫來溫酒，溫度上升會促使酒香上飄，開口小可以阻止香氣快速散失，在啜飲時酒香會從杯口飄進鼻子，這也就是Brandy杯特殊杯形的作用。

Brandy適於任何時間純飲，從飯前酒到飯後酒皆可，一杯Brandy的標準量，應該是將杯子平放在手上時酒剛好與杯口成水平而不會流出。

INTERNATIONAL ETIQUETTE

禮儀小錦囊

認識Cognac的標籤(Label)

Cognac是法國一座古老城市的名字，剛好位於生產品質最負盛名的白蘭地酒區域的中心，因此這個城市的名字就成了當地所產白蘭地的名稱，甚至成為白蘭地酒的代稱。

一般來說，可以兩種標誌來區別Cognac的級數，即其瓶身的星星數(Star)和帶有如V.S.O.P.簡寫的英文字母識別。

星星數愈多代表越陳的白蘭地，但並非一成不變的幾顆星就代表多少年。可能有的廠家三星就代表6年，但有的只代表6個月。除了星星標籤外，還會加上英文字母來表示酒的品質。這些字母全是英文而不是法文的簡寫，以下為代表字母所表示的意義。

代表字母	E	F	V	O	S	P	X	C
所指意義	Especial	Fine	Very	Old	Superior	Pale	Extra	Cognac

我們較常見的XO即指"Extra Old"，表示酒齡25年以上；而V.S.O.P.意為"Very Superior Old Pale"，指酒齡12～20年，此外我們也常見到"Napoleon Cognac"的標籤，但其實這並沒有任何法定上的意義，也不是特別用來標示品質用的，但很多廠家都沿用Napoleon來標示他們所產的Cognac的品級。

（二）威士忌(Whisky/Whiskey)

威士忌是由麥芽和穀物經過醱酵、蒸餾製成，再貯存於木桶中陳年熟成。一般可分為三類：麥芽威士忌(Malt Whisky)、穀類威士忌(Grain Whisky) 及調合威士忌(Blended Whisky)，其中以麥芽威士忌之中的單一麥芽威士忌(Single Malts) 最為珍品。麥芽威士忌是蘇格蘭特有的產品，帶有獨特的煤燻味，蘇格蘭威士忌(Scotch Whisky)至少皆在木桶中經過三年的熟成期。麥芽威士忌則通常用釀造過雪莉酒(Sherry)或波特酒(Porto)的橡木桶儲存五年以上，特級品甚至要在木桶中熟成25年以上。穀類威士忌較著名的有裸麥威士忌(Rye Whisky)、玉米威士忌(Corn Whiskey) 等，美國有名的波本威士忌(Bourbon Whiskey) 即使用51％以上的玉米為原料。調合威士忌(Blended Whisky) 則是以麥芽威士忌與穀類威士忌或其他蒸餾酒依不同比例混合調配而成。

INTERNATIONAL ETIQUETTE

● ● ● ★ ● ● 禮儀小錦囊

Whisky? Whiskey?

威士忌的英文名在英國及加拿大的拼法為Whisky，而在美國、愛爾蘭等地則拼成Whiskey，所以兩者都是正確的拼法。不過由於蘇格蘭威士忌已是威士忌中的經典，正如Cognac之於白蘭地一般，Scotch也成為威士忌的代稱，因此大部分還是照英國的拼法，寫成Whisky較多。

（三）蘭姆酒

蘭姆酒(Rum)產於加勒比海地區，是以甘蔗為原料，經榨汁熬煮，分離出砂糖結晶後，將剩下的糖蜜稀釋，再醱酵、蒸餾而成。

蘭姆酒芳香甘醇，有白色(White; Light) 蘭姆酒、金色(Gold)蘭姆酒及味道較強烈的深色蘭姆酒(Dark Rum)等種類，是調製熱帶風味雞尾酒時常用的基酒。

（四）琴酒

琴酒(Gin)，又稱杜松子酒，是以玉米、大麥或大麥麥芽等原料，製成高精度的蒸餾酒後，再加入杜松子的香味製成，是調製雞尾酒最常用的基酒，有「雞尾酒心臟」之稱，較為大家熟知的馬丁尼(Martini)、紅粉佳人(Pink Lady) 等即以琴酒調製。

（五）伏特加

伏特加(Vodka)源於俄國，是以穀類及甜菜、馬鈴薯等原料醱酵後，連續蒸餾成酒精度95%以上的烈酒，再加水稀釋到80%以下的濃度。原味伏特加(Neutral Vodka) 則是以活性碳過濾，達到無色無味，僅有酒精味的高純度，除了純飲之外也是調製雞尾酒常用的基酒，例如黑色俄羅斯(Black Russia)、血腥瑪莉(Bloody Mary)、螺絲起子(Screw Driver) 等均是以伏特加為基酒調成的著名雞尾酒。

（六）龍舌蘭酒

龍舌蘭酒(Tequila)，又稱特吉拉酒，產於墨西哥，是以特吉拉鎮(Tequila) 生產的龍舌蘭(Agave) 為原料，蒸煮榨汁後醱酵，再連續蒸餾製成。未經木桶熟成者無色透明，稱為白色龍舌蘭酒，而經木桶熟成者色澤金黃，是金色龍舌蘭酒。除了特吉拉區以外，其他地方所產的龍舌蘭酒不能稱為特吉拉酒，而只能標示Mezcal。

INTERNATIONAL ETIQUETTE

禮儀小錦囊

越陳越香的烈酒？

剛蒸餾出來的酒精是無色而辛辣的，在木桶裡經過相當時間陳年，酒精裡的有機物會發生變化，使酒精變得更成熟與芳醇，同時因氧氣的滲入，酒質會不斷的起變化，在氧化過程中使酯和酸度成熟，酒精會因此蒸發掉一些，另外酒也會由木桶裡吸到一些單寧酸和顏色，降低原有澀味，而略帶點甜味。若將酒裝入玻璃瓶密封之後，就不再發生變化了，因此買來的烈酒放在家裡是不會越陳越香的。

三、認識香甜酒

　　香甜酒(Liqueur)，或稱利口酒，翻譯自法語是指有甜味、酒精濃度高，適合少量飲用的酒，通常在飯後飲用故又稱飯後酒，亦常用於調製雞尾酒，主要分為水果香甜酒(Fruit Liqueur)與花草香甜酒(Plant Liqueurs)兩大類。

◆ 水果香甜酒：指帶有水果香的烈性甜酒，多半是用浸泡法將水果放進裝有基酒的木桶中浸泡大約六至八個月，將水果的香味與顏色泡出來，然後將基酒過濾出來。濾出的殘渣再以蒸餾法回收其中所含的酒精成分，將蒸餾所得的酒加入濾出的基酒，再加進糖漿即成。

◆ 花草香甜酒：帶有香料花草的烈性甜酒，則多半先以滲透法再配合蒸餾法製成。滲透法就像用塞風（Syphon，虹吸式咖啡壺）煮咖啡一樣，將香料放在上層，基酒放在下層，將下層的基酒打入上層，再讓它流經上層的香料滲回下層。如此反覆幾週或幾個月，直到下層的基酒完全吸收上層香料的味道為止。最後再將上層的材料加以蒸餾後所得高濃度酒，摻進下層的基酒中，過濾後加入糖漿製成。

四、認識雞尾酒

　　除了正式餐宴外，雞尾酒會也是經常會遇到的國際場合。而雞尾酒除了在開幕、慶祝等酒會中扮演主角外，餐宴中的飯前酒、飯後酒均常出現其蹤影。而在非正式的社交生活中，下班後相約到Pub、小酒館喝一杯，也是融入人群的重要方式，此時更要對雞尾酒有所認識，才能適當地點酒。廣義來說，雞尾酒即是以烈酒、香甜酒或強化葡萄酒等酒精含量較高的酒，加上蘇打水(Soda Water)、通寧水(Tonic Water)汽水、果汁或其他酒混合調配後，再加上橄欖、水果等裝飾而成的飲料。以下

介紹幾種較常見而調製方法簡單的雞尾酒，讀者可試著自行調製，
在招待國際友人時會更受歡迎。

名稱	基酒	調配材料	裝飾	杯子
Tonic Water （通寧水）	Gin, 1oz	Tonic Water 八分滿	檸檬片	高飛球杯
Martini （馬丁尼）	Gin, 1 1/2oz Dry Vermouth, 3/4 oz		橄欖或 檸檬皮	雞尾酒杯
Bloody Mary （血腥瑪莉）	Vodka, 1oz	檸檬汁，1/2oz 辣醬(Worcestershire Sauce) 酸辣油(tabasco) 鹽、胡椒粉，適量番茄汁，八分滿	檸檬角 芹菜棒	高飛球杯
Screw Driver （螺絲起子）	Vodka, 1 oz	柳橙汁，八分滿		高飛球杯
Bourbon Coke （波本可樂）	Bourbon Whisky, 1 oz	可樂，八分滿	檸檬片	高飛球杯
Canadian 7-UP	Canadian Whisky, 1 oz	七喜汽水，八分滿		高飛球杯
John Collins （約翰可林）	Blended Whisky, 1 oz	檸檬汁，1/2 oz 糖水，1/2 oz 蘇打水，八分滿	檸檬片 紅櫻桃	可林杯
Tequila Sunrise （特吉拉日出）	Tequila, 1oz	柳橙汁，八分滿 紅石榴糖漿，1/3oz	柳橙片	高飛球杯

※以上所列的都以直接注入法調製。

五、認識啤酒

　　啤酒(Beers)有液體麵包(Liquid bread)之稱，其主要原料為大麥(Barley)或小麥(Wheat)的麥芽以及啤酒花，此外為了調整啤酒的色澤、風味，常使用玉米、米、麥等穀物做為副原料。

INTERNATIONAL ETIQUETTE

禮儀小錦囊

啤酒花

　　啤酒花(Hops)又名蛇麻子，是啤酒散發特有香氣及苦味的關鍵所在，可說是啤酒的靈魂，具有澄淨啤酒的作用，可使過剩的蛋白質沉澱分解，使啤酒產生更多的泡沫，並可抑制雜菌的繁殖，延長保存期。

　　啤酒是先將麥芽、穀物及啤酒花等原料糖化之後加入酵母使其醱酵，再送進貯酒槽中在零度以下貯藏一至三個月，然後過濾而成，可分為淡啤酒、黑啤酒及介於淡色與深色之間的正常色啤酒三大類，台灣啤酒即屬於淡色啤酒。

　　啤酒泡沫是啤酒風味的一部分，沒有泡沫的啤酒會很快變味，因此提供啤酒或為客人倒酒時要掌握一些小祕訣。

◆ 啤酒要冷藏，但不能冷凍，冷凍過的啤酒泡沫會消失。

◆ 冷藏啤酒及送出時應避免晃動，造成酒中二氧化碳分離，造成瓶內壓力太大而爆裂。

◆ 在客人面前開啤酒時須慎防啤酒泡沫噴出，可用毛巾覆蓋瓶口再開瓶。

◆ 倒酒時，不必為了減少泡沫而將杯子傾斜；應該先緩慢倒入少許，再快速倒入產生大量泡沫，然後再慢慢添加至適量。

常見的啤酒	
Taiwan Beer	台灣啤酒
Kirin Beer	（日本）麒麟啤酒
Asahi Beer	（日本）朝日啤酒
Sapporo Beer	（日本）三寶樂啤酒
Miller	（美國）美樂啤酒
Budweiser	（美國）百威啤酒
Heineken	（荷蘭）海尼根啤酒
Corona	（墨西哥）可樂娜啤酒

SECTION 07 咖啡與茶的禮儀

一、咖啡禮儀

咖啡在臺灣已經是非常普遍的飲料。平時朋友間的拜訪、聚會，如果不需要舉行盛大的宴會，通常會招待來客喝咖啡；職場上有客戶來訪或貴賓蒞臨，也會沖泡咖啡招待對方。

咖啡依其使用的器材不同而有不同的沖泡方式，一般咖啡粉或三合一隨身包只適合自己日常沖泡飲用，用以招待客人的話就顯得太過簡單，也會透露出自己在這方面欠缺品味的訊息。虹吸式咖啡壺(syphone)，或稱塞風是較能表現出待客誠意，並展現主人品味的沖泡方式。以這種方式沖泡咖啡是一門藝術，從咖啡豆的品種選擇、烘焙程度到沖泡時的時間、火候都會影響咖啡的風味。

除了沖泡咖啡有所講究之外，喝咖啡或招待客人喝咖啡時也要注意一些禮儀，列舉如下：

1. 主人在倒咖啡前要先將杯子燙熱，以維持咖啡倒出時的溫度不變，倒一杯不熱的咖啡給客人是很不禮貌的行為。且在歐洲一些國家，早上如果喝到不熱的咖啡，會覺得今天運氣真不好。

2. 倒咖啡時只要倒八分滿，以免溢出。

3. 倒咖啡時，要檢查杯盤是否乾淨，如有盤中有水，應先將其擦乾，否則很不禮貌，飲用者也會很不舒服。

4. 主人不需幫客人添加糖及奶精，應尊重客人自己依其口味酌量添加。

5. 要拿起咖啡杯開始喝之前，先將杯耳轉到右邊。

貼心叮嚀

在阿拉伯喝咖啡時，要先替主客加咖啡，注意倒咖啡只能倒半杯滿，若倒滿一杯是請對方「喝完就滾！」的意思。通常會續杯三四次，若客人拒絕續杯是無禮的表現喔！

6. 添加咖啡是主人的工作，客人不能拿咖啡壺替其他人倒咖啡，以免喧賓奪主。當然，更不要幫其他客人加糖加奶精。

7. 咖啡匙只在加糖或奶精時攪拌用，不可用咖啡匙舀咖啡來喝。

8. 攪拌過的咖啡匙要沿著杯緣讓匙上的咖啡稍微流乾，用完後放在杯盤的對側（放左右側容易碰落）。

9. 站立時可拿著咖啡盤喝咖啡，坐著時則將盤子放在桌上，拿杯子喝即可。

10. 拿咖啡杯時，小指翹起並不是優雅的表現，反而顯得輕浮，宜注意避免。

INTERNATIONAL ETIQUETTE

禮儀小錦囊

　　作客時不要一開始就加糖加奶精，應該先小啜一口，感覺咖啡的氣味與口感，依自己的口味加糖，再啜一口加了糖的風味變化之後再斟酌加入奶精。因為這是主人精心選購咖啡豆並花心思沖泡的咖啡，這樣的舉動表現出你懂得欣賞。在品嚐時也不要忘了給予適度的讚美，否則下次恐怕只能喝到三合一咖啡了。

二、茶的禮儀

中國有句俗語：「開門七件事：柴、米、油、鹽、醬、醋、茶」。茶在中國的歷史文化中扮演重要角色，且飲茶在中國已有上千年歷史。甚至於中國附近的各民族，如高麗、日本、東南亞各國，也都受中國的影響而學習了這個風尚。在十七世紀初，荷蘭東印度公司首次將中國的茶輸入歐洲，到了十七世紀中葉，在英國貴族社會中，「飲茶」已成為一種時尚風範。英國人習慣喝的下午茶更是遠近馳名。

茶的種類眾多，大致上可分為以下幾類：

◆ 綠茶：為未醱酵茶，製造時經高溫殺菁，顏色呈翠綠色。

◆ 紅茶：為全醱酵茶，製造過程中，由於茶葉的鞣質化形成鞣質紅，故茶汁為紅色。較為著名的紅茶有祁紅茶、閩紅茶等。西式的茶亦屬此類。

◆ 烏龍茶：為半醱酵茶，其色香味介於紅茶與綠茶之間，例如鐵觀音、水仙等。

此外還有以綠茶與鮮花燻製而成的花茶，或稱香片，例如茉莉香片；以具有香味及療效的花草製成的花草茶，也是目前流行的茶飲。

（一）中國行茶禮儀

泡茶三要素為茶量、水溫、時間。不同的茶，有不同沖泡方法，即使是同一種茶，也會因原料老嫩的不同，而有不同的沖泡方法。泡茶的水溫以攝氏85~95度為宜。

不同的沖泡方法所應注意的禮儀也有所不同。在眾多茶葉的花色、品種中，因每種茶的特色不同，或重香、或重味、或重形、或重色，或兼而有之，導致泡茶需要的重點也不盡然相同，需採取相應的方法，發揮茶葉本身的特色。

但不論泡茶技藝如何變化，要沖泡任何一種茶，除了備茶、選水、燒水、配具之外，以下的泡茶次序是需要共同遵守的禮儀：

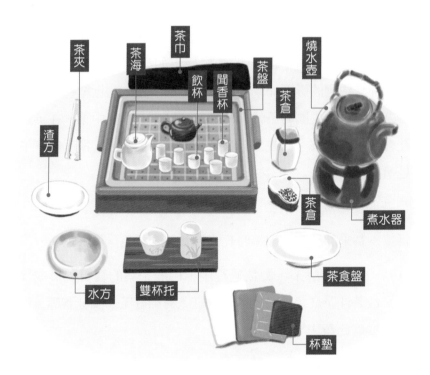

1. **清具**：用熱水沖熱茶具的壺嘴、壺蓋，同時燙熱茶杯。隨即將茶壺、杯瀝乾。目的是要提高茶具的溫度，使茶葉沖泡後溫度相對穩定，才能維持飲茶時的溫度，這對老茶尤為重要。

2. **置茶**：按茶壺或茶杯的大小，放進適量的茶葉。如果用蓋碗泡茶，那麼泡好後可以直接飲用，也可以將茶湯倒入杯中飲用。

3. **沖茶**：置茶入壺後，按照茶與水的比例，將開水沖入壺中。沖水時，除烏龍茶沖水需溢出壺口以外，其餘茶種通常以八分滿為宜。以蓋碗或瓷杯沖泡時，也以八分滿為宜。沖水在民間常用「鳳凰三點頭」之法，即將水壺下傾上提三次，其意義為：(1)為表示主人向賓客點頭致意；(2)可以使茶葉和茶水上下翻動，使茶湯濃度一致。

4. **敬茶**：敬茶時，主人要面帶笑容，用茶盤托著茶杯送給客人。如果直接用茶杯敬茶，主近客處，左手作掌狀伸出，以示敬意。從客人側面奉茶，若左側奉茶，則用左手端杯，右手作請用茶姿勢；若右側奉茶，則用右手端杯，左手作請茶姿。客人可用右手除姆指以外其餘四指併攏彎曲，輕敲桌面或者微笑點頭，以示謝意。

5. **賞茶**：如果飲的是高級名茶，那麼，茶葉一經沖泡後，不可急於飲茶，先觀賞茶色茶形，接著端杯聞香，再啜湯賞味。賞味時，應讓茶湯從舌尖沿舌兩側流到舌根，再回到舌頭，如此反覆2~3次，可令人對茶湯留下清香甘甜的無窮滋味。

6. **續水**：一般已飲去三分之二的茶湯時，就續水入壺。一旦到茶水全部飲盡時再續水，那麼，續水後的茶湯就會變得淡而無味。續水通常2~3次就夠了。如果還想再飲茶，那麼茶葉該換過，茶需重新再泡過。

INTERNATIONAL ETIQUETTE

禮儀小錦囊

　　一般較講究的飲茶場合中，每個人會有兩個小杯子，其中碗狀的杯子是用來喝茶的茶杯，另一個呈長筒形的杯子則稱為聞香杯，主人或掌壺者會先將茶湯倒進每個人的聞香杯中，品茗時正確的做法是將茶杯倒蓋在聞香杯上，雙手將兩個杯子扣緊後快速上下翻轉使茶湯落於茶杯中，然後拿起聞香杯來欣賞茶香。聞香杯設計為長筒形就是要讓茶香留在杯中不易散失。

（二）西方下午茶禮儀

　　紅茶自十七世紀從中國傳入歐洲後，一直發展到十九世紀，喝下午茶的風氣才普遍盛行於中上階層社會。對於英國人而言，喝茶更是生活的必需。以下為喝下午茶時應注意的禮儀，供讀者參考：

1. 下午茶通常於下午3~5時舉行。

2. 下午茶是社交的一部分,受邀喝茶時的禮節及衣著非常重要。在維多利亞時代,男士應著燕尾服,女士則應著長袍。

3. 通常是由女主人著正式服裝親自為客人服務,以表示對來賓的尊重,非不得已時才請女傭協助。

4. 用茶匙攪動茶水時,應輕輕的由外向內撥動茶水。

5. 喝檸檬茶時,不要隨意拿起檸檬片來撕咬。

6. 英國上流社會的奶茶喝法是先倒入茶再加牛奶。

7. 下午茶用的糖一般是以方糖為主。

8. 有些人為了表示優雅,拿茶杯時會翹起小指,在英國下午茶桌上是非常不禮貌的,一定要避免。

9. 正統英式下午茶的點心是用三層點心瓷盤裝盛,第一層放三明治、第二層放傳統英式小圓餅、第三層則放蛋糕及水果塔;由下往上開始吃(味道由鹹(淡)而甜(重))。小圓餅的吃法是先塗果醬、再塗奶油,吃完一口、再塗下一口。

10. 用完下午茶後,將餐巾隨手放在桌上或交還給服務人員即可,不必為了表示禮貌而折疊整齊。

咖啡的產地

咖啡豆通常生長在以赤道為中心的熱帶或亞熱帶地區國家，一般來說有三大地區：非洲、印尼及中南美洲。不同的環境條件將使咖啡豆的味道有所差異，例如咖啡樹的品種類別、生長的土壤性質、栽培園的氣候及海拔、採摘成果的謹慎，以及豆子處理的過程等等。而這些差異亦是形成各式咖啡風味獨特的原因。

（一）三大咖啡產區的咖啡豆特色

1. **非洲**：葉門的阿拉比卡(Arabica)種咖啡豆，曾因生產摩卡咖啡而名噪一時，但如今盛況已不再。羅布斯塔(Robusta)種咖啡豆源於象牙海岸，其產量居全球之冠。衣索匹亞西南部的卡法，被視為「咖啡」名稱的由來，其所生產的水洗式咖啡豆顆粒較小但味道非常濃，為混合式咖啡豆的最佳選擇，但因品種分別很大，品質亦不相同。

2. **亞洲**：印尼的曼特寧咖啡豆較有名，特徵是酸且味道濃郁，品種多為羅布斯塔種。印度東南部的塔米爾納得州，其咖啡豆顆粒較小，為印度的高級品。

3. **中南美洲**：牙買加出產的藍山(Blue Mountain)咖啡，味道兼具適當的酸、苦、香、醇、甜味，是全世界公認的極品。巴西的咖啡產量雖位居世界第一，但品質卻良莠不齊，因此訂定一套獨自的標準（依摻雜物的多寡分No.2~8，依豆的大小而有No.13~19，依味分為6個等級）。

INTERNATIONAL ETIQUETTE

禮儀小錦囊

阿拉比卡種咖啡約占全世界咖啡產量的三分之一，不適於生長在高溫、低溫、多雨、少雨的地區，豆呈橢圓扁平型。特徵為香濃且品質較佳。羅布斯塔種咖啡豆苦而不酸，香味不濃，適合製成混合咖啡。在阿拉比卡種中混合適量的羅布斯塔種，通常被用來製成冰咖啡、即溶咖啡及罐裝咖啡。

（二）咖啡的等級

等級	名稱	縮寫	標高
1	嚴選良質品	S.H.B	4,500以上
2	上等咖啡豆	H.B	4,000~4,500
3	中等咖啡豆	S.H	3,500~4,000
4	特級上等水洗咖啡豆	E.P.W	3,000~3,500
5	上等水洗咖啡豆	P.W	2,500~3,000
6	特優水洗咖啡豆	E.G.W	2,000~2,500
7	優質水洗咖啡豆	G.W	2,000以下

（三）基本品嚐咖啡用語

◆ 風味(Flavor)：代表香氣、酸度及醇度的整體印象，用來形容整體咖啡的感覺。

◆ 酸度(Acidity)：指咖啡本身的酸味、適當的酸度可使咖啡更令人身心提振。

◆ 醇度(Body)：為咖啡調理後之口感。

（四）咖啡的種類

產地	商品名稱	說明
牙買加 Jamaica	藍山 Blue Mountain	以生長在海拔2,256公尺的藍山而聞名。藍山咖啡香味較淡，但喝起來卻非常香醇滑口，沒有苦苦的味道，有極佳的風味及香氣，帶一點點酸味，可以單品飲用，是咖啡中的極品。因為產量較少，價格也較昂貴。
哥倫比亞 Columbia	哥倫比亞 Columbia	哥倫比亞是世界第二大咖啡產國。咖啡豆具濃厚咖啡味，無論是單飲或混合都非常適宜。其中以斯普雷墨(Supremo)最具特色，帶甜味及酸味，是非常香醇的咖啡，乃咖啡中之佼佼者。

產地	商品名稱	說明
衣索比亞 Ethiopia	摩卡 Mocha	為咖啡之原產地。摩卡咖啡具有獨特味道與香氣，為一般高級人士所喜愛的優良品種。可單品飲用，亦可調配為綜合咖啡，偶爾會作為調酒用。
印尼 Indonesia	爪哇 Java	產於印尼爪哇島。烘焙後苦味極強而香味卻十分清淡，無酸味，常被廣泛用來做調味咖啡。
蘇門答臘 Sumatra	曼特寧 Mandheling	蘇門答臘生產的曼特寧咖啡顆粒較大，氣味香醇，酸度適中，甜味豐富，十分耐人尋味。適合深度烘焙，會散發出濃厚的香味。
巴西 Brazil	巴西咖啡	巴西是目前全球最大的咖啡生產國，被譽為咖啡之中堅，常被用來和其他咖啡豆混合；所以巴西咖啡豆也是所有綜合咖啡的主要成分之一。
	聖多斯 Santos	主產於巴西聖保羅。甘、酸、苦三味中性，有適度酸味，口味特殊、高雅。巴西聖多斯咖啡從聖保羅州的聖多斯港出口，是巴西咖啡中最高級的品種。有些種類是用來作為高級配用，如香味高的種類亦可直接飲用，也常是混合式咖啡的必需品。
夏威夷 Hawaii	夏威夷 咖啡	具強烈的酸味及獨特的香氣。
	曼巴咖啡	以巴西與曼特寧各半調製之曼巴咖啡，芳香怡人，味道濃郁，廣受大眾喜愛。曼特寧配上巴西，是咖啡中之絕配。

Memo :

Chapter 02

衣的禮儀

Section 1   穿著的重要性

Section 2   正式場合的衣著—男士篇

　　　　　◆禮儀萬事通　領帶的打法與要訣

Section 3   正式場合的衣著—女士篇

　　　　　◆禮儀萬事通　認識名牌

Section 4   休閒場合的衣著

Section 5   儀　容

　　　　　◆禮儀萬事通　基本保養與化妝

SECTION
01

穿著的重要性

一、衣的重要

民生六大需求食、衣、住、行和育、樂中，「衣」的重要性僅次於「食」，「衣著」不僅是個人教養、性格、社會地位、身分的表徵，也是一種文化觀、民族觀、國際觀、世界觀、宇宙觀的表現，更可反映出一個國家的文化、傳統和經濟狀況。

二、衣的範圍

所謂「衣」，廣義而言是指一個人在眾人面前展露的形象，除了服裝的材質、式樣之外，搭配的配件，包括帽子、領帶、絲巾、圍巾、手套、皮包、皮鞋、首飾等也必須合宜、整齊。此外，優雅的儀容和態度舉止，也可視為整體外表的一部分，因此整潔的儀容、得體適宜的髮型、化妝與香水也都是衣著禮儀的重要環節。

一個懂得衣著禮儀的人，能夠以適當的服裝來表現自己，因此常常是衣著得體、容光煥發的。如此不但能使自己心情愉快，充滿自信，也能影響周遭的人，在人際關係上加分！

在職場上，適當得體的衣著，不僅能提升上司對我們的印象；也能讓同事認為自己是有能力、值得信任、有自信及權威的感覺。正確的服裝是一種印象，有時也成為升遷的重要原因之一。

三、衣的選擇方式

如何選擇衣著？專家建議的以T.O.P.為原則，它們分別代表時間(Time)、場合(Occasion)和地點(Place)。 在選擇服裝時可同時考量T.O.P.，服飾的搭配就不會太困難了。

- 時間原則：可以不同時段如白天、晚上和四季節氣為考量。夏衣冬穿或冬衣夏穿，不僅突兀，自己也不舒服。

- 場合原則：衣著要配合場所。參加正式會議、聽音樂會或宴會時，應著正式服裝；而朋友家庭聚會、逛街或喝下午茶等場合，可著輕便舒適的衣服。

- 地點原則：可以是戶內、戶外或學校等等，進行不同的選擇和搭配。

職場上的服裝選擇，可朝下列三種方向來選擇樣式：

（一）產業性質

- 較傳統的產業，例如：律師、銀行業、金融業及會計等工作性質，需要給人有權威、保守及有能力的感覺，適合穿著深色系保守的套裝。

- 常與人接觸的工作，例如：老師、不動產經紀人、行銷人員、醫療業及社會工作者等，需給人專業、可信任及知識性的感覺，但又不失親和力感覺，可穿著兩件式質料好的衣著。

- 藝術工作者，例如：廣告界、時尚界、娛樂及服飾業等，常需給人有創造力、獨特的及有能力的印象，可穿著兩件式的服裝配上領帶、絲巾或珠寶等物裝飾，塑造個人風格。

（二）公司的穿著文化

有的公司對員工服裝要求非常高；如果能夠適度配合公司的穿著文化，的確較能使我們在職場上順心如意，因此我們在選購衣服時可從下列幾點著手：

- 適合我的工作性質嗎？

- 工作時會常穿嗎？或只是一時的流行？

- 合身嗎？舒服嗎？有成功的感覺嗎？穿去工作場所會很突兀嗎？

- 我的上司會穿這類的衣服嗎？

（三）您常來往或接洽的客戶

　　支配我們薪水的老闆、客戶、潛在客戶、員工或學生，也常是我們選擇衣服款式的指標，以下幾點可供讀者參考：

- 被這些人認同嗎？

- 能適當表達你扮演的角色形象嗎？

- 你的穿著讓人覺得舒服嗎？

SECTION 02　正式場合的衣著—男士篇

　　男士服飾以表現穩重專業及令人產生信賴感為最重要，國人一般多以西裝來代表男士的身分、地位，而在正式的場合中，也以深色西裝來應對。但在西洋社會中，則十分講究穿著的禮儀，仍須視不同場合來穿衣，才不致失禮，例如：國家大典、宮廷正式宴會、國宴、晚間婚禮、觀賞歌劇、晉見國王，或國家大使呈遞國書等場合中，多須穿著特定的禮服，例如：燕尾服就是禮服的一種形式。

　　但是目前國內男士一般多以全套深色西裝為正式穿著，燕尾服，大概只有在拍婚紗照時才可能穿到。一般參加宴會，就算是國宴也不會看到燕尾服等西式禮服，因此衣著禮儀要配合國情的不同。在國內，如果男士穿著燕尾服去參加婚禮，恐怕會被當成主人請來娛樂嘉賓的魔術師吧？

一、職場服裝

　　儘管西裝是大家在職場上共同的穿著，但仍要懂得如何穿出「自己的品味」，並能自然的反映工作性質。穿衣的關鍵首在配色，然後才是各衣物的屬性。尤其是業務上常要接見貴賓，或參加會議的人士，必須在顏色上表現出沉穩與專業，同時也要格外注重西裝的質料與剪裁。整套的西裝包括上衣、長褲，穿著時則需搭配襯衫、領帶、鞋襪等，如果在歐美等較寒冷的國家則會在西裝之外加上一件外套。從西裝的選購到整體搭配及穿著，都是有學問的，如果能掌握一些要訣，相信要穿得優雅得體就不是難事了。以下分別介紹西裝上衣及長褲、襯衫、領帶、鞋襪、以及其他配件的選購與穿著要點。

（一）西裝上衣及長褲

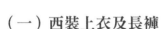

◆ 款式與顏色

　　西裝依其開扣方式可分為單排扣及雙排扣西裝，單排扣西裝在較為正式的場合常搭配一件背心，稱為三件式西裝。一般而言，單排扣西裝穿起來的感覺比雙排扣西裝看起來較修長，男士選購西裝時應先考量自己的身材比例。依西裝背部下擺的開叉方式又分為單叉式與雙叉式，單叉式是較為常見而傳統的樣式，雙叉式則較可表現出現代感。依肩部的設計不同又可分為落肩型(Drop Shoulder)、方肩型(Square Shoulder)、凹肩型(Concave Shouder)、自然肩型(Natural Shoulder)等樣式，肩膀較窄小或削肩者宜穿凹肩型或自然肩型的西裝。

　　做為職場的正式上班服(Formal Suit)時，西裝上衣與長褲的顏色與材質應完全一致，並且以合身剪裁為宜，尤其在公司有重大慶典、會議、貴賓蒞臨或需出去拜訪客戶等場合。平時上班可以穿著

男士選購一套合身舒適的西裝，是一項不錯的投資。

較輕便的半正式西裝(Semiformal)，或稱為上班便服(loung suit)，此時西裝上衣可用較寬鬆的落肩款式，長褲也可以搭配不同顏色。

INTERNATIONAL ETIQUETTE

● • ●|● • ● 禮儀小錦囊

　　2018年的英國醫學期刊(BMJ)指出（男）醫師在醫師服內穿襯衫、打領帶配上西裝褲與皮鞋，能得到最多患者的偏好，跟滿意度最高。

　　而最低偏好的則是不穿白袍，只穿短袖襯衫，配上牛仔褲跟網球鞋的穿著；住院醫師時常穿著的外科刷手服則排在中間。總結發現，醫師穿著醫師服，並搭配正式服裝，是可以增加患者的滿意度與信任感。

　　　正式上班服顏色以深色為主，黑色、深灰、深藍及藏青等色系都是適當的選擇，但選擇時也要考量到自己的體型。較為矮小或消瘦的男士可以選擇灰褐色、銀灰色系的西裝，這種顏色在視覺上有些膨脹效果，同時也不失莊重。相反的，體型較胖的男士應選深色一點的西裝。素面的布料是最安全的選擇，如果要用有花色的布料，體型較胖的男士宜選細直條紋，條紋間距在0.7~1.0公分為宜；而體型較瘦小者，可選用大格子的花色。無論體型如何，穿著仍以合身為宜，瘦的人故意穿寬大的衣服並不能掩飾身材的缺點，反而會更顯出自己的消瘦。

禮儀小錦囊

不同顏色的西服會帶給人不同的印象與觀感，以下幾種顏色是職場上最常用的：

1. 炭灰色：散發權力與成功的訊息，告訴對方你是認真負責的人。
2. 海軍藍：權威，傳達出你值得信賴、組織力強、平衡力良好。
3. 皇室藍：肯定的態度，顯示忠實與信任。
4. 黑色搭配中性色：權力的象徵及使命感。

黑色西裝是很好的選擇，但不要穿全身黑色西裝又配上黑色領帶，因為這是在弔唁、慰問喪家或喪禮等場合時的穿著。

◆ 西裝的選購要領

一套剪裁合身的深色西裝能讓人看起來俐落、挺拔、穩重，也能帶給人信任感與權威感。在選購西裝時，可依下列要領來檢視其剪裁是否合身、做工是否精細。

(1) 西裝的肩膀與袖子的接合處，須平整不可有皺摺產生。

(2) 西裝的布料與襯裡要能配合，使西裝的立體感更加明顯。

(3) 西裝下擺是否平順，西裝不能往外翻。

(4) 試穿時解開西裝的扣子，下擺不會分開或重疊。

(5) 試穿西裝時手臂作上下、前後、左右擺動時不會有壓迫感。

◆ 西裝的穿著要領

選對了西裝，在穿著時也是有技巧的，能充分掌握穿著西裝的要領才能展現出男士優雅的衣著禮儀。站立或行走時，西裝上衣的扣子要扣起來，穿單排扣西裝時，最下方的扣子可以不扣，但雙排扣西裝則全部要扣起來。坐下時可以解開扣子，但起身時必須盡快將扣子扣上。

禮儀小錦囊

在會議或慶典的場合，如果你原先解開扣子坐著，臨時被點名上台致詞、領獎或報告，此時可以邊走邊扣鈕扣，這樣並不算失禮，且可縮短與會者等待的時間，避免讓人久等是尊重他人的基本禮貌。

在正式場合穿單排扣西裝應搭配背心才顯得正式，穿雙排扣西裝時不必穿背心，但除了衣扣之外，須將內側的暗扣也扣上，這樣穿起來比較挺。西裝上衣的口袋原則上不要放東西，口袋的袋蓋要保持平整蓋在外面。口袋裡放東西會鼓鼓的，將口袋的外蓋塞進口袋中則會顯得很邋遢。西裝褲的口袋裡也不要放東西為宜。上衣胸口的小口袋可在慶典或宴會場合，配花或是放置摺疊雅緻的手帕做裝飾。

（二）長褲

正式西裝中，長褲與上衣須以同樣花色及材質整套製成，而半正式西裝則可以搭配不同的長褲，在上班場合仍以西裝褲為宜，顏色的搭配上，長褲的顏色最好跟上衣色系相近或略深一點。穿著長褲時要注意長度是否合宜，褲管太長會顯得邋遢、沒精神；褲管如果太短，坐下時會露出小腿，十分不雅。西裝褲要先整燙好，褲管的線條要熨出來。穿著時，兩側與後面的口袋最好不要放太多東西，並且使口袋保持平順。

（三）襯衫

職場衣著最注重的是整潔、合身，選擇襯衫和西裝一樣要注意手部可否自由活動，還有頸部領圍的合身與否及立體剪裁等要點。穿著西裝時，裡面應著長袖襯衫，袖長以手臂自然下垂時正好蓋到手腕為準，袖口應露出西裝袖外約1~2公分。襯衫衣領從後面看應比西裝領高出1.5公分。襯衫的款式主要在於領型的不同與顏

貼心叮嚀

西裝褲除了拉鍊上方有一顆扣子之外，在其旁邊會有另一顆扣子，也要扣起來，這樣能讓長褲穿起來更挺直，不要為了怕麻煩而只扣一顆。

色、花紋的選擇，選購時要注意與西裝、領帶的搭配以及襯衫領型
與自己臉型是否配合。穿著時則要注意是否合身，並且要熨燙平
整。

◆ 襯衫的領型

　　襯衫最主要的變化在於衣領的設計，其中以正統領較適合職
場穿著，寬領、長領、短領等領型也是適當的選擇，但要注意領型
是否適合自己的臉型，同時也要與西裝上衣的款式搭配。其他較為
花俏的領型，例如補翼領、下扣領、圓領、傳教士領等，則適合在
較休閒或宴會等社交場合穿著。這裡針對正統領、寬領、長領、短
領等領型加以介紹其所適合的臉型、體型及與西裝的搭配。

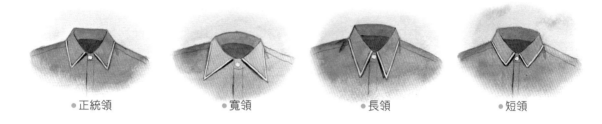

●正統領　　　　　●寬領　　　　　●長領　　　　　●短領

(1) 正統領：領口張開約75度，領尖長7.5~8.5公分，這是最容易搭
　　配的領型。

(2) 寬領：領口張開約120度，適合肩膀較寬者，搭配單排三扣式
　　西裝有俐落的效果，臉型較瘦長或頸部較長的人尤其適合。

(3) 長領：領尖長度約9~10公分，領尖較窄，適合與細長條紋西裝
　　搭配。此種領型看起來較為成熟，可修飾圓型臉，也可讓方型
　　臉顯得較柔和。

(4) 短領：領尖長度在6公分以內，領口張開約80度，適合搭配窄
　　腰的西裝，看起來較年輕。

● 領座要呈90度

● 肩片好壞會影響合身感

● 好的襯衫袖下要有足夠的
彎曲

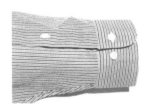

● 袖口要特別注意縫線是否
牢靠

◆ 襯衫的顏色與花色

　　襯衫的顏色與花色要與西裝搭配。穿著深色西裝時，裡面宜選淺色襯衫，色系與西裝上衣相近是較穩重的選擇。白襯衫是職場上常見的選擇，搭配各種顏色的西裝都不會突兀。穿素面西裝時可選擇直條細紋的襯衫，太花的襯衫不適合在職場穿著。小圓點或方格襯衫感覺較為輕鬆，給人平易近人的感受，但在需要表現專業與權威感時則不適宜。如果西裝上衣是格紋或條紋花色，則應搭配素面襯衫。

◆ 襯衫選購要點

(1)衣領：衣領是選擇襯衫時非常重要的一環，頸圍首重合身，標準的頸圍尺寸量法，是用皮尺繞頸一圈再加1.5cm。衣領的質地要柔而且強度要夠，才能顯現出優雅的線條與形態。

(2)領座：領座是指衣領臺的部分，又稱為領腰。領座應呈現垂直站立的角度，才能顯出立體感。

(3)肩片：肩片是肩部和背部的轉接處，接縫要呈現穩健的弧形，才能提高襯衫的合身感與立體感。

(4)衣袖：連接袖子和身體部分的袖下部分是容易忽略的地方。袖下部分彎曲線較明顯的衣袖，較能兼顧合身感和活動自由的效果。

(5)袖口：袖口分為單一式袖口和反雙折袖口，要注意縫線的齊整與鈕扣孔縫得是否牢靠齊整。

（四）領帶

領帶是男士服飾中較多變化的配件，也能展現個人的搭配風格品味，是男士在服裝投資時不可省的一環。領帶代表一個人的個性與品味，應注意色系和圖案，以及與西裝、襯衫的搭配。

◆ 領帶的顏色

穿著深色正式西裝時，襯衫以淺色為主，而領帶則與西裝同色系為宜。半正式上班服則可以有較多選擇，一般說來，暖色系的領帶可給人熱情、溫暖的感覺，而冷色系的領帶較能表現專業上的權威與冷靜。想展現活潑與朝氣則可選擇色澤較明亮的領帶，暗色系的領帶適合嚴肅的場合。參加弔唁、慰問喪家或喪禮等場合則必須配戴黑色的領帶。

◆ 領帶的花色

男士穿著西裝時，在上衣或襯衫都沒有太多花色可選擇，因此領帶就成為表現個人特色的重點。不同花色的領帶給人的感覺會有相當大的差異，應學會依照場合及搭配的衣服來選擇適合的領帶。一般而言，斜條紋的領帶能展現穩重、理性、權威的印象，適合在談判、演講、主持會議的場合使用。格紋和點狀的領帶則給人中規中矩、按部就班的感覺，適合在面試或會見上司和長輩時使用。如果襯衫已有花紋，則最好選用素面的領帶。

除了依場合選用領帶之外，也要配合個人的體型與膚色。身材較高的人繫上領結下只有一個圖案的單花領帶，看起來會很大方；而斜紋細條的領帶可以讓較矮的人看起來修長一點。

頸部較長的人宜選用花紋較大或粗斜紋的領帶，採用結形較大的打法配合寬領襯衫，有修飾此一缺點的作用。臉色較為紅潤的人，領帶最好選素色而材質較柔軟的，紅色系的領帶會讓你看起來更為紅光滿面；臉色較暗沉或蒼白的人，宜選色調較為鮮明一點的領帶，整個人看起來會明朗一點。

● 小朋友參加正式場合時，配戴小領結是不錯的打扮喲！

其他像抽象畫、幾何圖形、變形蟲、花鳥等不規則圖案的領帶，給人有創意、有個性、有活潑朝氣和流行的感覺。除非從事文藝、設計等較重視個人創意的行業，否則這類的領帶最好是在酒會、宴會或休閒場合時使用。

◆ 領結

領結可在正式的場合中使用，例如著大晚禮服、新郎禮服時就可結領結。其他場合則需謹慎考慮，由於領結如今被廣泛應用在餐廳侍者或飯店接待人員的制服，因此在國內穿一般西裝時仍以領帶較為適當，而在國際場合中則應配合禮服穿著搭配使用。

（五）鞋襪

穿著西裝時務必搭配皮鞋，穿著西裝褲卻配一雙球鞋，在國際場合、職場及一般社交聚會中皆是十分無禮的。正式服裝最好搭配黑色的皮鞋，或者搭配與西裝的顏色相同的鞋襪，如深咖啡西裝可配穿咖啡色皮鞋。鞋面及邊緣應保持乾淨，擦上鞋油打亮，不得有破損、裂縫等情形。

襪子要以深色為主（例如：黑色、褐色、藏青色），可以選擇上面有標誌或暗色花紋。穿著黑西裝褲與黑皮鞋卻配上白色襪子，是十分離譜的穿著。運動用的襪子也不適合搭配西裝。襪子不可有破洞，同時要清潔，襪頭要鬆緊合宜，長度不宜太短，應穿至小腿一半，原則為坐下時不可露出小腿。

（六）其他配件

男士的配件以眼鏡、領帶夾、手錶、戒指、皮帶等，以上配件在配戴時應不要超過三項為原則，並盡可能選擇同色系，以展現個人品味。其次，公事包、手拿包、皮夾等若能與服裝搭配適當，也可為衣著加分。

◆ 眼鏡

眼鏡的款式眾多，不斷有新的設計。今日眼鏡已成為整體造型中重要的環節，應配合服裝與場合配戴。一般而言，職場上班族的眼鏡鏡框樣式不宜太過花俏，顏色也不宜太鮮艷。金屬框的眼鏡可與手錶、皮帶扣搭配出整體感。

◆ 領帶夾

領帶夾應搭配領帶的花色及自己的年齡，領帶夾的位置應夾於襯衫第三及第四個鈕扣之間。

◆ 手錶與戒指

穿著正式西裝，配戴金屬錶搭配皮鞋、皮帶同色系的錶帶是較為得體的。戒指不要戴太多，不宜戴太大、太顯眼的戒指。

◆ 皮帶與皮帶扣

皮帶是穿著西裝褲時不可省略的配件。皮帶的顏色以黑色最容易搭配衣服。穿咖啡色系西裝時可選擇深咖啡色的皮帶，並與皮鞋配合。皮帶扣也是可以展現個人品味的細節，最好能將眼鏡、領帶夾和皮帶扣等配件搭配出整體感。

三、禮服

參加西方重要典禮、宴會、舞會、晚間婚禮等場合中，傳統上應穿著禮服。而禮服依繁簡又有大禮服與小禮服等區別，若有機會參與盛大場合，注意請柬上註明的服裝要求。

所謂大禮服，又稱為燕尾服(Swallow Tail; White Coat; Tail Coat)，是在上衣的後背下擺加長開成燕尾狀；著大禮服必須戴白色領結，也稱為「白領結」(White Tie)。禮服的褲子外側縫邊自腰部至褲腳止，必須縫綴黑色緞帶，此外從上衣、襯衫到鞋、襪、手套等，也都有一定的規定。

布希總統夫婦招待英國女王與夫婿的白宮晚宴上，布希總統與愛丁堡公爵皆著大禮服，即「白領結」，所代表的是男士晚間穿的大禮服，用黑呢料裁製，上衣前胸只到腰部為止，因此亦稱Cutaway，後背中分，垂到膝後，所以稱燕尾服(Swallow-Tail)。男士穿黑領結或白領結禮服時，同行女士應穿長及地晚禮服較為適當。

小禮服(Smoking, Tuxedo, Black Tie, Dinner Jacket, Dinner Suit, Dinner Coat)則是以黑色西裝為上衣，衣襟用黑色絲緞鑲面呈半月形，褲子則類似大晚禮服，只是外側縫邊處的緞帶較窄小。著小禮服時應配黑領結，因此又名「黑領結」(Black Tie)，若請柬上註明「黑領結」，是指要穿著小禮服赴會，不是要求只配黑領結或黑領帶，這點在收到請柬時必須要留意。

早禮服(Morning Coat)為日間常用之禮服，例如：呈遞國書、婚喪典禮、訪問拜會等。上裝長與膝齊，顏色尚黑，亦有灰色者。背心多為灰色以配黑色上裝，如上裝為灰色，則配黑色背心。深灰色柳條褲。黑白相間斜紋或銀灰色領帶。白色軟胸式或普通軟領襯衫。黑色光緞硬高帽或灰色高帽。灰色羊皮手套。黑色絲襪，黑色皮鞋。

一般人並不會時常穿到這些禮服，因此也不必要準備齊全的大禮服、小禮服等，但是一套適合赴宴的服裝是必要的。通常可以準備一套黑色西裝做為參加宴會或婚喪喜慶等場合的準禮服。當作準禮服的西裝要跟職場上的西裝有所區別，用單排扣的劍領西裝，以黑色素面而有光澤的質料更能表現出隆重感。穿準禮服參加晚間的宴會時，應搭配白色襯衫及黑白條紋或銀灰緞面的領帶，若是加背心的三件式西裝，則要穿黑色或淺灰色背心，袖扣、領帶夾等配件則要選擇樣式單純的金製或銀製品。在鞋襪方面則要求黑色素面，不要有花紋。穿著準禮服的主要原則在於顯出莊重大方。

參加葬禮時，則襯衫為傳統白色素面襯衫，領帶、背心都只能用黑色素面的款式，同時不可配戴任何裝飾品。

領帶的打法與要訣

一、領帶的打法

領帶至今已發展出各式各樣的打法，各種結型適合不同的襯衫領型。一般職場或較正式的場合仍以平結、溫莎結、半溫莎結和雙環結較常用。以下針對這幾種較常用的領帶打法以及所適合搭配的領型加以介紹。

◆ 平結(Plain Knot)

平結是最基本的領帶打法，應用也最為普遍，適用於任何種類的領帶。平結的結形較小，適合正統領或窄領等領尖較小，開口幅度較窄的襯衫，搭配窄腰西裝最為適宜。

● 領帶結下方的凹洞稱為酒窩(Dimple)，要盡量均勻對稱

◆ 溫莎結(Windsor Knot)

溫莎結又稱為大三角結，結形呈現正三角形，是很漂亮的打法，據說是英國一位因愛情而放棄王位的溫莎公爵所發明。其打法是以大帶身在左右兩邊各繞小帶身一圈，因此結形較大且較寬，故應避免選用材質較厚或針織品的領帶。適合搭配表領較大或雙排扣的西裝，襯衫則以寬領為宜。

● 溫莎結形狀較大，避免選用材質較厚的領帶

◆ 半溫莎結(Half Windsor Knot)

　　半溫莎結又稱為老爺結(Esquire Knot)，打法與溫莎結相似，但大帶身只繞左邊的小帶身，不必左右各繞一圈，因此結形比溫莎結稍小，用於質感稍厚的領帶可以表現溫莎結的厚實感，用於較薄的領帶也可表現出類似平結的俐落，是相當實用的打法。半溫莎結由於結形大小適中，可搭配各種領型的襯衫，但寬領而領尖較大的襯衫還是搭配結形較大的溫莎結為宜。

● 半溫莎結大小適中，可搭配各種領型的襯衫

◆ 雙環結(Double Knot)

　　雙環結的打法比平結多繞了一圈，因此領結部分比平結大一些、長一些，看起來較有份量，也較有精神。這種領結較有摩登感而又不至於太花俏，用於上班或休閒都可以。

● 因為繞了兩圈，內圈會稍微露出來；此為雙環結的特色，不要刻意用外圈將它蓋住

二、打領帶的要訣

◆ 打好領帶後，將領帶較窄端的小劍帶穿過大劍帶背後的布扣，這樣可防止領帶分離移動，較為美觀。

◆ 戴好領帶後，請檢查領帶是否妥善隱藏在衣領中，領帶結是否端正。

◆ 領帶結應拉到領口，領帶結太低會顯得輕浮不雅。

◆ 領帶打好的長度應在腰帶上緣，太長或太短都不適合。

INTERNATIONAL ETIQUETTE

禮儀小錦囊

領帶與袖扣的由來

　　傳說領帶與袖扣是由英國婦女發明的，經歷了一段有趣的發展過程。由於中世紀的進食方式是用手抓起一大塊肉棒在嘴邊啃咬，成年男子進食時弄髒了鬍子就用衣袖去擦抹，以致衣袖常油膩髒汙。於是婦女們便在男人的衣領下掛一塊布，可隨時用來擦嘴，同時在袖口上釘上小石塊，防止男人用衣袖擦嘴。長久下來，掛在衣領下的布和綴在袖口的小石塊便成為英國男士上衣的傳統附屬物。後來演化為領帶和袖扣，並風行全世界。

正式場合的衣著—女士篇

比起男士的服飾，女士在服裝上的選擇就顯得十分多樣化，不但樣式變化多端，設計走向也常隨著流行趨勢改變。不過，在禮儀的範疇中，應首重因時、因地、合宜的穿著。在正式場合中，更應注意是否規定服裝樣式或顏色。服裝的基本配件以咖啡色、茶色或黑色較易搭配。此外，衣服的搭配須以整體、協調、舒適為主，如此一來，將會展現最佳的禮儀風範。

一、職場服裝

研究職場服裝二十年之久的約翰‧莫洛於1978年出版《穿出成功》(Dress for Success)，引起職場服裝的改革風潮。被時代雜誌譽為美國首位衣櫃工程師的莫洛指出，女性若想在事業上一帆風順、更上層樓，成功的穿著是重要的關鍵。

早期職場中，擔任主管職位的大多為男性，在1970年代，開始有較多的女性晉升為主管。當時為了能有和男性主管一樣的權威感，以便得到屬下的敬重，許多女性主管刻意作中性打扮，但並沒有得到預期的效果。近年來大多數人認為職場女性於工作時並不一定要著中性或男性化的衣服，而應保有女性特質。

（一）套裝

對於不善搭配衣服的女士而言，套裝是很好的選擇。職場上女士基本上須著套裝，或是樣式簡單的洋裝加上外套。約翰‧莫洛強調，身在傳統職場中的女士，或者身分為專業的律師、會計師等，套裝顏色應參考傳統男士西裝的顏色，例如：黑、藍、灰、咖啡等，這些中性色會讓你的專業形象加分不少。

（二）襯衫或上衣

襯衫在職場上給人印象較為拘謹、嚴肅。實際上，若襯衫剪裁合宜，再配合恰當的首飾、配件，可讓整體造型增色不少。

襯衫除了可當成上衣穿著外，亦可充作外套，若再加上項鍊裝飾，可以增加整體穿著的層次感；搭配裙子或褲子時，以腰鍊配襯，可以柔化襯衫給人的印象，突顯女性化效果；合身洋裝若以襯衫當做薄外套，也是造型的靈活運用。

另外，也可挑選針織衫等單品，有關花樣的挑選須依職場的不同而加以區分，較為保守的傳統企業應以單色、簡單大方為主；創意走向的企業，花樣可稍活潑。

（三）褲裝

褲裝在剪裁上強調以腰線的簡單設計為主，不要有太多綴飾，顏色上以素雅的單色為優。同色系的褲裝，看起來幹練、有精神，下半身豐腴的女性可選擇長度可以遮住臀部的上衣。

如果覺得褲裝太中性，可以在外套內加穿一件合身、低V領的上衣，一來可以柔化線條，二來可以將視覺焦點轉移至前胸、頸部和臉部。

（四）鞋子

在較注重專業形象的行業中，深色、高度適中的包鞋較為適合。如果公司裡的衣著風氣較為輕鬆，以工作便利為考量，則平底鞋是很好的選擇。面試時以中等高度的包鞋最適合，可表現出妳是個可靠、得體的人，較能獲得主考官的青睞。位居高位的女主管應選擇質料較好的皮革做成的鞋，來展現地位。另外，須注意不可穿休閒鞋配正式上班服裝，拖鞋絕不可以穿到辦公室。

貼心叮嚀

選購襯衫的要訣為：肩線合身、長度適中。剪裁合宜的肩線可營造出一份俐落感。

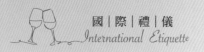

（五）絲襪

絲襪款式千百種，要能恰如其分的襯托衣服的質感，就必須慎選絲襪的顏色和圖案。挑選絲襪的原則有一點可供參考，那就是絲襪的顏色不能比鞋子的顏色深，並且絲襪顏色應與鞋子的顏色協調。現今，絲襪還有附加其他機能可供選擇，例如：修飾腿型、燃脂瘦臀、抗菌除臭、腳底按摩、消除疲勞、促進血液循環等等。

（六）飾品與配件

搭配得體的配件如皮包、皮帶、飾品等，可以突顯出整體服裝的美感。在飾品方面，若穿戴項鍊、耳環等，可選擇相同款式，以小巧精緻為原則。應避免太過炫耀，將所有飾品都穿戴在身上。

◆ 眼鏡、耳環

眼鏡、耳環可謂是配件造型中的重點，因為它可以豐富臉上表情，增添個人光采，所以挑選時要特別注意。除了顏色、款式的考慮之外，如果配戴眼鏡、耳環得宜的話，還有修飾臉型的效果，像是臉型大的人，可戴大的耳環，讓臉看起來較小，這是視覺效果的應用。

在眼鏡鏡框的選擇上，也可應用視覺效果的道理，調和臉型比例。大體而言，長形臉者適合的框型以高度較大為主；橢圓形臉搭配任何一種框型都好看；圓形臉應避免選擇圓形的框型，以免給人圓滾滾的感覺，以鼻中造型是直線條或有角度的優先考慮；方形臉可挑框型稍微有曲線的；三角形臉者則要選較扁、高度較小框型的眼鏡。

臉可說是我們全身上下最受矚目的地方，如果能善用眼鏡的款式設計，必能塑造個人的專業形象感覺，要營造專業形象，就不能戴著可愛稚氣的眼鏡在工作場合上出入，並且還要注意眼鏡與耳環、髮型的搭配是否整體一致。

◆ 項鍊、胸針

　　在全身衣服的色調過於單一、統一時，可藉助項鍊和胸針來加以點綴，增加個人的活躍感。

　　尤其黑頭髮、黑眼珠的東方人，有了色彩繽紛亮麗的項鍊、胸針等配件來作對比，更可穿出衣著的品味，為自己增色不少，但在搭配時要注意，很亮眼的飾品不要超過一件。

◆ 戒指、手錶、腕飾

　　此類是造型不可忽視的一環，代表著個人品味的表現。適當的配戴，可為自己的造型加分不少，但若飾品配戴太多樣，則會搶了本身的風采，整體造形也會顯得雜亂，因此戒指、腕飾等飾品也講求整體性的選搭。而手錶的功能已不單純是報時而已，現今已轉變成講求品味的門面，從高級的鑽錶到設計新鮮多樣的潛水運動錶，種類五花八門。當然，並不是越貴的手錶就顯得越好；一隻手錶適用於各種場合也已不符合現代人的需求，我們必須選擇適合自己品味與個性，且符合場所氣氛的手錶才是。工作用錶的挑選，應注意表面不應太過花俏，以型式簡單、好用易看的錶為佳。理想的手錶，可以塑造出我們帶給別人的第一印象，適合衣服與戒指、腕飾之間的感覺。

◆ 提包、公事包

　　儘管衣著搭配適當，但若手上拿著雜七雜八的東西，則會破壞整體的美感，這時提包、公事包便派上用場，可收納我們私人的物品。在造形上，隨著場合與穿著，選用風格一致的提包，有「畫龍點睛」的效果。職業婦女平日早出晚歸，常須備妥整日所需的用品，可能會把提包塞得滿滿的，而影響美觀，所以在搭配穿著的同時，也要時常清點自己提包內的物品，把不必要的東西拿出來，才能使提包的重量減輕，走起路來步伐較輕快，姿態更優雅。

不同職場有其不同的穿著文化，在穿著文化較保守的公司裡，要避免顏色太鮮艷、太花俏，款式也以簡單大方為宜。但若是與創意有關的行業，在用色及花樣上，就可大膽一點。而像律師之類需要強調幹練與專業的工作中，較中性或男性化的款式和色系是不錯的選擇。總之，適當、得體的職場衣著，就是最好的禮儀。

二、禮服

女士正式的禮服，為露背、低胸、無袖……各種款式；質料更是變化多端，絲質、緞質、雪紡紗、蕾絲、絲絨……應有盡有。一般而言，小禮服應選擇質料較柔軟的布料來製作。適合正式晚宴穿的鞋以緞質、絲質或天鵝絨質料的鞋為主，能讓腿部顯得優雅，並表現出對該場合的重視程度。

在正式場合中也常見中式旗袍，質料以綢緞、織錦或繡花最為出色，唯須注意穿著時，兩邊開叉不宜過高。

● 大人攜帶小朋友參加正式場合，不要忘了也要幫小朋友打扮一下。

（一）款式與穿著

◆ 西式

黑色是西式禮服的常客，穿的人非常多，再加上東方人是黑、頭髮黑眼珠的關係，會使整個人顯得黯淡，所以記得要用其他色彩或醒目的配件來作搭配，才能強調出明亮的表情。

◆ 中式

　　中式禮服，以旗袍為主，一般情況「白天著短旗袍，晚間正式場合可著長旗袍或長禮服(Evening Gown)」，現今的旗袍大部分都是改良式的旗袍，穿著旗袍著重是否能表現出中國婦女的婉約氣質之美。旗袍的特色在於其本身的剪裁與繡工。由於旗袍的設計以襯出體形線條為主，所以在顏色的選用上，要注意與本身的體型是否合宜，例如：體形寬的人就不宜用白色，白色是膨脹色，會讓自己的體形線條看起來更寬大。

（二）鞋子

　　女性的鞋子分平底、低跟、中跟、高跟等各種高度，通常鞋子的高度以兩公分左右的低跟至四、五公分的中跟，穿起來最舒服，活動最方便。不同的鞋子高度，所展現出來的風情會大大不同。選擇鞋子的高度，可依禮服的款式設計而定，但切記不能穿太高跟的鞋子，否則走起路來搖擺不定，有失儀態。另外，鞋子的配色要能和服飾的風格顏色，產生一致的效果。

（三）配件

　　穿著禮服時的配件可較為華麗，配戴時需配合時間、地點、場合。原則上，身上所有的配件不應超過5件。適當的配件將會使整體美感加分許多。

◆ 首飾

　　穿著華麗的禮服，再配戴典雅的首飾，能更添閃耀的光采，首飾包括了耳環、項鍊、戒指、胸針、手鐲、簪釵等等。選購首飾宜重設計，好的首飾設計作品，能使人印象深刻，展現出自己的魅力。在首飾配戴上也要加以巧思變化，才不會顯得千篇一律。

◆ 帽子

戴上帽子後，會很自然地將視覺的焦點會放在頭部。因此帽子必須戴得自然，否則看起來會很突兀，除此之外，帽子的款式，要能和臉型搭配。

◆ 皮包

皮包雖然是個小配件，但若不能搭配使用的場合，仍會影響整體美。在正式場合上，皮包宜選用精緻方整的款式，並且以能拿在手上的皮包，或是可掛於手臂上的手提包最適宜。

◆ 手套

手套的使用，可襯托禮服的格調特色。一般若穿著無袖的禮服，可搭配長過肘部的長手套；有袖禮服則以長過手腕的短式手套為佳。握手、進食時，應先脫下手套，而脫下的手套不可隨意亂放，可收入皮包，或放於膝蓋、椅背上。

認識名牌

　　無論是餐宴或其他社交場合，與會者多半會特意打扮，因此在原本彼此陌生的社交場合中，若你能一眼認出對方所穿戴的服飾品牌，並加以適度讚美，將是開始交談的好話題，也往往能令對方留下較深刻的印象。此外，當你自己為了參加社交場合而需要治裝時，對一些世界名牌有所認識也會大有幫助。以下為各位讀者介紹一些世界品牌。

常見品牌中英對照表	
詹妮 [GENNY]	安娜‧蘇 [ANNA SUI]
巴寶莉 [BURBERRY]	蘭蔻 [LANCÔME]
瑟琳 [CÉLINE]	克麗絲汀‧迪奧 [Christian Dior]
埃斯卡達 [ESCADA]	卡文‧克萊 [Calvin Klein]
路易‧威登 [LOUIS VUITTON]	班尼頓 [BENETTON]
維多利亞秘密 [Victoria' s Secret]	古馳 [GUCCI]
克羅埃 [Chloé]	凡賽思 [Gianni VERSACE]
芬迪 [FENDI]	喬治‧阿瑪尼 [GIORGIO ARMANI]
普拉達 [PRADA]	紀梵希 [GIVENCHY]
D & G [DOLCE & GABBANA]	羅夫‧羅倫 [RALPH LAUREN]
香奈兒 [CHANEL]	

1. 詹妮(GENNY)

　　詹妮(Genny)由Arnaldo Girombelli於1962年於義大利創立，其夫人Donatella Girombelli為國際時裝設計師，現為Genny Group的總裁兼設計師。Genny的主要顧客群為25歲以上的女士，其款式設計注重簡單、別緻、獨特又瀟灑。

2. 巴寶莉(BURBERRY)

巴寶莉(Burberry)為Thomas Burberry （托馬斯・巴寶莉1856-1926）於1856在英國貝辛斯托克建立，最初專門製作風雨衣。柏帛麗是英國老資歷的服裝品牌，目前擴及女裝系列、化妝品系列、縫製設備、精細食品、童裝、手提包、錶等。

3. 瑟琳(CELINE)

瑟琳(Celine)品牌是1946年於法國註冊，並以皮革起家的品牌，其產品講究實際實用為主，受到歐洲上流社會普遍喜愛。產品類別有服裝、皮件、香水、手錶、領帶、絲巾、飾品等，其品牌標誌有：

◆ 馬勒、Omega標誌及鏈狀圖案：常用於皮件的皮面圖案或金屬扣頭，以及絲巾、領帶的圖紋上。

◆ 單座雙人馬車標誌：常用於皮件與皮鞋上的金屬裝飾。

4. 埃斯卡達(ESCADA)

埃斯卡達(Escada)為沃爾夫岡(Wolfgang)及瑪格蕾斯・萊伊(Margareth Ley)於1976年於德國註冊。埃斯卡達產品以簡潔、洗鍊、精明具個性為主，服裝風格明快，造形優雅，機能性強，實用性高，可系列搭配或單品組合，注重新形織物與獨到的色彩體系運用是其特色。目前產品別類以高級成衣、皮革製品、香水為主。

5. 路易・威登(LOUIS VUITTON)

路易・威登(Louis Vuitton)創始人為法國路易・威登(Louis Vuitton)，LV皮件特色為完美做工和與眾不同的圖案，讓人一眼就知道是LV。目前產品種類有皮箱、男裝、女裝、絲巾、筆、手錶，旅行袋、提包、後背包、皮夾等，其主要圖案如下：

◆ MONOGRAM帆布：一直是LV皮件的象徵符號。

◆ DAIMER雙色格子帆布：開始於1888年的棋盤間紋於1996年採細膩優雅的棕黃色調重新推出。

◆ EPI壓紋：在皮件的右下角壓印一個LV標誌。

◆ OPERA皮紋：是LV唯一針對女性的設計，僅有黑紅兩色，在光面與壓紋之間製造強烈的對比。

◆ TAIGA真皮：有TAIGA的森林綠，和ACAJOU的深棕帶紫紅兩色。

◆ MONOGRAMVERNIS：以傳統MONOGRAM圖案為基礎，將塑膠亮面壓在真皮材質上，顏色採用年輕活潑的水藍色及牛奶糖色，象徵LV充滿活力的新紀元。

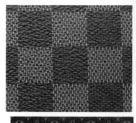

●LV著名的商標圖案和雙色格紋

6. 維多利亞秘密(Victoria's Secret)

維多利亞秘密(Victoria's Secret) 是魅力、浪漫與縱容的代名詞，這是一家由女性經營，並專為女性服務的美國公司，總裁為葛芮絲‧妮可(Grace Nichols)，產品以內衣及睡衣最為聞名，超級名模均以能參加其每年2月在紐約的發表會為榮。

7. 克羅埃(Chloé)

Chloé創始人為雅克‧勒努瓦(Jacpues Lenoir)及加比‧阿格依奧(Gaby Aghion)，1952年註冊於法國。克羅埃品牌是巴黎高級成衣界的重要角色，其品牌風格的核心可概括為時髦、現代及強烈的女性品味；品牌種類包括時裝、香水、配件等。

8. 芬迪(FENDI)

芬迪(Fendi)由愛德拉‧卡薩格蘭德(Addle Casagrande)和愛德華多‧芬迪(Edoardo Fendi) 於1925年在義大利羅馬註冊，其品牌識別方式有出自Karl Largerfeld 筆下的「雙F」標誌。其產品種類有皮草與時裝、皮革與皮件、成衣、針織休閒服裝、沙灘裝、泳裝、珠寶、手錶、香水等。

9. 普拉達(PRADA)

普拉達(Prada)之創始人為義大利人Mario Prada，其品牌特色為精細與粗糙，天然與人造，不同質材相互並用，極具藝術氣質。普拉達的用料大多很別緻，如斑點圖案的絲質雨衣、雙面克什米爾外套、貂皮飾邊的尼龍風雪衣等都頗有高級女裝的用料特徵。目前產品種類有服裝、內衣、皮件、配件等。

10. D&G (DOLCE & GABBANA)

由多梅尼科·朵斯(Domenico Dolce)和斯特凡諾·加巴納(Stefano Gabbana)兩個義大利人，攜手共創Dolce & Gabbana品牌，註冊地為義大利蒙扎，兩人也是D & G的設計師，其設計特色為復古風格、獨樹一幟及華麗的配件。目前產品種類有：服裝、配件、內衣。

11. 香奈兒(CHANEL)

「當你找不到合適的服裝時，就穿香奈兒套裝。」這句衣經名言足以表現香奈兒品牌服飾的影響力。香奈兒(Chanel)為Gabrielle Chanel(1913-1971)於1913年創始於法國巴黎，她是史上最偉大與最有影響力的高級時裝設計師之一。Chanel另一設計師卡爾·拉格菲爾德(Karl Lagerfeld)是一位創意源源不斷、具領導潮流能力的設計師。CHANEL的產品包括時裝、化妝品、香水、各類飾品、皮件等，其品牌標誌有：

◆ 雙C：雙C交疊而設計出來的標誌，常在CHANEL服裝的扣子或皮件的扣環上看到。

◆ 菱形格紋：立體的菱形車格紋常被運用在CHANEL新款的服裝、皮件、甚至手錶的設計上。

◆ 山茶花：除了設計成各種質材的山茶花飾品之外，更經常運用在服裝的布料圖案上。

●外雙C、菱形格紋的提包和山茶花圖案的耳環

12. 安娜‧蘇(ANNA SUI)

安娜‧蘇為第三代華裔移民，擁有中國與美國血統，她靈感的源泉常來自斯堪地那維亞的裝飾品、布魯姆伯瑞部落裝和高中預科生的校服等。她的設計復古氣息與絢麗奢華並存、華麗而不失實用性。目前產品種類有高級時裝、成衣、化妝品。

13. 蘭蔻(LANCÔME)

於1935年由Armand Petitjean創始於法國， 旗下著名的設計師有Armand Petitjean 及Georges Delhomme（香水瓶設計者）。LANCÔME品牌以細膩的精緻質感及為獨具藝術氣息的包裝為特色。目前產品種類有香水、卸妝／清潔產品、保養產品、彩妝等。

14. 克麗絲汀‧迪奧(Christian Dior)

克麗絲汀‧迪奧以自己的名字做為品牌的名稱，自1946年在法國巴黎創始以來，一直是華麗與高雅的代名詞。Dior從不將任何CD或Dior等明顯的標誌放在衣服上，其他配件上較明顯的品牌識別如下：

◆ CD：這個縮寫常出現在Dior的配件上。

◆ Dior：以Dior四個字串成的鑰匙圈掛在提環上，是"Lady Dior"皮包最明顯的標誌。

◆ 鑽石格紋：這個Dior專用的鑽石切面一般的格紋，只有在Dior的皮件上才會明顯見到。

15. 卡文‧克萊(Calvin Klein)

Calvin Klein公司是由設計師卡文‧克萊(Calvin Klein)與巴里‧施瓦茨(Barry Schwartz) 於1968年合作創辦。卡文‧克萊(Calvin Klein) 是一個全方位的設計師，其產品類別有：男女高級時裝、成衣、男女休閒裝、襪子、內衣、睡衣及泳衣、香水、眼鏡、牛仔裝、配件、香氛及家飾用品等。共有三個主要的服裝路線：

◆ Calvin Klein：以整齊的乾淨線條寫出Calvin Klein，與設計師潔癖般的極簡風格不謀而合，是旗下的第一品牌。

◆ ck Calvin Klein：Calvin Klein把褐色的名字放在黑色的大CK上，簡稱CK，是年齡層較為年輕的副牌。

◆ ck Calvin Klein Jeans：為Calvin Klein的牛仔裝系列，把褐色的CK壓上Calvin Klein Jeans黑字，簡稱CK jeans。

16. 班尼頓(BENETTON)

班尼頓於1968年在義大利貝盧諾註冊並創立，由朱麗安娜·班尼頓(Giuliana Benetton)為總設計師，旗下有200多名設計師。主要產品，陸續包括休閒服、化妝品、玩具、泳裝、眼鏡、手錶、文具、內衣、鞋、居家用品等，設計上體現了新的年輕一代的價值觀，特別以年輕人與兒童為目標消費群。

17. 古馳(GUCCI)

古奇歐·古馳(Guccio Gucci)於1923年，在義大利佛羅倫薩創立此品牌，1994年起由年輕又才華洋溢的湯姆·福特(Tom Ford)擔任主要設計師。GUCCI服飾一直以簡單設計為主，在時尚之餘不失高雅的風格一向受到歡迎，產品主要類別有：服裝、皮包、皮鞋、手錶、家飾品、寵物用品、絲巾、領帶與香水等，主要目標消費群為上層社會婦女與影劇明星。

18. 凡賽思(Gianni VERSACE)

凡賽思由詹尼·凡賽思(Gianni Versace)於1978年創立，除時裝外還經營香水、眼鏡、絲巾、領帶、內衣、包袋、皮件、床單、瓷器、玻璃器皿、家具等，其產品含括了生活的每個領域。其設計擷取了古典貴族風格的豪華、奢麗，並充分考慮穿著舒適，完美地表達女性的身體的美麗。Gianni Versace曾多次獲得時

裝設計各大獎項，並於1986年獲義大利總統授予義大利共和國
"Commandatore"獎。惜於1997年在美國遭槍擊身亡。

19. 喬治‧阿瑪尼(GIORGIO ARMANI)

由創始人喬治‧阿瑪尼(Giorgio Armani)於1975年創立，喬治
‧阿瑪尼現在已是在美國銷量最大的歐洲設計師品牌。其設計風格
既不新潮亦非傳統，而是在二者之間做很好的結合。主打品牌喬治
‧阿瑪尼(Giorgio Armani)針對富有階層，而瑪尼(Mani)、愛姆普‧
奧阿馬尼(Emporio Armani)、阿瑪尼牛仔(Armani Jeans)等則是針對
普通消費者。

20. 紀梵希(GIVENCHY)

由創始人休伯特‧德‧紀梵希(Hubert de Givenchy)於1952年
在巴黎創立，現任設計師是英國的著名設計師亞力山大‧麥奎因
(Alexander Miqueen)。紀梵希最大特點是優美及典雅，除了以服飾
聞名也經營香水、飾物等，廣受各不同階層、年齡的女性愛用。紀
梵希品牌也是法國傳統富麗精緻風格的代表之一。

21. 羅夫‧羅倫(RALPH LAUREN)

羅夫羅倫(Ralph Lauren) 1968年創始於美國紐約的時裝公司，
主要經營Polo by Ralph Lauren （馬球男裝）和Ralph Lauren （羅夫
羅倫女裝）兩大著名品牌，其共同特點是具有浪漫及創新和古典的
混合體，主要消費階層是中高收入階層和社會名流。

SECTION 04 休閒場合的衣著

一、衣著的基本原則

　　休閒時的衣著，可較為自由，但一般而言應掌握幾項基本原則，才能穿得合適、得體。

1. **整潔舒適**：不論衣服價格、式樣如何，基本上要保持整齊乾淨，並且要穿得自在。適度吸收有關流行服飾的訊息，可以讓你更能穿出自己的品味。

2. **場合恰當**：穿衣服有所謂T.O.P.(Time, Occasion, Place)原則，也就是看場合穿衣服。上班、宴會、慶典、休閒、運動等不同場合都有其適宜的衣服和配件。

3. **適合自己**：除了整潔與配合場合外，還要配合自己的體型、年齡、身分等，選擇適合的款式和顏色，再搭配合宜的飾物，這樣才能穿得體面、美觀。

二、衣著的色彩

　　成功的衣著首重於色彩的搭配，該如何挑選適合的色彩，必須依據不同的膚色來選擇。一般而言，與膚色相同或對比的服裝色彩最能強調本身的膚色。

◆ 色彩的明度

　　明度（色彩明暗的程度）在色彩學中，占著舉足輕重的地位，為服裝配色時的首要考量。因明度不同，所顯現的特性亦各具特色。明度高的顏色，例如：白色、黃色等，看起來比較突出、膨脹，感覺會比原來的面積大。當穿上這些色澤明亮的衣服時，會顯得比較胖，所以較適合瘦的人穿著。

　　明度低的顏色，例如：深藍色、灰色等，看起來有收縮、後退的感覺，其顯現的面積似乎比原來的小。當穿上這些色澤深暗的衣服時，會顯得瘦一點，因此比較適合胖的人穿著。

◆ 色彩的表情

　　暖色如紅、黃、橙色等顏色給人熱情、自信、爽朗的感覺。適合需要經常接觸人的行業，例如：公關、推銷員等，可多穿暖色系的衣服。

　　深色如黑色、深咖啡色、深藍色等，讓人感覺較嚴肅冷漠、神祕的感覺。參加重要會議時，適宜選擇這類顏色的衣服出席，可增加出席會議者的氣勢。而從事管理、金融、律師等工作人士皆宜選擇深色。

◆ 適合自己的膚色

不同膚色可依照色彩學的原理，來選擇下列顏色：膚色偏黃，可選擇白色、灰色、酒紅色、黑色、藍色、咖啡色等，較為優雅、古典；膚色偏白，基本上任何顏色皆適宜，但深色更能強調出膚色之白晰；膚色較黑，則應避免用較暗的顏色，可選擇比膚色稍淺的顏色。

另外，也可從暖或寒色系，來選擇適合自己的顏色。暖色系的膚色偏象牙白、杏黃及金黃色，適合穿黃色調的黃綠色、橘色、杏桃色、淺棕色，或是橙紅色系、金色系、磚色、橄欖綠等。寒色系的膚色偏青白、青褐及灰褐色，所以可從正色，例如：正紅、正藍，粉彩或鮮豔的冷色系，例如：粉紅、粉紫、桃紅、鮮紫、寶藍中做選擇。

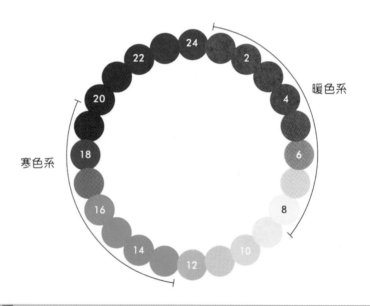

INTERNATIONAL ETIQUETTE

禮儀小錦囊

你是哪個色系？

如何找到適合自己的顏色？在此提供一個基本方法。不上妝、素著臉，站在陽光下，戴上金飾及銀飾（或將橘紅色卡放在臉下方），請周遭的人幫你看看，哪個能襯出臉色。若是金飾（或橘紅色卡）讓你顯得亮麗，你就屬於暖色系，反之，則屬於寒色系。

◆ 適合自己的體形

　　體形較豐腴的女士，在服裝色彩上可選擇具有後退感和收縮感的深色調和灰暗色彩；身材較瘦小的女士，則較適合具有前進感和擴張感的淺色調。適當的運用色彩，不但可以修正、掩飾身材的不足，而且能強調、突出個人的優點。另外，須注意身材矮小不宜穿上、下裝顏色色差太大的服裝，以免破壞統一與和諧感。

◆ 色彩的搭配

　　配色時，必須注意服裝色彩的整體平衡，以及色調的和諧。一般來說，上身著淺色服裝，下身著暗色的搭配，色彩較平衡。如果是上身暗色，下身淺色，鞋子就扮演了平衡的重要角色，可選擇暗色系的鞋子。以下列舉日常較常穿的幾種顏色之配色，以供參考：

顏色	配色
紅色	白色、黑色、藍灰色、米色、灰色。
粉紅色	紫紅、黑色、灰色、墨綠色、白色、米色、褐色、海軍藍。
橘紅色	白色、黑色、藍色。
黃色	紫色、藍色、白色、咖啡色、黑色。
咖啡色	米色、鵝黃、磚紅、藍綠色、黑色。
綠色	白色、米色、黑色、暗紫色、灰褐色、灰棕色。
墨綠色	粉紅色、淺紫色、杏黃色、暗紫紅色、藍綠色。
藍色	白色、粉藍色、金色、銀色、橄欖綠、橙色、黃色。
淺藍色	白色、淺灰色、淺紫、灰藍色、粉紅色。
紫色	淺粉色、灰藍色、黃綠色、白色、紫紅色、銀灰色、黑色。
紫紅色	藍色、粉紅色、白色、黑色、紫色、墨綠色。

三、款式與時尚

◆ 適合體形與身分

衣服再怎麼漂亮美麗，如果不考慮自己的身材體形與身分場合來穿著，只會使自己和衣服的美感大打折扣，同時有損形象。體形不完美的人可以藉助衣服來修正身材的視覺焦點，事實上平衡身材比例的穿著，才是塑造身材形象的重點，而不是頻頻在意自己是否有小蠻腰以及胸部的豐滿程度，沒有人擁有百分之百的完美體形，「自然就是美」，接受自己，包裝自己，讓形象加分，再配合適宜的禮儀，在各種場合裡就可成功地打造自己。

◆ 個人風格與流行

女人當真衣櫃裡永遠少一件衣服嗎？雖然每一季都有當下的時尚流行穿著，若一直盲目追求流行，只會大大減損自己的荷包，而且所穿的衣服也和別人相同，所以建立自己的風格，挑選自己真正所需要的衣服，才是購衣之道。

◆ 配件的搭配

帽子常是女性衣著搭配的一項飾品，在宗教儀式或結婚儀式、葬禮儀式中都可戴帽子。在餐廳或戲院，女士可以不必脫帽（注意帽子不要遮住別人的視線）。此外，在其他公共場所，也可以不必脫帽，但在自己家或友人家中，就不適合戴帽。

SECTION 05 儀 容

一、頭髮

（一）頭髮的清潔保養與整理

一頭油膩的頭髮無論穿上多高雅的服裝都於事無補，頭皮屑則更會讓個人形象降至谷底。因此在學會了如何穿出優雅、穿出禮儀之外，必須特別注重頭髮的整理。對頭髮最基本的要求就是要清潔，此外髮質要加以保養，無論什麼髮型，如果頭髮毛躁分岔就很難留給別人好印象。

勤於洗髮是保持頭髮清潔的的不二法門，洗髮的同時可以按摩頭皮，達到保養的效果，但是不可直接用指甲抓洗，應用指腹搓洗並按摩。

除了清潔之外，無論男士或女士，出門前做適當的整理是必要的。市面上各式各樣的整髮用品，每個人可以依自己的髮型與髮質選用。在較正式的宴會等場合，也可以到美髮院請設計師來吹整造型。

（二）男士的髮型

穿著西裝時以西裝頭最適宜，鬢角長度要適中，太長的鬢角會讓人看起來沒有精神。同時注意不要讓頭髮覆蓋住額頭，如果髮質較柔軟，可用定型液或慕絲予以固定。一般休閒時或從事較注重創意與自由的工作時，髮型上可以較有變化，不過無論哪一種髮型，都要加以整理。

（三）女士的髮型

在辦公室裡，乾淨俐落的髮型是較受同事歡迎，暗示著良好的組織推理能力，因此最典型的式樣是有彈性、光滑亮麗的短髮。

常常掉下來遮住臉的髮絲或瀏海看起來較缺乏專業的權威感，太長或太蓬鬆的髮型也不適合工作場所。中庸與整潔是幹練的髮型不可或缺的元素，所以往後梳的短髮目前則受到上班族的喜愛，因為能顯示你有足夠的自信，不怕露出整張未加修飾的臉。

參加宴會時則可以配合禮服展現較為女性化的髮型，因此留中長髮而在上班時將頭髮往上盤也是不錯的做法。

二、面容

（一）眼部

◆ 眉：眉形較為雜亂、尾端散開，或者雙眉在鼻梁上方接得很近……等，會給人不夠有精神的印象，可加以適度修整，這樣看起來會更容光煥發。

◆ 睫：睫毛是為眼睛過濾汙染的屏障，難免會附著髒汙而不自覺。此外，睫毛長度太長而下垂的話也會讓眼睛看起來沒精打采的，應適度修整。

◆ 眼：並不是每個人都能有一雙明亮的眼眸，但至少要保持清潔，尤其眼角要特別注意，萬一眼角沾著眼屎而沒發現，會讓看到你的人很尷尬。

（二）口鼻

◆ 鼻：鼻子容易出油，因此要注意常用面紙擦拭，另外，要注意鼻毛是否有外露的情形，如果有就要加以修剪。

◆ 口：無論是業務接洽或在社交場合，口臭的現象會讓人對你敬而遠之，應注意口腔的衛生，避免口臭。此外，吃過東西要注意齒縫不可留有食物殘渣。

（三）其他

◆ 皮膚：女性無論在職場或一般場合通常都會化妝，要注意補妝時的禮儀，不要當著別人面前補妝。男士較少有化妝的習慣，但是容易出油的膚質要注意保持臉部的清爽，以免油光滿面。

◆ 鬍子：職場中儀容以清爽整齊為原則，不宜蓄鬚。鬍子要刮乾淨，一臉鬍渣會給人懶散邋遢的印象。

◆ 耳朵：耳朵是較容易疏忽的地方，在清潔時要特別留意。雖然一般人較少注意到耳朵，但一旦被看到耳垢堆積，先前服裝儀容上的一切努力都會功虧一簣。

三、其他部位

除了上述頭髮及臉部的儀容之外，指甲、體味等也是會影響個人形象的重要因素。女士穿露趾高跟鞋或涼鞋時，腳趾也是要注意的地方。

◆ 指甲：指甲應常常檢查是否過長，並保持清潔，尤其指甲縫不可留有髒汙。女士上指甲油時要注意場合，職場上不宜用太鮮豔的顏色，同時也不宜留得太長影響工作。

◆ 腳趾：一般而言，無論男士或女士，在正式場合穿的鞋子都應該包覆腳趾。在一般休閒場合則常見各式各樣的露趾高跟鞋或涼鞋，穿著時要注意腳趾的清潔與趾甲的修整。

◆ 體味：東方人大多數較不會有嚴重的體味問題，西方人使用體香劑是很普遍的。容易出汗的人最好在著裝前使用有制汗效果的體

香劑，尤其是腋下。畢竟衣服被腋下汗水滲濕而變色，是無論如何都優雅不起來的。

◆ 香水：香水幾乎已成為衣著的一部分了。無論是擦式或噴式的香水，在英文中都用Wear（穿著）這個動詞。無論是男士或女士，出席正式場合時選用合宜的香水能夠表現出優雅和品味。

香水要依場合選用，職場上不要用味道太濃郁的香水，參加晚宴時則香味可以較濃無妨。通常將香水點在手腕、耳後等處，使它隨著脈搏帶來的體溫發散。噴式香水很容易噴出太多而使香水味道太濃，可以朝上方噴出一些形成一團香水霧，然後人從香水霧中走過去。

在劇院、音樂廳及高級餐廳常會規定不可穿著短褲拖鞋入內。

基本保養與化妝

　　化妝對女性而言已是基本的禮貌，無論上班、赴宴或休閒活動，幾乎都要化妝。女性化妝前要先注意到皮膚的保養，而現代男性也也逐漸形成使用保養品的風氣，在此特別介紹有關基本保養與化妝的田概念。

（一）膚質的基礎類別

1. 油性皮膚，毛細孔明顯，整個臉部的皮脂腺分泌都很旺盛，角質層較厚，較易出現粉刺、面皰。

2. 中性皮膚，毛細孔較小，皮脂分泌適量，肌膚粉嫩，偶有粉刺，秋、冬時有脫皮狀況出現。

3. 乾性皮膚，毛細孔細小，皮脂分泌不足，微血管明顯，易脫皮。

4. 混合性皮膚，額頭、鼻子、下巴所構成的 T 字部位較油，雙頰則較乾燥，T 字部位容易長粉刺、面皰。

（二）護膚及保養的原則

　　保養皮膚有三個原則：1.需在皮膚開始老化前就要開始保養；2.使用適合皮膚狀態的產品；3.用正確的方式持之以恆進行護膚保養。此外，皮膚在不同季節也各有其保養重點：春季要特別注意潔面工作；夏季則特別加強防曬；秋季以調理肌膚恢復生機為重點；冬季要加強保濕與新陳代謝。

（三）保養要點

　　平時保養皮膚時應注意洗臉、調理皮膚、補充油分及適度刺激等四個要點。清潔是所有保養程序的基本步驟，除了表面清潔外，更要適時進行深度去汙與深層清潔。

（四）美膚洗臉法

洗臉是維持臉部清潔、進行臉部保養護膚的基礎，配合按摩更可以達到美膚的效果。首先雙手要徹底洗淨，將洗面乳充分搓出泡沫，以螺旋方式由中心往外洗。眼睛四周要盡量輕柔，鼻子附近須上下搓洗，並以中指輕按鼻頭。然後以溫水沖乾淨，人中和嘴巴附近要特別仔細。最後以柔軟的毛巾輕輕擦乾。

（五）保養程序

一般保養依序使用清潔霜、洗面乳、化妝水、乳液、乳霜等進行保養，平常日間保養則可略過清潔霜而直接用洗面乳開始保養程序。較為講究者會再加上去角質霜、清潔面膜、滋養面膜、精華液、眼霜、頸霜等產品，配合按摩進行特殊保養。

（六）化妝程序

化妝前先上保養品，然後上隔離霜，之後從上粉底開始進行基本的化妝步驟。化妝的順序、各程序的用品及效果如下表。

順序	基本用品	效果
打底	飾底乳	增加粉底的附著、伸展性、使妝彩更持久。
	粉底液（膏）	修飾皮膚的缺點、調整膚色，使重點化妝更易表現。
	蜜粉（粉餅）	固定粉底，不易脫落。
眼部重點	眼影	眼部立體感的表現。
	眼線筆	強調或修飾眼型或強調妝彩。
	睫毛膏	使眼睛更精神。
	眉筆	以眉筆修飾，並拔除雜亂的地方。
唇部重點	口紅	表現唇部美感。
修容	腮紅	表現立體及整體均衡修飾臉部紅潤表現。

（七）化妝基本要點

在化妝的各個步驟中，使用化妝品的方式均有其要訣，以下一一介紹：

1. 粉底

◆ 要順著臉頰紋路進行，由內往外、由上往下推開。

◆ 先從較乾燥的兩頰開始，然後嘴、鼻、額、眼睛周圍。

◆ 注意髮際、脖子連接處不要留下清楚痕跡，而嘴、眼周等活動較多的部位，是紋路較多的範圍。

◆ 要小心，並且要塗得均勻，使粉底與膚色自然融合。

2. 蜜粉

◆ 用乾淨的粉撲沾取充分的蜜粉，稍微用一些力氣，按壓在臉上、鼻、額頭等處，這些部位油脂分泌較旺盛，容易脫妝的部位要多擦幾次。

◆ 不要忘了臉與頸部的交接處和露出的頸部也要撲上一層蜜粉。

◆ 當粉充分附著肌膚後，用粉刷由上往下刷落多餘的粉。

3. 眼影

◆ 較深色的眼影，從眼尾開始上色後，再往眼頭方向暈開；眼頭處眼影顏色較淺，可呈現眼部的立體感。

◆ 最靠近睫毛處顏色較深，漸漸往上淡開的漸層表現，可給人乾淨自然的妝感。

4. 眼線

◆ 從眼頭向眼尾，沿著睫毛生長處畫上，於眼尾處稍上揚即可。

◆ 畫眼線時，鏡子的位置要低於眼睛。

◆ 畫上眼線時，抬高下顎，並將眼睛往下看；畫下眼線時，拉低下顎，眼睛往上看，較容易描畫。

5. 睫毛

◆ 上睫毛膏時，眼睛稍微往下看。

◆ 刷上睫毛時，橫拿睫毛刷；刷下睫毛時，則將睫毛刷直拿，利用前端，刷上睫毛膏。

◆ 如果要使睫毛膏有更活潑的效果，可以先以黑色睫毛膏打底，再以其他顏色的睫毛膏塗抹睫毛前端。

6. 眉形

◆ 從鼻翼朝眼角畫一條無形的對角線，最適當的眉尾，就在這無形的對角線上，而眉鋒的位置在眉尾的三分之二處，此兩點決定之後，畫眉就很容易了。

◆ 在利用眉筆或眉餅將眉毛較稀疏處補上色彩，最後，利用眉刷將眉毛刷整，呈現美麗的眉毛。

INTERNATIONAL ETIQUETTE

• •×• • 禮儀小錦囊

眉形與臉型的搭配

眉形	臉形
標準眉形	較中庸的臉形，如蛋形臉、正方形臉、菱形臉。
直線眉形	長形臉適合將眉毛畫的比較直，使臉看起來較寬。
角度較大的眉形	較寬闊的臉形，可以將眉毛畫得較有角度，可使臉形看起來較長。

---

7. 唇形彩妝的原則

◆ 修正唇形前，可選用比膚色較暗一點的粉底，打底遮蓋原有的唇線，再描繪唇形。

◆ 口紅色彩的選擇與唇形要適合，與臉部其他部位相比，不可太突
出。

◆ 瞭解自己的唇形，如果不使用唇筆，最少要準備一隻唇刷，以唇
刷沾口紅，先描外圍再塗口紅。

◆ 如果描繪超出原有唇形，讓唇形稍厚或將唇形修飾的較薄較細，
都以2mm為最大限度。

◆ 描繪唇形時，別忘了嘴角要連接上。

◆ 上下唇的大小與左右弧度要對稱，與臉形大小要協調。

◆ 最後，可加上同色系，不同色彩的口紅，增加立體感。

（八）各種臉型修容法

1. 基本臉型修飾法

◆ 在額頭與鼻梁以亮色處理能增加臉部立體感。

◆ 在兩腮上暗影，會使臉型更明顯。

◆ 在一般臉型修飾法中，均修飾成這樣的標準臉型。

2. 四方臉型修飾

◆ 以暗影修正兩頰略寬處，使臉看起來較細長。

◆ 下顎以亮部處理，加弧度的柔，讓臉圓一些。

◆ 腮紅由鬢角往顴骨上刷至臉頰中間。

3. 長臉型修飾法

◆ 下巴以暗影處理，會使臉看起來短一些。

◆ 腮紅由鬢角往鼻頭方向直刷，稍微刷寬些。

4. 圓形臉型修飾法

◆ 腮紅由上刷到下盡量刷長，弧度也大，以拉長臉型。

◆ 兩腮以暗影處理，使臉看起來修長。

◆ 上下則增加明亮度使臉型更立體。

5. 菱形臉型修飾法

◆ 腮紅從耳際稍上處往顴骨方向往下刷，刷成三角狀。

◆ 兩腮以亮彩使其看起來有擴張感。

◆ 稍尖的下巴刷上陰影，使臉型變得不會太長。

6. 三角形臉型修飾法

◆ 為使上部放寬，額頭以亮部處理。

◆ 下部較寬處則以暗影來使其收窄。

◆ 腮紅從較突出的部位往鼻翼刷去。

7. 倒三角形臉型修飾法

◆ 為使下部放寬，略尖的下巴以暗影處理， 兩腮則以亮部處理。

◆ 額頭以暗影修飾，使上額修窄。

· Chapter 03 ·

住的禮儀

Section 1　居家禮儀

Section 2　作客借宿禮儀

Section 3　旅館飯店禮儀

Section 4　溫泉禮儀

◆禮儀萬事通　認識旅館飯店

01 居家禮儀

　　過度都市化的結果，常使人與人之間的關係疏遠，彼此之間的情誼淡薄，在這樣的情況下更應注意自己的居家禮儀，在敦親睦鄰下建立良好的人際關係。以下為日常生活中應注意的幾點居家禮儀：

1. 公共設施為所有住戶所擁有，應予愛惜維護，環境應保持整潔，自家的物品如廢物及鞋子等不應擺放在樓梯間。

2. 如有住宅委員會，應尊重委員會的規定。

3. 不要把自家的衣物曝晒在非晒衣區，否則實在有礙觀瞻，也會降低自己住宅區的品質。

4. 停車問題常引起住戶間的糾紛及不和，戶外停放車輛時不可妨礙交通或停在別人的停車位上。

●門口凌亂的鞋子、窗口傳出大聲的音樂，都是缺乏禮儀修養的表現。

5. 家中的收音機、電唱機、電視機及談笑等，音量不可過高，尤其於深夜及清晨時更應將音量降低，以免妨礙他人；如果家中有人學習或彈奏樂器，亦應在不會影響別人休息的時間練習。

6. 熟悉的鄰居彼此之間亦應重視禮節，見面時應禮貌問好寒暄，進入別人家門之前應先按門鈴或叩門。

7. 鄰居之間的婚喪喜慶，如受到邀請應熱心關切，並盡量參加；鄰居在辦喪事時，不可高歌作樂，讓喪家更難過。

SECTION
02 作客借宿禮儀

　　每當出外訪友或過節時候，都有機會寄居於親友家中，雖是熟識的朋友或親人，但應有的禮節還是要注意，以免影響到彼此間的感情。以下幾點可供讀者作客時參考：

1. 應保持借宿房間內的清潔。

2. 居住他人家中，進出臥房更應注重自己的衣著，不要穿著睡衣或不雅的衣服出入臥房，以免造成主人的困擾。

3. 起床睡眠時間應盡量與主人一致，如欲晚歸或早起應先通知主人，以免主人擔心。

4. 如需打電話亦須先告知主人。

5. 對於主人家中的事，不要心存好奇，事事探詢。更應注意自己言行，以免在不自覺中製造主人家中的矛盾，更要避免因自己的言行不夠謹慎而造成屋主的麻煩。

6. 不要任意改變主人家中的擺設。

7. 在外國人家裡住宿時，住宿者與房東二者之間，如果不是私交，就是租賃關係。在這兩種情況下，最好提早聲明。不論是在什麼狀況下，在外國朋友家裡住宿應支付一定數額的費用。與房東之間若是存在租賃關係，更需履約付費。

貼心
叮嚀

　　現代人比較強調個人隱私，忌諱他人妨礙自己的私生活，因而通常不大喜歡讓外人在自己家裡留宿。若朋友沒有主動提議邀請你住宿他家時，最好不要提出這種請求。

8. 離開時，不要忘了向主人道謝，將房間整理乾淨，並將應付的費用結算清楚。

9. 在友人家中作客，除了增加彼此瞭解及接觸的機會，更應藉此機會增進彼此的關係。

SECTION 03 旅館飯店禮儀

飯店住宿本應是一件快樂輕鬆的事，但仍須注意到一些住宿飯店的禮儀，不僅給飯店人員留下好的印象，更可做好國民外交。以下為一些住宿飯店時應注意的禮節及規定供讀者參考：

1. 在飯店裡住宿，對於自己在走廊或電梯內所遇到的所有人，都應保持禮貌，微笑以對。接受飯店裡各項服務時，應即時道謝。對於為自己服務的飯店工作人員，要尊重其專業。

2. 飯店的大廳(Lobby)是公共場所，停留在大廳時，切莫高談闊論，在等待區內不宜一直霸占不走。更應避免喧譁、嬉戲、翹腳、脫鞋。即使是在自己住宿的客房裡，亦應當保持安靜，以免影響隔壁住宿者的安寧。

3. 於飯店大廳內服裝必須整齊，但如係前往泳池或是三溫暖則可以著拖鞋；以上所言指的是一般商務飯店，如在峇里島、夏威夷等地的渡假休閒飯店著較休閒之服裝或泳裝、拖鞋並無不可。

4. 不可穿著浴袍在走廊行走或進入餐廳用餐。

5. 服務員早晨通知起床時(Morning Call)，應回答「謝謝！」，不要拿起電話，沒有回答對方就將電話掛掉。

6. 貴重物品可存放於保險箱(Safety Box)中，退房時應記得取回。

7. 不要將旅館裡的毛巾、菸灰缸及睡衣等物品帶走，如果真的很喜歡，可向飯店購買。至於客房中供應的洗髮精、肥皂、梳子及信紙等等消耗品是可以帶走的。

8. 在訂房前先問清楚飯店是否禁菸，吸菸者應先預訂可吸菸的房間。若投宿的飯店明文規定客房內禁止吸菸，就應遵守規定。

9. 飯店冰箱內的所有食物大多是需付費的，要取用前應先注意其說明。如有取用應付費的飲料或食物，退房時記得付帳。

10. 洗澡時，浴簾下擺要放在浴缸內，保持浴缸外的地板乾爽。在歐美國家，有些浴室是沒有排水孔的。腳踏墊可先放在浴室門口，以免弄濕房間內的地板。

●記得將浴簾的下擺放進浴缸中

●跨性別廁所符號（於加拿大溫哥華）

貼心
叮嚀

在許多國家，人們習慣在洗手間入口處開始排隊等候，等有人離開才進入，這方式不僅具有公平性，廁所內也不會擠滿等候人潮而擁擠不堪。

11.有些飯店浴室內有兩套馬桶時（如右圖），其中一套是專供女性生理期之用，或洗屁股專用，不要當馬桶使用。

12.房間內有電話可供旅客使用，當房間電話之紅燈閃動，可能是有留言，應盡快聽取留言。一般來說，市內電話之收費較低廉，主要是給旅客聯絡事情方便之用，而長途電話或國際電話的費率就相對昂貴。有些地區的電話是由接線起計費。每個飯店之計價方式常有一些不同，如果須打長途電話時，可先詢問服務臺。

13.在浴室內有可晾衣服的繩索可拉出來晾衣服，洗滌衣物後應掛在浴室內，不可掛在陽臺、窗邊或放在燈罩上烘乾。

14.歐式旅館多裝有緊急呼叫用繩子（常設於浴室內，勿與晾衣繩混淆），這是讓旅客遇到危險時求救用的，不要隨意拉動。

15.飯店內有吹風機、電動刮鬍刀等的插頭多在浴室內，其插座上會標示著若干電壓（例如：110瓦或210瓦）。

16.有些歐洲國家還有腳踏車可供旅客外借，旅客記得於退房時歸還。

17.自行攜帶之高電阻電器用品（例如：電湯匙等），使用前應先向領隊查詢旅館使用規定。原則上，飯店內是不允許旅客在房內煮東西的。

18.如不想要外人打擾，可將「請勿打擾(Don't Disturb)」的標籤掛於門口。

19.離開房間前，應稍加整理，並將廢棄物丟置於垃圾桶內。

20.住宿旅館時若有訪客，飯店的大廳或咖啡廳，是較佳的會客處。在客房內會客，並不是很恰當，尤其當來訪者為異性時。

21. 有關小費：初抵飯店，辦理完手續後，行李若交由服務人員處理，宜付小費以示感謝，原則上是一件行李付一美元，若行李真的太多時則不妨多付一些。

22. 離開飯店前，可先通知服務臺請服務人員處理即可，待完全辦妥離宿手續，準備登車離開時，再付小費給服務人員即可。

23. 如有特別服務要求，例如：多送毛毯、枕頭、毛巾，或是熱開水、冰塊、吹風機等Room Service時，不妨給一點小費以示對額外的服務表示感謝。

●現代飯店常提供煮水器及
免費咖啡包及茶包

24. 給房間打掃人員的小費可於每日離開飯店時，放在枕頭上或床鋪上即可，不要放在床頭的矮櫃或其他地方，否則可能會被誤認為客人忘記帶走的零錢而不敢拿走。

除了上述應注意的禮儀要點之外，住宿旅館時也有一些安全上或習慣上要注意的事項：

◆ 牢記領隊或團員房間號碼，以備不時之需。如果忘記，可到櫃檯詢問。

◆ 多數飯店客房關門時即鎖住，因此出門前記得帶鑰匙；外出時攜帶印有旅館地址、電話之名片，這樣萬一在語言不通的國家迷路時，可請當地人依名片上的電話、地址幫助你回到飯店。

◆ 有人敲門時，應先從門上圓孔查看，或將門閂鎖鍊掛好後，再先開個小縫看看是誰，避免歹徒侵入。

◆ 洗過澡後，可在浴缸儲水，以備火警時沾濕衣物毛巾逃生用。

◆ 最重要一點，住房後應查看逃生出口（逃生門一般是由內往外開，以方便火警時逃生）與自己客房的相關位置，並牢記逃生路線。

溫泉禮儀

　　泡溫泉是一項受大家歡迎的休閒活動，大多數的人認為泡溫泉有美容及舒壓的功效，以下有些原則可供讀者參考。

1. 溫泉的水質雖有一些療效，但為了大家的健康，帶有傳染病者，如皮膚病患者應先治療好再入池。

2. 進入大眾浴池前應先確實將身體洗乾淨；日本人認為在進入溫泉泡湯前，把自己身體洗乾淨，是一種常識。

3. 進入溫泉池之後不可再搓揉身體，可靜靜的享受泡溫泉的樂趣，不要做出影響他人的動作（例如：用力撥動水面或打水仗等）。

4. 泡溫泉時應保持尊重別人的態度，兩眼勿直視他人的身體。

5. 泡溫泉時，不可將浴巾等私人物品放於溫泉中。也不可於身上塗抹乳液或保養品，以免汙染水質。

6. 必要時可以將小毛巾摺疊置於頭頂，以方便擦汗。

7. 若是泡溫泉的場所要求身著泳衣的浴池，則亦應將泳帽戴上。

8. 泡過溫泉後應再一次把身體洗淨擦乾，將汗水擦乾再穿衣物，以免感冒。

9. 年事較高者或患有疾病的人，不宜久泡溫泉且泡溫泉時應該有親人陪伴。

10. 進入溫泉場所應該遵守溫泉業者提供的資訊或標示，業者於現場亦應安排服務人員，隨時協助消費者正確使用溫泉相關設備。

認識旅館飯店

　　美國汽車協會(AAA)針對旅館業的住宿加以評鑑，一般旅館業的住宿分為：大型旅館(Hotel)、一般旅館(Motor Inn)、汽車旅館(Motel)、鄉村旅館(Country Inn)、古蹟旅館(Historical)、渡假旅舍(Lodge)、渡假小屋(Cottages)、農牧旅舍(Ranch)、綜合旅館(Complex)、出租公寓(Apartment)、租用套房(Suites)及渡假旅館(Resort)等十二類，按照旅館硬體及服務品質，且依舒適、方便、隱私、整潔、安全之程度，給予一至五顆鑽石作為評鑑等級。

　　而旅遊業的型態可分為下列幾項：

1. 國際觀光旅館—係指住宿、餐飲、旅遊、休閒、娛樂、運動、國際活動、超市等多角化的連鎖經營。

2. 國際會議觀光旅館—有大型會議廳、宴會廳等，講究管理、電腦化、辦公室自動化，客房、停車電腦化。

3. 地區觀光旅館—都會及鄉村地區觀光及旅館，供應旅客之住宿、餐飲、休閒、消遣、娛樂等需求。

4. 集會觀光渡假旅館(Holiday and Conference Hotel)—標榜集會及假日行住宿、會議、休閒渡假、代辦活動等。

5. 國民旅舍(Inn)—純住宿，例如：青年旅舍(Youth Hostel)或稱招待所的旅舍。

6. 商務旅館(Business, Commercial Hotel)—針對商業、業務等需要提供住宿、早餐、飲料、辦公室自動化設備等。

7. 休閒旅館(Resort Hotel)—休閒性質之住宿。

8. 汽車旅館(Motel)—汽車族所需之住宿、餐飲、進門收費具有停車設備。

9. 俱樂部旅館(Casino)—賭場、跳舞、表演、消遣娛樂、餐飲、住宿。

10. 公寓旅館(Apartment, Pension Hotel)—較長期住宿、提供家庭式生活。

11. 機場旅館—過境旅客或班機延誤旅客所準備的旅館。

12. 自助旅館— 旅客利用電腦訂房間，注重每一位旅客的私密性。

13. 渡假營地(Holiday Camps)—風景遊樂區與露營區的小別墅。

INTERNATIONAL ETIQUETTE

••• 禮儀小錦囊

飯店常見名詞

1. Reception　接待
2. Bell Service　行李員、幫旅客開門及提行李者
3. Concierge　服務中心，可幫旅客訂各種票及觀光行程之TOUR安排
4. Cashier　可至此處兌換貨幣
5. Mail Information　可幫住客寄送信件
6. Safety Box　保險箱，提供住客寄放貴重物品
7. Lobby　大廳
8. Assistant Manager　大廳副理，幫客人處理問題
9. Room Service　客房餐飲服務
10. Housekeeping　客房清潔人員

客房內備有之物品

　　一般客房內會備有水杯、衛生紙、面紙、肥皂、衣架、擦鞋巾(Shoeshine Cloths)、菸灰缸(Ashtrays)、送洗衣物單(laundry list)、客房服務價目表(Room Service Menu)、「請勿打擾」掛牌(Don't Disturb)及明信片、信封、信紙、便條紙、筆等，這些物品通常是免費的。

另外，東南亞的旅館常會備有拖鞋，但歐美國家則否。

在日本及許多國家，如廁後使用之衛生紙是直接丟進馬桶沖走的，如果丟進垃圾桶內，對屋主或打掃人員是不禮貌的。但女士使用後之衛生棉可裝入廁所旁預放之小紙袋內，再丟入垃圾桶內，以免阻塞。

Memo :

Chapter 04

行的禮儀

Section 1　姿勢與儀態

Section 2　行進間的禮儀

Section 3　電梯禮儀

Section 4　乘車禮儀

Section 5　單車禮儀

　　科技文明的發展為人類帶來便利的生活，在行的方面，各種新型交通工具縮短了人與人之間的距離，並提高了工作效率。然而，在我們享受交通便捷之樂，同時也飽嚐交通紊亂之苦。這部分應歸因於若干民眾漠視交通規則，不遵守行的禮儀的緣故。其實，在「行」的方面，有許多禮儀是我們應該注意也可以隨時做到的，如果能確實做到，相信對於改善交通亂象會有意想不到的收穫。

SECTION 01　姿勢與儀態

　　此節將介紹站姿、坐姿、上樓、下樓等較常見之動作。

1. 站姿

　　男性：男性的站姿，應面帶微笑、收小腹和下額、兩腳重心平均，自然微開成V字型。並且應抬頭挺胸目視前方，給人穩重自信的感覺。

女性：女性的站姿，除了抬頭挺胸之外，應注意兩腳的姿態是否美觀；一般而言，一腳略前，一腳略後，兩腿膝蓋微微靠攏，雙手可交叉於前方或後方。

2. 坐姿

男性：男性的正確坐姿是上半身成L型，雙腳微開與肩同寬、雙手握拳輕放於大腿上。

女性：女性的坐姿，應注意兩膝蓋隨時都併攏，有時雙腳可側放或交疊，但上方的腳尖不要往上翹。

3. 上樓、下樓

上下樓時，步伐應輕盈穩重並抬頭挺胸，雙手自然擺動。踩踏階梯時應用整個腳掌著地，不要只用腳尖走路，上下樓時女士應避免穿過短的裙子。

SECTION 02 行進間的禮儀

多人同行時，應以尊重長輩、保護老弱婦孺及女士優先等原則，而行進間若需上下樓梯，則更要以安全為首要考量。以下為常見之狀況：

1. 多人同行時，最前方為長輩或較尊貴者；而其右後方次之，晚輩應行於左後方。若行走在無人行道的路邊，則晚輩應行於離車道較近之一側，讓長輩走較安全之一側。但若長輩或較尊貴者不清楚路線，晚輩可走在長者之左前方一點，扮演引道人員。若為引導貴賓時，就須走在客人的左前方，並適時轉身照顧，熱情介紹，提供適當的服務。

2. 男女同行時，應讓女士行走於較安全之一側，例如若走在路邊，則應讓女士走在離車道較遠之一側。

3. 行進到需要開門進入的場所時，男士或晚輩應先趨前開門，並等同行的女士或長輩通過門口後再隨後通過。如果不是自動關上的門，應輕聲關好門再跟上。不要走過之後就讓門砰的一聲關上，這是十分失禮的。

4. 男女同時上樓時，男士應禮讓女士；為了安全著想，與長者同行時，應禮讓長者。下樓時，男士應先下樓為女士和長者開路。

5. 搭乘電扶梯時，亦應保持良好站姿，並握住扶手。同時應靠邊站立，讓出一側通道給趕時間的人。在我國是靠右的，但有些國家是靠左邊的（例如：日本、新加坡、紐西蘭及澳大利亞），請入境隨俗。

6. 電扶梯通常較窄，與友伴同行時應前後站立，不可並排而將梯面占滿，讓後面趕時間的人無法通過。若攜帶較大行李，應將行李置於自己前方。

● 搭乘電扶梯時，應靠邊站立，讓出一側通道給趕時間的人。

7. 正式場合如宴會、觀賞歌劇或音樂會等，男士可先行以便驗票或帶位等工作之進行。

INTERNATIONAL ETIQUETTE

禮儀小錦囊

　　英國倫敦交通局於2015年提出，搭乘電扶梯常規為只能站一邊，但這樣有時會降低電扶梯的效率；如果人們能站在雙邊位置，可搭乘的人數將可增加，效率亦可提高。

SECTION

03　電梯禮儀

　　現代高樓大廈林立的現代，無論在日常家居的大樓、工作職場的辦公大樓、休閒娛樂的商場或百貨公司以及渡假時的豪華旅館，搭乘電梯已成為生活中重要的一部分。搭乘電梯時，雖然自己不動，但卻仍在行進中，因此人們也漸漸歸納出搭乘電梯時應注意的禮節：

1. 在擁擠的電梯內，當電梯門開啟時，站在門口的人應先出門，以免擋住要出電梯的人。

2. 較正式之商業社交禮儀為男性先讓女士出電梯，如男士站在前面，則可稍微移動身體以方便女士出電梯，接下來為較重要或職級較高的人士出電梯。

3. 目前的電梯禮儀為先進電梯者就先出電梯，以便後面搭乘人員出電梯。

4. 在電梯中如果不小心碰觸到人應馬上道歉，畢竟於如此小的空間被碰觸到，難免會有不舒服的感覺。

5. 再者，於如此小的空間內不言不語的凝視同電梯者是很不禮貌的。

6. 在電梯內，不應大聲談論事情或大聲嬉笑。

7. 現代人大多居於大廈中，幾乎每日都須與同大廈中的人共乘一部電梯，進出電梯中應與人打聲招呼或說些問候語，不僅可增加對鄰居的認識亦可給人好印象。

8. 不要在電梯門口等人，以免影響到他人的進出。

9. 進入電梯按完自己要去的樓層後，應往後挪些空間以便他人進入；如果按不到樓層，應客氣請他人幫忙按。

10.搭乘電梯不需脫帽；進入電梯後可轉身面對電梯門，這樣可避免與不認識之人面對面的尷尬。

11.不要發出吵人的聲音或一直哼著歌曲。

12.在電梯內應小聲交談，內容也應避免個人的隱私。

13.如果電梯已經很擠了，就應搭下一班電梯；不要一昧地往內擠，造成別人的困擾。

14.搭電梯有時是費時的，請多點耐心來面對。

SECTION 04 乘車禮儀

汽車已成為現代人民的必備交通工具，在日常生活或社交場合都常需要開車赴會或搭乘他人的車輛，以下我們分別說明用車及乘車應注意的禮節，以及乘車時各種車輛的座位尊卑次序。

一、用車及乘車的禮節

1. 對有些人而言，汽車是很寶貴的，如果向友人借車，一定要在約定的時間之前歸還；如果沒辦法於期限內規定一定要事先通知對方，同時務必將油加滿再歸還。

2. 開車時務必遵守交通規則並注意安全，這是個人安全問題，但若是借用他人車輛，就不只是安全問題了，因為借用別人的車，就算只是小小的擦痕都是很失禮的，萬一車主事後收到照相舉證的罰單，那就更失禮了。

3. 搭乘別人的車或開車載送客人時，是不應該吸菸的，因為有些人對菸味很過敏。但如果自己要搭乘他人便車時，若知道對方是吸菸者，請盡量婉拒，因為接受人家幫忙搭載還要限制對方的習慣也是失禮的。

4. 如果事前答應搭載別人，應事先將自己的車輛保持乾淨，除去車上的雜物和異味，更不要在開車前去接對方的路上吸菸，否則車上的氣味會令對方很難受。

5. 如果自己的愛車被無名氏所損毀，我們將一定很生氣且會有一股無名火。切記，萬一自己不小心將別人的車損毀了，應主動將自己的聯絡方式留下給對方，這不僅是一種禮儀，亦是道德的表現。

6. 開車到達目的地後，如果沒有停車場，在停車時應注意不要擋到其他的出入口。有些人會在車上留下自己的聯絡電話，以便萬一擋到別人時，可以通知移車。這雖然是較有禮貌的作法，不過有些歹徒會利用這點進行擄車勒贖，應自行就時間及所在地的安全考量來斟酌。最好還是盡量停在附近的停車場。

7. 安排社交聚會時，主人應事先考量受邀賓客的交通狀況，若有賓客會開車前來，應先告知附近的停車位置。

8. 一般較具規模的飯店均有代客停車的服務，可加以利用，讓自己能從容赴會。

9. 最後，最重要的一點：酒後絕對不開車。如果赴約時事先知道會喝酒，請搭計程車去吧。如果自己搭載其他人一起赴約，更必須嚴格禁酒，否則對你所接送的人是嚴重的失禮，因為對方乘坐時會十分不安的。

●搭載別人赴宴時請嚴格禁酒。

二、各種車輛的座次

搭乘車輛時，要注意車中座位的尊卑區別，不要坐到長者、老弱婦孺或職位較高者的位置，在商業社交中座車之座位次序尤為重要。以下分別就小轎車、吉普車、箱型車、旅行巴士等車輛的座次安排。

（一）有司機駕駛的小轎車

搭乘計程車或是有司機駕駛的小轎車時，座位以右後方為尊，其次為左後方，後座中間次之，駕駛座旁再次之。一般只有三位乘客時，後座通常只坐二位。

（二）主人為駕駛之小轎車

搭乘由車主親自駕駛的小轎車時，以駕駛座旁的座位為尊。由於如果將前座空著，會顯得似乎將開車的車主當成司機，因此當前座的客人先下車時，則右後座的客人應該換到前座來。如果主人夫婦同行，則由主人的配偶坐在前座。

● 有司機駕駛的小轎車

● 主人為駕駛之小轎車

●吉普車

●九人座休旅車

（三）吉普車

吉普車曾成為一時風尚，一般而言，不論是由司機或由車主親自駕駛，駕駛旁之前座為首位。

（四）九人座休旅車

九人座休旅車對公務差旅而言十分方便，可搭載人數為轎車的兩倍，要運送器材及資料時，空間也比較大。一般搭乘休旅車時，駕駛多半是單位派遣的司機，因此以前座為卑，而後座兩排中，以前排上下車較為方便，因此座次比後排為尊。轎車的後排以中間位置最卑，而休旅車則以右座為尊，中間次之，左方最卑。

（五）旅行巴士

不論是中型或大型巴士，座位的舒適度應是由前往後遞減，所以正常狀況下，以司機後第一排為最尊的座位。而同一排中，以靠窗座位較靠走道座位為尊、右方較左方為尊的原則。如果是跟著團體去旅行，雖然不分尊卑，但仍應盡量將前面的座位讓給同行中年紀較長的旅客，若同行的人年紀相仿，則男士應禮讓女士。參加數日之行程時，最好第一天上車選定座位後就固定下來，不要因為較早上車而隨意坐。

●旅行巴士

三、搭乘其他交通工具的禮儀

搭乘巴士、捷運或火車時，應遵守下列幾項規則：

1. 依序排隊上車。

2. 勿占用博愛座。

3. 司機行駛間，乘客不要與司機交談。

4. 遵守各國車內規定，如請勿吸菸或禁止嚼口香糖等規定。

5. 可輕聲談話，切勿高聲嬉鬧及喧譁。

6. 不要在車內飲用或食用特殊味道的食物，如榴槤、鹹酥雞等食物。

7. 行李需置於自己位置的上方行李箱架或椅子底下。

8. 搭車時，手機最好設成震動，接聽手機時盡量小聲簡短交談。

9. 長時間乘車可閱讀一些書籍雜誌以消磨時間；如果想看鄰座乘客的報章雜誌，需得到允許才可取用；閱讀完畢，需整理好歸還。

10. 搭乘大眾運輸工具，須注意到此為公共場所，應注意自己的言行舉止是否合乎禮儀。

SECTION 05 單車禮儀

　　近年因環保觀念及節能減碳觀念的倡導等原因，以單車（自行車）為交通工具的人口漸漸增多，但自行車道的增建並未和單車人口的增加成等比進行。

　　下面提供一些可避免單車騎士造成其他駕駛員或行人的困擾之建議供讀者參考。

1. 騎腳踏車者，與一般的交通運輸工具的駕駛者一樣須遵守政府所訂定的所有交通規則。

2. 確認腳踏車的裝備完整，如安全帽、反光背心及車子反光鏡等（特別是於夜間騎乘時）。

3. 如著長褲騎腳踏車，應將下方褲管束起，以免勾到車子零件釀成意外。

4. 不要蛇行於車陣中。

● 腳踏車應放於腳踏車
停放專區。

5. 適當的使用手勢，讓其他人知道您下一步的動作。

6. 人行道是給行人走的，除非人行道上有註明行人及腳踏車互用。否則，突如其來的單車對行人而言是一件令人心煩的事。

7. 單車的行駛方向應與大家一樣，不要逆向而行。

8. 單車行駛於大馬路邊時，亦應與停在馬路邊的汽車保持適當距離，因我們永遠不知道，汽車內的人何時會忽然開門。

9. 單車應該停於單車或機車停放處，不要將單車直接騎進店家內，妨礙到其他客人。

10. 其實現行之〈道路交通標誌標線設置規定〉早就載明，行人及腳踏車專用標誌「以行人通行為優先」，如果違反可依〈道路交通管理處罰條例〉進行罰鍰。故應加強宣導「共享路權、互相尊重」的觀念。

　　騎單車是一項很好的休閒活動，但若過程中能多替其他人著想，不僅可讓更多人接受，亦能達到健身的效果。

Chapter 05

溝通聯繫的禮儀

Section 1　寒暄與交談的禮儀

Section 2　電話禮儀

Section 3　書信與電子郵件禮儀

Section 4　面對媒體的禮儀

SECTION 01 寒暄與交談的禮儀

　　無論在公務洽商或社交聚會，除了衣著儀表給人的第一印象之外，談吐的風度禮儀也是決定個人形象的重要因素。從寒暄、打招呼的用語，到交談時的表情、儀態和肢體語言，都應注意一些禮儀上的規範。在國際場合中原則上以國際共同的禮儀習慣為原則，而若到歐美地區以外的國家，則應先瞭解當地的習俗與禮儀，避免失禮冒犯對方。

一、合宜的話題

　　在社交場合中，最常討論的話題可為天氣、新聞、工作、業務等事情。談話中要使用禮貌語言，如：「你好」、「請」、「謝謝」、「對不起」、「打擾了」、「再見」、「……好嗎？」等等。

在我國，人們相見時習慣說「你吃飯了嗎？」「你到哪去？」等，有些國家則認為這樣問是不禮貌的行為。在西方，一般見面時先說「早安」、「晚安」、「你好」、「身體好嗎？」、「最近如何？」、「一切都順利嗎？」、「好久不見了，你好嗎？」、「夫人（丈夫）好嗎？」、「孩子們都好嗎？」、「最近休假去了嗎？」、「這是你在國外第一次任職嗎？」、「你喜歡這裡的氣候嗎？」、「你喜歡我們的城市嗎？」等等，道別時則常說：「很高興與你相識，希望再有見面的機會。」、「再見，祝你週末愉快！」、「晚安，請向朋友們致意。」、「請代問全家好！」等。

二、不適當的話題

話題內容恰不恰當常是一線之隔，應以當時的情境、人物對象及交往的熟悉度來判斷是較佳的；以下提供一些可以避免的話題供讀者參考。

1. 疾病、死亡等不愉快的事情，並不適合拿來當話題，初次見面或當事者沒提及，大家聚會時並不適合拿來討論。

2. 在社交場合中不要忽然提及與談話內容無關的問題，這樣將讓人覺得很唐突。

3. 在社交場合中應避免談論不在場的人，尤其不要在背後議論別人是非或隱私，這樣不僅有失禮儀，也顯得自己品德不佳。

4. 如對方談到一些自己覺得不便或不適合談論的問題，不用對此話題輕易表態，可轉移話題。

5. 不談一些怪力亂神、危言聳聽、黃色笑話及淫穢的事情，這些話題並不會增加您的親和力。

6. 不要詢問女性的年齡，更千萬不要高估對方的年齡，這樣會讓對方很沮喪的。與婦女談話時最好不要議論有關身材肥胖或保

養得好壞等話題，就算你沒有針對任何人，可能也會令在場某些人尷尬或不快。

7. 談話的內容一般不要涉及問對方學經歷、收入、家庭財產等私人問題，尤其對歐美人士而言，談論這類隱私問題更被視為嚴重的失禮。

8. 可以適切而誠懇地讚美對方的衣飾，但千萬不要當場問對方這些衣飾的價格或在哪裡買的，這也是很不禮貌的。

9. 對於對方不願回答的問題不應追根究底；不小心提及對方反感的問題應立即表示歉意，或立即轉移話題。

10. 政治立場及該當地國的內政不適合於社交場合中討論。

11. 歐美人士常在聚會致詞時講個笑話表現幽默，但有些帶有歧視意味的笑話是應該避免的。例如：有關種族、宗教的笑話很容易引起爭論，在現代的情況下，帶有歧視同性戀及肥胖者的笑話也可能引起在場者的尷尬或不悅。

12. 社交場合中如果交談的話題引起爭論，雙方對於有爭論的話題要有節制，最好是盡快轉移話題。

NOBODY IS BORN RACIST
沒有人天生就懂得歧視
www.facebook.com/imangonews

貼心
叮嚀

談話的內容一般不要涉及對方婚姻狀況，幸福美滿的人是自己會透露出來的。

三、肢體語言

平常的每一個動作、態度都是可以反映出自己的心態，即使不說話，所有的舉止亦能表達出一個人的心思；良好的肢體語言能展現自己良好的風度更能突顯出自己成功的家庭教育。以下一些肢體語言可供讀者參考：

1. 說話時可適當的做些手勢來加強表達，但動作不要過大。

2. 不管與談話者距離遠或近，不要用手指指著對方，也不要與對方用手指著別人加以議論，這些都是不禮貌的。

3. 與人談話時，不宜與對方離得太遠，但也不要離得過近，一般而言，只要近於六十公分，就將帶給對方壓力。

4. 雖然彼此熟識也不要拉拉扯扯，拍拍打打或勾肩搭背。這樣旁人看起來將顯得很不莊重。

5. 談話應注意自己是否因為太過激動或得意忘形，而口沫橫飛或者聲量過大。

6. 與人交談時，應以專一的目光注視對方，以示尊重。這種注視與盯著對方看是截然不同的。

7. 與人交談時，不要左顧右盼、注視別處，顯出心不在焉的樣子或做出伸懶腰、玩東西等表現出漫不經心的動作。

8. 不要頻頻看錶，或顯示出不耐煩的樣子；如真有其他要事，可坦誠告知對方自己另有要事，需提早告退。

四、手勢的種類及禮儀

有些國家人民常以一些手勢來表達自己的意見，此手勢不僅代表自己的意見也常成為大家共通的語言，以下列舉一些各國較常用的手勢供讀者參考。

1. 豎大姆指餘指握拳

大多數是表示自己對對方的欣賞及贊同，也表示對他人之舉動有所感謝、感激他為你所做之事，也表示準備妥當，例如籃球比賽時裁判會一手執球一手豎大姆指表示一切就緒，比賽可以進行了，這是源自飛機駕駛員在飛機升空待發時，由於引擎聲音巨大無法與地勤人員溝通，於是就用豎大姆指的方式表示：I am ready!（我已經準備好了！）

2. 豎大拇指餘指握拳朝上，大拇指則朝向手體之右方

這也幾乎快要變成世界語了——搭便車，有些更細心的搭便車者若再用左手執一張寫有欲前往地名之紙卡，以方便熱心人士不用開口就能知道搭車者的目的地。

3. 豎食指

這是一種吸引人注意之手勢，可以說是英文Excuse me！之意，所以在開會時，若有人舉手豎食指，即表示有意見要發表，這點與我國舉手手掌伸平狀不一樣。在餐廳等公共場所召喚服務人員時，也可以使用此一手勢，但是不要加上打手指響聲，這樣的動作比較不禮貌。

4. 食指捻面頰

若用食指指向自己的太陽穴捻動並以不屑眼光瞪向對方時，表達的意思就是：Are you crazy?（你瘋了嗎？）

5. 食指刮下巴

以食指背刮下巴，有如刮鬍子一般，這是法國特有手勢，尤其是女性對不喜歡的追求者表示拒絕的方式。

6. V字手勢

這也早已成了世界語了，源自於英國，因為V字在英文中代表了勝利Victory，所以以V向人表達了勝利、歡欣之意義；英國首相邱吉爾在二次大戰期間經常以V來表示必勝的決心，但在戰後的政治生涯中卻常以「反V」來侮辱政敵，所以「反V」代表著不雅之舉。

7. OK手勢

以英文字母O與K連結而成，表示沒問題，準備妥當一切就緒，也有我很好、沒事、謝謝你的關心之意。但是在法國南部地區OK手勢則是指零之意，表示某件事情不值一提，表示自己的不贊成。

8. 聳肩

以美國人最流行，表示無能為力，莫可奈何，以及愛莫能助的意思，搭配者瞪大眼睛，雙手一攤之附加動作，便為傳神。

9. 長角手勢

以拇指、小指伸直餘指握拳方式，表示某人配偶有了外遇，則人們則以此手勢暗示對方配偶可能有外遇。

夏威夷最流行的手勢，就是豎起拇指和小指，比出「六」的手勢，同時手掌還要輕微地左右旋轉，這是代表"Hang Loose"「放輕鬆」的意思，現在已成為夏威夷年輕人打招呼或是道再見時常用的手勢，很符合夏威夷人的生活哲學，希望大家都放輕鬆點，好好享受人生。

五、談話時的禮節

在社交場合或朋友私人聚會中，談話的表情要自然，語氣和氣親切，表達得體。以下一些禮節可供讀者參考：

1. 參加聚會的主要目的在於擴展人際關係，如有人主動來跟您說話，應樂於交談，不應擇人而談。

2. 別人在進行個別談話時，不要湊前旁聽，如欲參加別人談話要先打招呼。

3. 若有事需與某人說話，應待別人說完，不可不顧別人的話題而強行插話。

4. 若有第三者想參與談話，應以握手、點頭或微笑表示歡迎，不要面無表情或有所疑惑的望著對方，切莫表現出不歡迎的態度而形成小團體。

5. 在社交聚會場合中，發現有人一直在周圍，似乎想跟自己交談時，應主動向他招呼致意，不要視若無睹。

6. 在交際場合，自己講話時也要給別人發表意見的機會，別人說話，也應尊重他適時的發表個人看法。但切記不要過多糾纏，也不可高聲辯論，更不能惡語傷人，出言不遜，即使爭吵起來，也不要斥責對方，在道別時應有風度的握手告別。

7. 談話中遇有急事需要處理或離開，應向談話對方打招呼說明，表示歉意才可離去。

8. 談話的現場如為二人以上時，需注意到不要只與一、二人談話，應不時地與在場的所有人攀談幾句。

9. 不要在大眾面前談論只有兩個人知道的事，否則會讓第三者有被冷落的感覺。

10.聆聽也是一種藝術，有時要當一位好的聽眾，善於聆聽對方談話，不輕易打斷別人的發言。說話主要在表達自己的感覺及情感，可藉說話彼此溝通，進而擴大自己的生活圈及生活常識。如果常因說話為自己或別人帶來不愉快或不便的感覺，我們在說話的內容及技巧上就應多加改進了。

以下提供幾點可增加讀者聆聽的技巧：

1. 減少干擾。

2. 專心並表現出重視發言的人。

3. 集中注意力於發言的人。

4. 保持一個開放的心。

5. 可適時提出一些問題及自己的觀點。

6. 注重語言外的線索（如表情、身體、語言之類）

7. 兩人最好坐下來談。

8. 適時記下重點。

9. 避免偏見。

10.不瞭解之處可要求說明。

11.避免用情緒化的字眼。

SECTION 02 電話禮儀

電話已成為我們日常生活不可或缺的工具，現代人用電話來處理事情，是非常普遍的情形，近年來行動電話的普及，導致隨時隨地幾乎都有人在講電話。可是電話的禮儀並不是每個人都懂的，以下提供一些電話禮儀供讀者參考：

（一）一般電話禮儀

1. **注意時間**：在不恰當的時間打電話是很失禮的，尤其打給長輩及年長者更應該注意時間是否恰當。現代社會晚睡的人多，但也有許多人由於工作關係，作息時間並不一致，不要以自己的作息來規範別人。初次認識交換名片或互留電話時可先詢問對方方便接聽的時間。若對對方的作息不瞭解，那麼一般而言，早上9點之前與晚上9點以後是較不恰當的時間。就算是打給熟識的親友，也最好先詢問對方是否方便接聽。

2. **不要讓電話響太久**：電話撥通後，若無人接聽，請在電話大約響十聲後即掛斷，可以在大約5分鐘後再撥一次，不要讓電話一直響不停。如果對方是因為手邊有事無法接聽，那麼持續不斷的電話鈴聲可能會令他手忙腳亂，就算暫時擱下手邊的事來接聽，態度也可能會不太好。

3. **先表明身分**：打電話者在聽到對方聲音時，應先報上自己的姓名或機關名稱並先以問候語問候，例如：您好、早安之類，才告訴

對方要找的對象為誰。不管你要找的人是不是直接接聽，語調都要力求清晰誠懇，對代接電話的人不禮貌的話，就算你跟對方說話時很有禮貌，但你之前失禮的行為還是會傳到對方耳中的。

4. **尊重隱私**：如果對方要找的人不在，應請對方留言，可記下其姓名、電話、來電時間、留話給誰等，可以問對方是否有急事需要轉告，但是如果對方不需要，則不要過問太多。有些家長接到小孩的電話就開始對對方展開身家調查，這實在是無禮的錯誤示範，也可能影響到自己孩子的人際關係。

5. **有條有理**：以電話與人談論事情前，可先將談話內容在心裡思考一下，以便能夠條理清晰，而且事先想過一遍也會讓你表達得更順暢。常見許多人打電話到廣播或電視的Call in 節目，卻說得支支吾吾、口齒不清或毫無組織而不知所云，這樣是完全沒有禮儀的表現。

6. **借用電話**：如借用他人的電話，需先徵求同意才可使用，根據一項心理統計，大部分的男士最不喜歡借給他人使用的物品之一就是電話。此外現在的行動電話和家用電話大多有來電顯示，借用別人電話時就等於把受話者和機主的電話號碼留給了對方，這是比單純借用電話更為失禮的，因為我們通常不願意讓不相干的人知道自己的電話號碼。

7. **長話短說**：不管你是撥出電話或接聽電話的人，都應該長話短說。撥出電話嚴格說來算是一種打擾到對方的行為，對方手邊可能原來正在處理其他事情，因此要長話短說。接聽電話時，也應把握這個原則，節省雙方時間，尤其是接到對方打來長途電話，更須長話短說，以節省對方電話費的負擔。

8. **留話務必回電**：如果別人幫你留了話，請務必回電，以免失禮。如果你會在某段時間無法回電，請讓可以幫你接電話的人知道，這樣對方才知道什麼時候能與你聯絡上。

（二）使用或應對答錄機的禮儀

1. **清楚簡明的主人招呼語**：在現代答錄機使用非常普遍，使用者在錄製主人招呼語時應清晰而簡要，不要錄得過於冗長。有些人會在這段招呼語中錄下音樂或兒童牙牙學語的聲音，這些在平時也許可增添一些特別的趣味，但若是來電者有重要的急事要聯絡你時，可就不覺得有趣了。

2. **盡量留下訊息**：雖然很多人不喜歡對著冰冷的機器說話，但若對方無法接聽而開了答錄機時，簡短地留下訊息是較為禮貌的。

3. **留言清楚簡明**：在答錄機留言時，說話速度要稍慢一點，並力求清晰。留言時不要忘了留下自己的姓名和電話號碼，留下電話號碼時最好能夠重覆一遍。如果順便告訴對方你來電的時間以及方便接聽對方回電的時間，對雙方來說會更方便。

4. **留言務必回電**：在答錄機中聽到留言後，請務必回電，以免失禮。如果你會在某段時間無法回電，請在答錄機的主人招呼語中說明，這樣對方才知道什麼時候能與你聯絡。

貼心叮嚀

打電話時，若對方不在，應該向接聽的人留下名字和電話，以便他轉告。萬一真的不方便留言，就當做自己沒打過這通電話吧，也不要連續打，接電話的人會很不耐煩。

（三）行動電話使用禮儀

1. 講行動電話時，要注意聲量控制，不要干擾到周圍的人。如果在室外較嘈雜的地方，可稍微提高音量以免對方聽不清楚，但不要對著電話喊叫，如果對方是在安靜的地方，你的聲音會讓他很尷尬。如果環境太吵，可以先掛斷，趕快找個安靜的地方重打。

● 在禁用行動電話的地方，忘了關機可能會造成重大危害。

2. 有些地方對行動電話的使用有限制，例如：醫院、加油站、電影院等，這些限制有些是為了避免打擾他人，有些則與人命或公共安全有關，無論如何，只要有標示禁用行動電話的地方，都請關機。

3. 在公車、火車及捷運車廂等公共運輸工具中，雖然沒有禁止使用手機，但講電話時應盡量輕聲細語，並且盡量簡短，避免打擾車上其他乘客。

4. 不要一邊開車或騎機車，一邊講行動電話。就算配備耳機可不必用手拿，也最好在接到電話時盡快將車停到路邊接聽，或者告訴對方自己正在開車，稍後再回電。

5. 有人來電時應盡快接聽，因此行動電話應置於可以方便拿到的地方。如果你真的不方便接，就先將電話關機吧。相對的，打行動電話給別人的時候，不要因為行動電話費較貴而故意只響一聲就掛斷，讓對方回撥，這也是很失禮的。

6. 在公共場所為了炫耀自己手機鈴聲而故意延遲接聽對來電者和周圍的人都是很失禮的行為。

7. 在辦公室中，行動電話最好設為靜音，且離開座位時務必隨身攜帶，以免有人來電時漏失了訊息，也干擾了同事的工作。

8. 開會時，最好將行動電話關機，就算設為靜音，來電時嗡嗡的震動聲都會干擾到其他與會者，且開會時絕對不可接聽行動電話，這是極為無禮的行為。

室內電話會裝設答錄機，行動電話則有語音信箱的服務，因此在對方無法接聽時，留言是較為禮貌的作法。畢竟，答錄機和語音信箱的用意就是不希望電話主人錯過訊息。

SECTION 03 書信與電子郵件禮儀

一、書信禮儀

在正式商業公文來往之際或非正式的朋友間寒暄問候往來時，書信扮演著一個不可或缺的角色；書信的表達少了當面對談的情誼及聲調情感的感覺，所以在文字的運用上應更為謹慎，以便恰當的表達出真正的意思，因此需注意接收訊息者的感覺。以下是在書信來往時必須注意的事項：

（一）開頭稱呼

如是私人信件且與對方熟識，可以直接稱呼對方的名字，如為英文可直接稱Dear Jack……等，然後於第二行再開始寫內容。

正式信函則必須以對方之全名稱之，例如：Dear Micheal Chang，或者加上其公司頭銜或學術上的頭銜，例如：Dear Dr. Michael Chang，如果你與對方生意來往頻繁或已成熟識的朋友，亦可直接稱呼對方的名字。

表5.1　書信結構用語表

		祖父母／父母	一般長輩／師長	平輩	晚輩		備註
	名字稱謂	親屬尊長不加名字	可加字號或名	可加字號或名	加名		
	提稱語	膝下膝前	尊前、尊鑒、鈞鑒／函丈、壇席		子姪	知悉知之	
					其他	如晤如握	
結尾敬語	申悃語	肅此謹此	肅此謹此	專(耑)此特此	勿此草此		
	問候語	敬請 福安叩請 金安	敬請 鈞安恭請 崇安	敬請 道安敬請 教安恭請 誨安	敬請 大安順頌 時綏	順問 近祺既問 近好	
	屬名敬辭（末啟辭）	敬叩上	謹上敬上	敬啟謹啟	示手書		
信封	緘封辭	謹緘	謹緘	謹緘	緘寄		明信片只能用「寄」
	啟封辭	安啟	鈞啟	大啟台啟	啟		明信片只能用「收」

（二）親自簽名

　　在信結尾時必須親自簽名，以表重視，同時也代表你已看過此信，在商業信函的來往中，信件一定須有親筆簽名才會被認為是具有效力的信件。只有促銷信、廣告函等才可用印刷的名字。簽名時可以簽自己的全名，或只簽名字，姓用大寫縮寫字母代替即可，如Michael Chang 可以簽成Michael C.；大致以個人的習慣為主。

（三）筆及墨水

　　墨水顏色應以黑色或深藍色為主，如果使用其他顏色或用一些特效字型，會顯得不太莊重也不討喜。同時所用的筆也以書寫流暢、墨流均勻為佳，一支頻頻斷水或漏墨的筆，不但自己寫起來很痛苦，讀的人也會很難受。

　　書寫時要注意字跡的清晰，雖然字跡可表現出自己的個性，但要以別人可以辨識為原則，因為你是在寫信，而不是要寄書法作品給對方。

　　如果對自己的字跡沒有把握，用電腦打字也是可行的方式，不過要注意字體的選擇。不要使用太多種字體，一般而言，標楷體及細明體是較好的選擇，能讓收信者閱讀上較為清楚明瞭。最後，別忘了列印出來後，還是必須本人親手簽名。

（四）信封、信紙

選擇高雅大方的信封、信紙，並以能與自己名片的色調相調搭配則更佳。一般來說紙質、印刷、式樣都必須加以考慮，至於顏色方面則多以淺色調為主。信紙的紙質與顏色最好與信封一致，整體搭配較合宜大方，感覺上也較有品味。

有些比較講究的人或公司喜歡燙上名字及住家及公司地址；有些則喜歡標上公司的商標，端視個人之喜好而定，畢竟，信件可以展現一個人的特色。

（五）封口

我們經常在投寄信件前，用膠水把封口完全封死，這是不好的做法，因為如此一來，對方如果用拆信刀拆信就無法發揮拆信的功能。所以必須在信封的一端或是兩端留下足夠的空間以利拆信，否則收信者還得再去找一把剪刀才可以如願。此外，在將信紙放入信封時，更應小心不要太接近封口，否則信紙與封口被膠水黏在一起，對收信人在拆信時會造成困擾。

（六）信封上的稱呼

信封上的稱呼以先生、小姐、女士等即可，不必寫出尊稱，因為信封是經由無關的第三者（例如：郵差）送達的，他對收信者使用這些稱呼就足夠了。但是如果信函由專人送達，例如：卡片、信件及邀請卡等，則可將尊稱直接寫在信封上。

（七）姓名與地址

收件人與寄件人的姓名、地址、公司全名及部門等都必須書寫清楚，一方面讓轉交者可順利交給收信者，且當收信者收到信時立刻就會知道是誰寄來的。如果地址錯誤導致郵差送信時無法投遞，郵差也可依據寄信者的地址退回原信。

（八）隨附名片

　　信封內隨附的名片只要放進信封內，正面朝上即可。最好不要用迴紋針固定在信封上，以免卡片上留下壓痕不太好看，也不要把自己名片用訂書針訂上。

（九）信封的格式

1. 國內郵件直式信封書寫方式

- 收件人姓名書於中央，地址書於右側，郵遞區號以阿拉伯數字端正書於右上角紅框格內。寄件人地址、姓名書於左下側，郵遞區號以阿拉伯數字書於左下角紅框格內。郵票貼於左上角。

- 樣式如下圖。

2. 國內郵件橫式信封書寫方式

- 收件人地址、姓名書於中央偏右，寄件人地址、姓名書於左上角或信封背面。郵遞區號書於地址上方第一行。

- 書寫順序如下：

  第一行：郵遞區號

  第二行：地址

  第三行：姓名或商號名稱

- 式樣，如下圖：

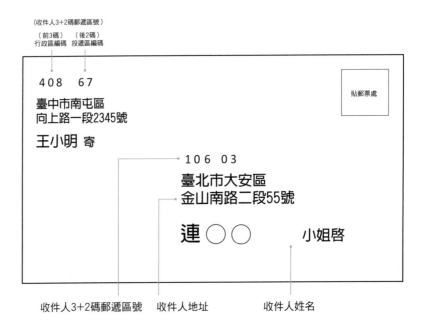

3. 國際郵件橫式信封書寫方式

- 收件人姓名、地址及郵遞區號書寫於中央偏右，寄件人姓名、地址及郵遞區號書於左上角或背面。

- 書寫順序如下：

  第一行：姓名或商號名稱

  第二行：門牌號碼、弄、巷、路街名稱

第三行：鄉鎮、縣市、省、郵

第四行：國名

● 式樣，如下圖：

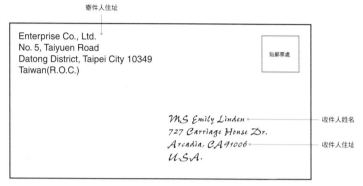

4. 日文明信片

（1）一般明信片

● 若明信片反面內容為直寫，則收件人姓名、住址
　也直寫；明信片反面內容為橫寫，則寄件人姓名
　住址也橫寫。基本上，寫給長輩多採直寫。

● 明信片之收件人姓名、住址等需一起寫於正面。

（2）風景名信片

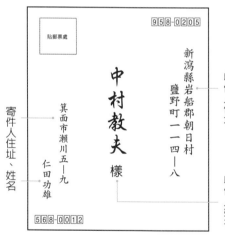

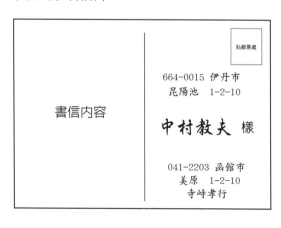

風景明信片-反面

禮儀小錦囊

日文信的寫法

1. 文字稿內容：日文信的結構分成前文、本文、末文三部分。其中前文部分又分為起頭語、季節問候語、答謝或道歉等四部分，末文又可分為結尾問候、結尾日期等二部分。

2. 起頭結尾語：本單元主要針對日文書信前文應包括起頭語、季節問候語、問候或祝福對方安康、甚至答謝或道歉之話語。

3. 季節問候語：日本人對季節變化十分敏感，因些習慣在書信開頭寫有關季節的問候語。

5. 日文信封寫法

（1）直式信封

- 正面收件人姓名寫在信封中央，比地址低一個字號，字體比住址稍大。

- 收件人住址若太長，可以由右至左順寫至第二行下方。

- 背面之寄件人姓名、住址等寫於信封口兩側，或一起寫於信封左下方。

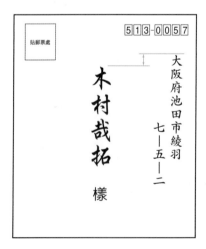

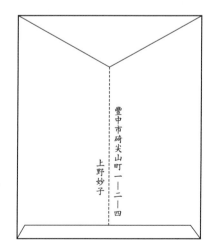

（2）橫式信封

- 正面收件人住址寫在信封上方1/3處。

- 住址下方空約一行左右才寫收件人姓名。

- 背面寄件人之住址、姓名等側寫於信封下方1/3處。

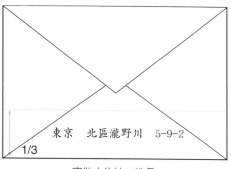

寄件人住址、姓名

二、電子郵件禮儀

　　現代人依賴電子郵件的溝通已越來越普及，E-mail帶給現代人非常多的方便，但在信件往來頻繁的時候亦不要忘記應有的電子郵件禮儀。以下歸納出幾點書寫電子郵件時，應注意的禮儀供讀者參考：

1. 最好將自己的中文與英文名字同時寫出，例如：陳大同(Jack Chen) 這樣對方才能立刻知道你是誰。有時由於系統不同，中文信到了對方電腦中可能變成亂碼，如果附上英文名字，對方至少能知道是你寄來的信。

2. 名字應該盡可能使用真實姓名，若只使用英文應該盡可能將中文姓名亦加入英文姓名中，以免大家英文名字都一樣。

3. 每一封信件應有一主旨，且主旨應盡量與內文相關，如此收信者亦較易於管理，另一方面，由於電腦病毒猖獗，如果你的郵件沒有主旨的話，很可能會被認為是電腦病毒侵入你的電腦而自動寄出的信，以致還沒開啟就先刪除了。

4. 寄出之前，應檢查文件的打字、文法是否正確，文意是能否清楚表達。

5. 回信之標題若與內容不符，應該加以修改或重新命名。

6. 回信時可引用原信內容，讓讀者瞭解前後關係，但最好以一次為限。當同一件事需要往返洽談多次時，若回覆時持續保留原信內容，到最後信件會變得很長，並且也會浪費信箱的空間。

7. 好朋友之間對於某些不雅之信件應盡可能加密，因為信件放在硬碟內，不見得只有收信者才看得到。

8. 電子郵件雖然可以一次寄給很多人，但是基本上它仍是郵件。如果要以電子郵件或電子賀卡問候朋友，還是應該個別寄送。如果以Risclosed Recipient的形式寄同樣的問候語給朋友，反而會令對方覺得自己只是你眾多聯絡過的人之一，這樣的問候效果會適得其反。

9. 如果你的確有些訊息要同時寄給不同的人，請注意不要讓所有收到信的人都知道其他收件者的電郵信箱。電子信箱跟地址、電話一樣，都屬於個人的私人資料，並不希望被傳送給不相干或不認識的人知道。如果你這麼做，可能會得罪了許多朋友，也有可能給他們帶來無謂的困擾。

10. 由於電子郵件的傳送很方便，許多人在網路下載，或收到別人寄來一些笑話或圖片，就轉寄給所有聯絡過的人，這也是很失禮的。此外任意下載網站上的資料傳播出去，可能會有侵害著作權的法律問題。

11. 簽名檔應包括個人聯絡資料，如公司學校地址電話等，且簽名檔不宜過長，約4~6行即可。如：

貼心
叮嚀

每行字數不宜太長，一般為70~75字或是更短，較方便閱讀。

- Name 姓名
- E-mail 郵件地址

- Homepage 網頁

- 公司名稱

- 工作地址及電話

- 頭銜

12.笑臉符號雖然可以增加信件之人性化，但是使用笑臉等符號務
    必要適可而止，勿過度使用，反而失去了原來之用意。

13.同樣的道理，許多人喜歡用一些簡化字，例如用n代替and，
    用u代替you，用4代替for，這原本是在發電報時為了節省篇
    幅而使用的，如果用在郵件上會顯得不夠莊重。

14.用英文書寫e-mail，除了強調的1~2個字，英文字不可全用
    大寫，這會讓人覺得不舒服。

15.謹慎引用笑話及一些諷刺的文字。

16.如果不小心寄錯人，應該及時寫封信道歉。

17.格式盡量簡單，不要過分裝飾。

18.尊重別人的隱私，絕對不要閱讀別人的郵件。

19.系統維護者不可濫用自己的職權，去讀取別人的私人郵件。

20.避免批評或生氣之語句，記得，這些郵件一經發送就難以挽
    回，所以在寄信前一定要先確認信中內容妥當。如果不太確定
    或是在氣頭上，不妨先將信件儲存起來，等氣消了，再來決定
    要不要寄。

　　電子郵件是人與人溝通之工具之一，因此寄信前，應檢視上
述禮儀要點，並且多花一些時間來使我們的信件或文章更具可讀
性，不要浪費彼此的時間和網路資源。畢竟，電子郵件是在幫助我
們更有效率地溝通事情及聯絡友誼的。

SECTION
★★★★★
04
面對媒體的禮儀

今日社會中，傳播媒體是威力最為強大的溝通工具，在日常生活或工作時都可能有面對媒體的機會。面對媒體其實就等於面對千千萬萬的閱聽群眾，要牢記謹言慎行的原則。平面媒體在訪問後還要經過文字處理，一時口誤可要求更正，不會直接將錯誤傳播出去，但面對電視媒體時，你的每句話、每個動作都可能被立即廣泛傳播，保持情緒穩定是最基本的要求。同時，最好對於可能被訪問到的議題都能事先有所準備。

擅長與媒體應對，能夠透過媒體成功地與大眾溝通，並在媒體前展現優雅的禮儀風範，將是人們必備的技能之一。本章在此主要提供讀者面對電視媒體時所應注意的禮儀與技巧：

一、面對電視媒體的技巧

任何行業在接受訪問必須突顯其專業，以下有幾點需注意的地方：

1. **眼神**：眼神必須表現出專注而有信心，帶給人希望的關懷。

2. **視線**：把鏡頭當成自己朋友，你的眼睛只注意鏡頭，頭不要搖晃。

3. **表達**：在回答之前先在腦中想一下，嘴巴永遠比腦袋慢一秒，同時要注意口齒清晰。

4. **聲音**：保持麥克風與下巴距離一個拳頭所產生的聲音較佳。

二、面對媒體的服裝打扮

1. **男士**：男士穿西裝打領帶看起來較專業，是較適合面對媒體服裝，西裝內需穿長袖襯衫且襯衫的袖子需超出外套的袖子2公分左右。

2. **女士**：一般而言，女性穿著套裝將比洋裝具專業性。

3. **顏色**：衣服的顏色不宜太厚重，因顏色厚重讓人覺得沉悶。白色衣服會使受訪者臉色看起來較暗淡，所以也不宜穿純白的衣服。穿著黑色衣服時需考量自己的膚色是否適合。

4. **花色**：款式、花色要大方典雅，細格子衣服較不適合。

三、配件及髮型

　　配件不宜太多，一到兩件就好；耳環、項鍊及胸針最好不要同時配戴，以免讓人分心。配件主要的目的是希望能產生畫龍點睛的效果。瀏海不宜太厚重以至於使臉部不清楚，女士可將頭髮往後梳，將使人有清爽的感覺。男士的髮型請務必梳理整齊，並最好以整髮產品稍加固定。有時從室內一路被訪問到室外，原本整齊的頭髮經風一吹，可能會讓您在鏡頭前呈現散亂的樣子，破壞了您的形象。

四、注意光線

　　最後要注意光線的問題。如果在攝影棚內接受訪問，最好接受現場專業導播及燈光師的安排，他們會比你更要求畫面好看。如果在室外，則要注意光源，基本上不要直接面向太陽的方向，也不要背對著太陽，這樣會讓攝影師很為難。

貼心叮嚀

　　無論男女，面對鏡頭時均應上妝。有些男士排斥化妝，不肯讓化妝師幫他上點粉。結果透過鏡頭呈現出來的，往往是一張油光滿面的臉，使形象大打折扣。

　　無論在什麼場合，尊重專業是最基本的禮儀原則。在面對媒體時，你只要掌握住自己在表達時所應注意的技巧及禮儀即可，至於錄影、收音等技術上的問題，應該表現出配合對方的態度，這樣才顯得出禮儀的修養。此外在對方準備器材或處理技術問題時，不要前去打擾或隨意走動，以免妨礙對方的工作。

Chapter 06

社交往來的禮儀

Section 1　拜訪與待客的禮儀

Section 2　送禮的禮儀

　　　　◆禮儀萬事通　花之物語

Section 3　探病禮儀

Section 4　舞會禮儀

　　　　◆禮儀萬事通　認識社交舞

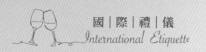
SECTION 01 拜訪與待客的禮儀

　　無論是業務上的往來或私人親朋好友間感情的聯繫，互相拜訪一直是日常社交活動中重要的一環。因此，如何在拜訪他人時表現出你的禮儀修養，以及訪客來訪時應如何待客，使對方賓至如歸，已是立身處世必須具備的常識。本節以日常生活中的社交往訪為主，並略加比較與業務拜訪時不同之處，至於業務拜訪與接待所額外需注意的禮儀，則在第八章商務人員禮儀中另闢一節加以介紹。

1. 拜訪前應先與對方聯繫約好時間，不宜貿然登門造訪。尤其歐美人士較注重隱私，突然到人家門口按鈴拜訪是非常失禮的。

2. 年幼者及位卑者應先拜訪年長者及位尊者，一般年節互訪時應掌握此原則。平輩之間，男性應主動拜訪女性，除非因公務的需要，否則女性不宜單獨拜訪男性。

3. 搬新家時，應該先主動拜訪鄰居；認識新朋友時也可以約個時間去拜訪對方。

4. 約定拜訪時間時，應該避開用餐時間，晚間拜訪時應先詢問對方是否方便，同時時間不宜太晚。時間約定之後，拜訪者不宜再更改時間。

5. 拜訪做客時，應準時到達，若臨時有事故必須遲到，應先聯絡主人，並說明預定到達的時間。

6. 拜訪時最好挑選一份禮物帶給對方。在國內，親友間的日常往來通常簡單的一盒餅乾等零食或水果。與國際友人往來時要先瞭解對方的習俗，避免帶去的禮物觸犯了禁忌。

7. 拜訪時，如需使用主人家的電話或其他用具時，須先徵求主人同意。若主人接到電話須中斷與訪客的交談時，訪客應稍稍迴避，尤其不可聽到主人講電話的內容而加以詢問。

8. 家中有訪客時，其他家人也應該出來打招呼，同時主人應向訪客介紹其他家人，待客時應親切讓訪客感到自在。例如可在與訪客寒暄過後先主動詢問客人是否要洗個手，以免訪客不好意思開口借用廁所。

9. 作客者應考量到主人的方便，拜訪時間不宜太長。國內習慣留客人用餐，一般而言，若事先約好有訪客會來，女主人通常會準備招待客人用餐。而西方人則通常只預期訪客喝杯咖啡就會離開。因此最好在事前約定時間時就先說明大約幾點要離開，並且準時告辭。

10. 結束拜訪向對方告辭後即應離開，不宜在門口繼續交談。主人送客時禮貌上通常送到家門口，如果見主人相送出門，應請主人留步。若拜訪期間女主人或受訪者的長輩曾來招呼，離開前也應向他們告辭。

貼心叮嚀

塞車、找停車位等等，在國內已不被認為是正當的遲到理由了，拜訪作客時還是提早出門為宜。同時也不要太早到，因為在主人還沒預期你會到達之前，你的出現就和事先沒約好的不速之客一樣失禮。試想，如果約在下午兩點鐘而你卻一點半就到對方家按門鈴，主人可能還在午睡呢！

在國內，有時為了表示好客，主人會臨時留客人用餐，這可能是在探測是否要為訪客準備。如果事先沒有約好要留下來用餐，最好不要在臨時的邀約下答應留下來。

11. 平輩親友間，接受對方拜訪後，禮貌上隔些時日應該回訪對方。若是長輩接受晚輩的拜訪則可以不用回訪。

12. 若客人中有司機接送，應事先通知司機。

13. 主賓欲離去時，男女主人應一起親自送到門口。

SECTION 02　送禮的禮儀

收到禮物是一件令人興奮的事，從自己手中打開包裝精緻的禮物更讓人歡喜不已，送禮的價值常與金錢無關，應根據自己的經濟狀況來選擇和購買禮物，這樣收禮者才會收得安心，送禮者也不會負擔太重。送禮時最好加上精美的包裝紙，多用一點心，會讓您的朋友感受到您的真心，且在最適宜的時機送出你的禮物，加上最滿心的祝福語，將是一份令人難以忘懷的禮物。

一、送禮的場合及適合贈送的禮物

需要送禮的場合很多，如：特殊節日、結婚、生日、喬遷之喜、朋友出國、開幕、通過考試、升遷等。另外親戚、朋友間互相拜訪時也常需帶個伴手禮。送禮最重要是能及時且適當的表示心意，禮物的貴重與否應量力而為，所謂「禮輕情義重」。以下幾種提供幾種送禮情形供讀者參考：

（一）年長者的生日禮物

為年長者挑選禮物時應多些心思，若給同輩朋友過生日，則可不必拘於形式，送禮時比較容易。向長輩祝壽時，應檢查自己的衣著是否得體，所送的禮物最好具有實用性，或者具有長壽等好兆頭。一般常見的有設計精美的蛋糕、保暖的衣服、有紀念性的金飾

出國旅遊，可購買些當地紀念品，分送給親朋好友，當作伴手禮，也可分享出國的喜悅。

等，如果以食物為賀禮，應注意食物的營養成分以及是否易於消化
等問題等。

（二）結婚禮物

結婚為人生大事，若能在好友結婚時送上一份特殊的禮物，
將令人印象深刻。參加朋友的喜宴時，應事先選購一份深具意義的
禮物，例如具有紀念價值的金飾及結婚蛋糕，年輕男女也常以漂亮
睡衣為禮物。在臺灣，許多人還是以包紅包為禮物，金額的多寡常
以交情及設宴的地點來決定；在美國，準備結婚的新人會將他們需
要的物品列出來，親朋好友可依內容獨自或合資送給新人；在日
本，宴會的對象只以親戚和最好的朋友為主，日本人也習慣贈送新
人禮金，且常是為數不小的禮金。

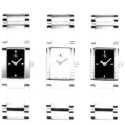

（三）新生兒誕生

選購慶賀新生兒誕生的禮物是一件令人愉快的事情，家中已
有寶寶的人更能挑選到適當的禮物。送給嬰兒的禮物常有衣服、金
飾及紅包，事實上，新生兒需要的物品很多，例如：嬰兒的衣櫃、
嬰兒床、嬰兒車、嬰兒安全坐椅、學步車、音樂盒、耳溫槍及消毒
鍋等等都是很好的禮物。

●手錶也是常用的賀禮

（四）喬遷之喜

前往道賀的客人最好準備一份主人用得到的物品，如漂亮的
餐具、家電用品、杯子或相框等。

（五）探病

探病前最好準備一份適當的禮物，探病者可依病人的病情來
決定贈送的禮物種類。一些有趣的書能讓病人排遣住院的時間；一
束五彩繽紛的鮮花或一盆生機盎然的盆景，也能給病人帶來不少春
意和生機。但是要注意有些花並不適於送給病人，一般來說，玫

瑰、康乃馨、滿天星、百合、天堂鳥等花卉是不錯的選擇。不過由於花卉的香味和花粉是常見的過敏原，探病前最好先瞭解病人的病情和體質。

（六）殯葬送禮

參加追悼會有一些禮節應注意，為了表示對先人的懷念及對死者家屬的關心和慰問，可送花圈致意。

（七）商務送禮

商務送禮如今已成了一種藝術和技巧，從時間、地點一直到選擇禮品，很多公司已有專人針對一些主要關係公司、重要生意往來人物的愛好和生日都有紀錄，逢年過節，或者什麼合適的日子，總有例行或專門的送禮，來鞏固自己的商業關係。公司在製作禮物時應注意不要在紀念品上把公司的商標印得大大的，因為沒有人喜歡用印有大商標的物品。

●酒是慶賀場合中常見的禮物

（八）開張開業

遇到相關組織開張、開業之際，公關部應代表公司送上一份賀禮作為祝賀用，一般選送鮮花賀籃為多，在花籃的綢帶上寫上祝賀之語和公司單位的名稱。也可送賀匾、書畫或題詞，既高雅別緻又具欣賞保存價值。

除了上列幾項送禮時機之外，下列一些情形也是送禮的好時機：

◆ 工廠或新公司成立。

◆ 親朋好友或客戶過生日。

◆ 感謝同事或朋友的幫忙。

◆ 參加上司或同事的家庭聚會。

◆ 慶祝客戶重要的週年慶。

◆ 感謝某人提供你一些生意上的資訊。

◆ 感謝某人在工作上幫助你。

◆ 恭喜某人高升。

◆ 出差或出國回國,鼓勵下屬。

◆ 探視患病的人或剛動過手術的人。

二、送禮應注意事項

　　送禮既然是一門藝術,送給誰、送什麼、怎麼送常常已有其約定俗成的規矩,絕不能隨便馬虎以免貽笑大方,以下一些注意事項可供讀者參考:

(一)禮物輕重得宜

　　這不是一件容易的事情,常需靠自己平常的觀察力或旁人的建議來決定。一般而言,在商務送禮時,禮物太輕,意義不大,特別且如果想要求對方辦的事難度較大時,成功的機率也較小。但是,如果禮物太貴重,又會使接受禮物的人有受賄之嫌,特別是對上司或同事送禮時更應注意。親友間日常往來拜訪時所帶的伴手禮若太貴重,主人會感到壓力或認為來訪者以財富驕人,反而失去聯絡情誼的好意。

(二)選擇適當時機送禮

　　一般而言,選擇重要節日、喜慶、壽誕送禮為宜,送禮者既不顯得突兀虛偽,受禮者收得也心安理得,兩全其美。如西方人贈禮常在社交活動將結束時,即在社交已有成果時方才贈禮,避免有行賄之嫌。還有送禮的頻率也須考量,太過頻繁的送禮,會讓對方感到壓力,因為,根據禮尚往來的原則,對方收了禮之後還必須找機會回贈。

禮儀小錦囊

欣賞個人音樂會，聽眾可以在最後一首曲目結束後，上台獻花；如果是樂團音樂會，可以在指揮最後一首曲目結束後（或安可曲），再將獻花給指揮。有些音樂會因為擔心現場秩序較亂，會限制上台獻花，有些音樂廳會要來賓到後台再獻花。

（三）不要觸犯風俗禁忌

送禮前好除了瞭解受禮人的愛好之外，還須注意不要觸犯各地風俗禁忌，鑒於此，送禮時，一定要考慮周全，以免讓受禮者產生不愉快之感。

例如：中國人不喜歡人家送鐘，因為「鐘」與「終」諧音，讓人覺得不吉利。還有，不同國家對禮品數目、顏色、圖案等有諸多忌諱，例如：日本、韓國、中國等亞洲國家把4視為預示厄運的數字，對4有特別的忌諱。在臺灣，醫院也常省去四樓的稱呼；阿拉伯人忌諱動物圖案，特別是有豬圖案的物品；而日本人則忌諱狐狸和獾等圖案。西方國家則除了忌諱13這個災難之數，以及一些特殊場合（例如：葬禮）中對禮品的種類、顏色等有一定講究外，其他時候在禮品的選擇喜好等方面沒有太多忌諱，故可贈送的禮品多姿多彩。

（四）注意包裝

有些人送禮時的包裝非常具有特色，讓人一眼即可辨認出是誰送的禮物，如果在送禮時能多花點心思，將使我們的禮物更具有價值。例如：日本人就是一個注重包裝的民族，任何禮物都包裝得精緻可愛。不過在注重環保的時代，除了注意包裝的美觀性之外，也要避免過度包裝。

花之物語

　　在許多場合中，花是很適合的禮物，色彩斑斕的花朵加上精美的包裝，在喜慶的場合最能增添歡樂氣氛；探病、道歉時也常以鮮花致意。但是送花也有必須注意的禮節，包括適當的場合、送花的形式以及每種花的不同含義，這裡一一簡單介紹。

（一）適合送花的場合

1. **探病**：友人生病時，但須注意不要送味道太強烈的花，在中國也不宜送給病人與菊花有關的花卉。

2. **致謝**：向人致謝，如向宴會主辦人致謝、教師節或其他節日向主要對象致謝等。

3. **慶賀**：例如朋友畢業、訂婚、生小孩、升職、開業及得獎等場合，獻花是最能增加喜氣的賀禮。若有朋友參加演出等場合，也適合送花預祝演出成功。

4. **節日**：如母親節、情人節、聖誕節等特定節日及生日、結婚紀念日等特別的日子都是送花的好時機。

5. **道歉**：在做錯事時送一束鮮花向對方致歉，不僅可達到道歉的目的，亦不會因禮物太貴重而遭拒絕。

6. **歡迎**：我們常在機場看到有人製成花環或用花束來歡迎嘉賓。

（二）送花的形式

1. 探望親友或病人時，可將花插放於花瓶中；慶賀對方畢業或參與演出時則可以花束致意。

2. 可應季節的不同而送盆花，例如：蝴蝶蘭等。

貼心叮嚀

慶典中，收到花束，是件開心的事。

3. 友人或公司行號喬遷時，可送用盆栽花木。

4. 婚禮或開業時，可用花籃祝賀。

5. 花圈常用於喪禮中。

（三）認識花語

由於送花已成為一種頻繁的社交行為，漸漸的也發展出各種花表達出不同意義的「花語」。送花時若能熟諳這些花語，便可以藉著所送的花巧妙地表達出心意。以下略舉數個較為常見的例子，有興趣的讀者從在某種場合送花時，對花的顏色及代表含義，不可不尊重私人選擇，以下介紹花的種類及其代表意義：

1. 紅玫瑰：象徵愛情，花語：我真心愛你。

2. 百合花：象徵高潔，花語：百年好合。

3. 康乃馨：象徵母愛，花語：健康長壽。

4. 牡丹花：象徵花王，花語：花開富貴。

5. 桃花：象徵發達，花語：鴻圖大展。

INTERNATIONAL ETIQUETTE

禮儀小錦囊

花環，又稱花圈。在不同時代、不同地域，兼具喜事、喪事之用。古希臘時代有花圈贈送給凱旋而歸的將軍的習俗。在英語國家，花環通常用作家居裝飾品，最常見的是作為聖誕節的裝飾品。在2000多年前古埃及、羅馬時代創作的花圈，其精神源遠流長，它沒有起點，也沒有終點，如宇宙萬物生生不息，是「永恆」的象徵。致贈過世親人的花圈、婚禮的花圈，都是表達「永恆的愛」。

● 送帶有祝福的花語花束，讓送禮更有意義。

6. 向日葵（太陽花）：象徵光明，花語：欣欣向榮。

7. 萱草：象徵忘憂，花語：勿忘我。

• 日本人忌諱送荷花認為荷花是喪花。

INTERNATIONAL ETIQUETTE

禮儀小錦囊

1. 鮮花和食物一樣是容易腐壞的，所以應先知道對方何時在家，再親自或請人送去是較妥當的。

2. 把你的全名及地址寫在卡片或信封上，或者附上公司行號，對方才能馬上知道送禮的人，也方便對方向你致謝或聯絡。

3. 選擇優秀的花店，將您送花的對象、事由、價錢預算、希望的樣式，先告訴店家，由店家提供你專業的建議。最後你精心選購的花，經過精緻的包裝，一定能讓接受者眼睛一亮。

SECTION

03 探病禮儀

探病是我們常遇到的事項，但如不懂探病禮儀不僅會帶給病人及家屬困擾，亦可能破壞了原有的良好關係，所以窩心的關懷及適當的禮儀，才能給病人及家屬留下好印象，以下提供一些探病須知給讀者參考。

1. 探病前可先打電話至醫院詢問可探病時間，須配合醫院的開放探病時間來探病。病人如是在家中休養的話，最好是在下午的時段前往探病。

2. 探病時不宜在病房內滯留太久，一般約20分鐘即可，讓病人有充分的時間休息，探病時應輕聲細語，以免打擾其他病床的病人。

3. 探病時，所攜帶的禮物以切合病人需要為佳，再者為照顧病人的親屬或家人可用為宜。

4. 不要經常打電話給病人，不僅影響病人休息時間，如為雙人以上的病房，亦會影響到同房病人。

5. 如果醫生允許，可送些輕鬆易讀的雜誌或書籍給病人看，以便排遣無聊，並可轉移病人對病情的憂慮。

6. 若醫生規定不適於探訪，或者自己無法前往時，可訂購一束花請花店送至醫院，上面別忘了附上慰問卡。

7. 有些病患於治療期間，會因外形上的改變而不太願意接見訪客，在探病前可先詢問其家人，如病人不願見客，就不應勉強，也不要沒有事先告知就貿然前去。

8. 可以幫病人蒐集一些有關資訊，使他對生命抱持希望，同時應以較樂觀的態度與病人談話，例如：告訴病人一些病癒的實例，鼓勵病人堅強下去。但不宜對於病人的病情，詢問得太詳細，有些人會覺得像在傷口上灑鹽。

9. 如果對方真的將不久於世，他需要的可能就是好友能握握他的手，摸摸他；可能的話，可給他一些宗教上的寄託。生病並不是件好的經驗，當事人康復之後，就應將他視為健康的人，不應再詢問他的病情。

舞會禮儀

一、舞會禮儀

　　舞會禮儀就如我們日常生活禮儀一般，參加者應促使舞會的氣氛和諧愉快，並快樂的享受跳舞的樂趣，並藉舞會禮儀避免在舞蹈中不經意造成的人體傷害，或不雅的動作產生。本節就參加舞會前的服裝準備，到赴約、開舞、邀舞等過程，分別說明舞會應注意的禮儀。

1. 服裝儀容

◆ 服裝的選擇依地點場合及舞蹈的形式而定，除了不失禮節外，又必須兼顧個人在跳舞時的舒適和安全。一般而言，男士穿著皮鞋、西褲、領結和一般西服或燕尾服為多。女士請穿高跟鞋，長裙。越正式的舞蹈，所著的服裝就越正式。但不管是多非正式的舞，請穿舞鞋。

◆ 女士的配件例如：大耳環、手錶、胸針、長項鍊、大皮帶頭，在舞池中都是危險物品，它們都可能勾到舞伴的衣服或刮傷對方，女士長髮應往上紮好，或梳理服貼，否則在跳舞時頭髮很可能會甩到男士的臉。

2. 赴約

◆ 請準時到場，主動與主人、來賓打招呼，切勿中途離席。

3. 開舞禮儀

◆ 由男主人邀女主賓及女主人邀男主賓率先開舞。

◆ 若在一般家庭舞會無主賓時，則由主人夫婦或年長者開舞；若是官方單位或公司舉辦的舞會，則由官階或職位最高者開舞。

◆ 其他賓客須等開舞者進入舞池後，才能進入舞池跳舞。

4. 邀舞禮儀

◆ 第一支舞和最後一支舞必須和自己邀請來的舞伴跳，中間可邀請別的舞伴以擴展人際關係，從頭到尾只與一位舞伴跳並不是很好的社交禮儀。

◆ 邀舞時，男方應等樂隊起奏後，趨向女方前，頷首致意，獲同意後再進舞池，跳完舞須送舞伴回座，除非舞伴同意，不要現場交換舞伴。

◆ 男士邀請女士跳舞時，若受邀的女士拒絕時，請委婉說明原因，男士不可加以勉強。而女士邀請男士跳舞時，男士若拒絕可就是大大的失禮了。

◆ 男士可請在場任何女賓共舞，但應先徵求受邀女賓的男伴同意，方可邀其女伴入舞池。而男士在自己的女伴受到邀舞時也應表現風度，不應拒絕或表現出不悅的神情。

◆ 在一群人當中，邀舞時，應明確表達邀舞的對象為誰，不要模稜兩可，以免每個人都以為自己是被邀請的對象，而起立受邀。

認識社交舞

　　社交舞分為標準舞及拉丁舞兩大類。英國皇家舞蹈教師協會於1924年首次公布舞蹈教材，在第二次世界大戰之後，歐美舞蹈界人士集會於英國倫敦，將傳統宮廷舞、交際舞及各種土風舞等，融合整理，制定為標準舞，漸漸風行全球。英國通稱Ballroom Dancing 或稱為Social Dancing、Competition Dancing，我國大多以標準舞稱之。

　　而源於西班牙語系國家及中南美洲的拉丁舞，也逐漸受到重視，雖然並未被正式納入標準舞中，卻也成為舞會等社交場合中頗受歡迎的舞種，與標準舞同樣為社交舞。標準舞與拉丁舞歷年來均有世界性比賽，近幾年來，我國各項運動皆大力推展，社交舞的風氣也更為興盛。如果會常常出席國際性社交場合，學會一些基本的舞步是相當必要的。以下分別介紹數種常見標準舞與拉丁舞的風格與特色。

（一）標準舞

◆ 華爾滋(Waltz)

　　柔情，舞姿婉約，步伐詩情畫意。起源於十七世紀德國鄉間的土風舞，歷史悠久，具有優美、柔和的特質。現今的華爾滋經過改良，融合瑞士及奧地利等地土風舞的「維也納華爾滋」特性，並將音樂的速度放慢，約在第一次世界大戰後由英國傳出。由於舞姿優美，音樂動人，抒情中帶有浪漫與哀怨氣息，極受歡迎。音樂：3/4，重音在第一拍，每分鐘三十二小節左右。

◆ 維也納華爾滋（Viennese Waltz）

　　暢然，舞姿灑脫，步伐盡情流轉。它是社交舞中歷史最悠久的舞種，又稱為圓舞曲或宮廷舞，具有歡愉及自由氣氛。維也納

華爾滋的步法不多，多半以快速的左右旋轉動作交替，繞著舞池飛舞，舞者裙襬飛揚，華麗多姿，風靡整個歐洲。音樂：3/4，每分鐘約五十六小節。

◆ 狐步(Fox)

舞姿飄逸曼妙，二十世紀初在美國大為流行。其舞步如行雲流水，充滿悠閒、輕鬆、流暢及優美的特性。比賽中步舞大異其趣。音樂：4/4，重音在第一及第三拍，每分鐘約二十八小節。

◆ 探戈(Tango)

舞姿壯麗俊拔，步伐神氣俐落。關於起源說法不一，或謂阿根廷、巴西或墨西哥，也有人認為是吉普賽人的舞蹈。探戈曾因舞姿怪異而受到教會的反對，後來又逐漸開始流行。

英國式探戈音樂抑揚頓挫，剛強有力，令人熱血沸騰，例如擺頭頓足、欲進還退，舞蹈風格充滿豪邁精神，即為現今之標準式探戈。而美式探戈則較優雅嫵媚，動作輕柔。臺灣流行的探戈脫胎於美式探戈，節奏與步法較慢，在社交場合歷久不衰。音樂：2/4或4/4，每分鐘大約三十三小節。

◆ 快步(Quick Step)

快步舞的音樂輕快，步伐敏捷，為標準舞中較快速的一種。

如果將華爾滋比喻為以旋轉為主體，則快步舞則是以直線輕快移動為主軸。雖然音樂節奏較快，但舞者應恰如其分的掌握音樂節奏，快慢有序，才能淋漓盡致的展現快步舞的魅力。音樂：4/4，每分鐘約五十小節。

（二）拉丁舞

◆ 恰恰(Cha Cha)

恰恰舞姿輕巧，步伐快速活潑，起源於拉丁美洲的古巴，是曼波舞(Mambo)的變形。恰恰的舞姿較曼波更為活潑有力，踏出的步法要簡潔有力，給人明朗輕快的感受，比曼波更受歡迎。音樂：4/4。

◆ 倫巴(Rumba)

倫巴舞姿浪漫迷人，步伐曼妙，有愛情之舞之稱，起源於四、五百年前古巴的黑人奴隸，受到壓迫、生活困苦而產生悲傷的民歌。這種悲傷的歌曲演變成催眠式、懶洋洋的音樂，加上拉丁美洲特有的打擊樂器，使倫巴舞曲更富羅曼蒂克的氣氛。今日的倫巴已無悲傷的氣氛，但催眠式的演奏氣氛仍很濃厚。音樂：4/4，第二拍起跳，每分鐘約三十至四十小節。

◆ 森巴(Samba)

森巴舞氣氛歡樂，舞姿纏綿，起源於巴西，於1929年傳入美國，而後又傳至各地。它是非洲和南美舞蹈的綜合產物，最早用吉他演奏，節拍較緩慢，有小夜曲式的情調，具熱情活潑的氣氛。由一位英國舞蹈家專程赴里約熱內盧實際觀察後將森巴做一個整理，定步法名稱，統一跳法而成今日的森巴。森巴像探戈、華爾滋一樣，屬於移動性舞蹈(Moving Dance)，跳舞時須繞著舞池轉。音樂：4/4。

◆ 鬥牛舞(Paso Doble)

鬥牛舞是一種激昂、神氣的舞蹈，步伐剛勁雄壯。鬥牛本為西班牙之進行曲，音樂雄壯威武。在西班牙鬥牛競技場入口上方，銅管樂隊不斷演奏的所謂的鬥牛舞音樂，鬥牛舞的靈感即來自於這種音樂以及鬥牛這個活動，男舞者的角色可比擬為鬥牛士，女舞者

則代表用以吸引公牛注意的紅斗篷。鬥牛舞雖然被歸類為拉丁舞，但其實它並非中南美洲的舞蹈，而是源自於歐洲的西班牙。音樂：4/4。

◆ 捷舞(Jive)

捷舞也就是吉魯巴，是典型的美國舞，舞姿敏捷，步伐輕盈活潑。最先流行於美國南部，之後風行於全世界。它的步法揉合爵士(Jazz)和卻爾斯登舞(Charleston)的精華而獨創一格。一般社交場合中多跳是六步吉魯巴，而標準舞是八步吉魯巴，稱做捷舞(Jive)。基本上兩者都是以六拍來完成一個基本步，只是六步較為悠閒懶散，而八步較有精神，舞步的變化也較多。音樂：4/4，每分鐘約四十小節。

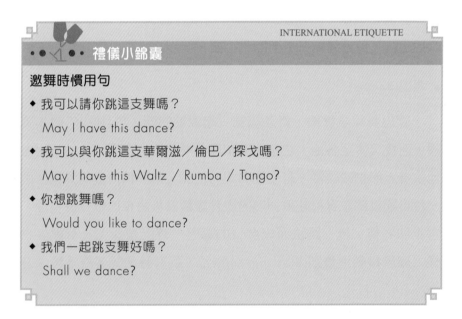

INTERNATIONAL ETIQUETTE

禮儀小錦囊

邀舞時慣用句

◆ 我可以請你跳這支舞嗎？

　May I have this dance?

◆ 我可以與你跳這支華爾滋／倫巴／探戈嗎？

　May I have this Waltz / Rumba / Tango?

◆ 你想跳舞嗎？

　Would you like to dance?

◆ 我們一起跳支舞好嗎？

　Shall we dance?

Chapter 07

職場禮儀

Section 1　辦公室禮儀

Section 2　辦公室電話禮儀

　　◆禮儀萬事通　辦公室電話英語

Section 3　面談的禮儀

　　◆禮儀萬事通　常見面談問題

辦公室禮儀

　　辦公室中的同事是上班族一天中相處最久的對象，要確保工作愉快，同事間的相處禮儀便應加以重視。以下有幾點提供讀者參考：

1. 打招呼時宜採取主動。職場中，常犯的錯誤就是不知何時該打招呼，只要記住「先打招呼就沒錯了。」

2. 在公司中即使對待職位比自己低的同仁，也要像對待老闆那般和善有禮，因為這些同仁都可能成為我們事業上重要的伙伴。

3. 接受來自非直屬上司的委託時，應告知自己的直屬上司，並取得自己上司的同意後再進行該項工作。

4. 不要在公司內談論是非、閒言閒語，或者出賣任何人，這些行為都令人厭惡。

5. 公司如有新人來，應該友善相對，並帶這個新人認識新環境，讓這位新人早日進入狀況。

6. 對於自己答應別人的事情，一定要信守承諾，建立出自己的信譽，並且要好好維護自己的名譽。

7. 同事間的聊天或公開談話，常常有意見不同的時候，此時不宜當面反駁，應私下溝通較適當。

8. 有機會與同事用餐時，應付自己的費用，不要占同事的便宜，除非先前已約定好由誰付費。

9. 如果自己是新進員工，應該先蒐集辦公室的資料，瞭解辦公室內的運作，還有要多觀察同事間的相處方式及盡量瞭解每位同事的習性，以便盡快進入狀況。

10. 一個新進員工，需做個仔細傾聽的聽眾，這是一個瞭解對方很好的方式。

11. 當提到過去自己輝煌的工作經歷時，不宜表現出自滿的樣子，應謙虛為懷，記住誠懇謙虛的態度會讓人感到愉悅。

12. 若是工作有所成就，應將成功歸功於團體，如果出錯了自己也應勇於承擔，這樣才有領導者的風範。

13. 如果有來電留言，務必盡快回電，這麼做除了是基本應有的禮貌之外，更能避免影響重要業務進展，這也是處理業務的一種好習慣。

14. 開會絕對須準時赴約，如與客戶約定的時間無法赴約，亦應及早通知對方。

15. 接獲邀請函時，應在一週內答覆，不要無緣無故爽約，破壞個人的形象。

16. 向同事借用任何物品，應準時歸還，並且不可將物品損壞，歸還時可附上感謝函或小禮物表達謝意。

貼心叮嚀

重要的書信，也應盡快回覆，最好不要超過一週。

17. 對於資深的員工，應尊敬其對公司的貢獻。

18. 同事有不幸的消息，應立即表達慰問之意，並主動表示幫忙的意願。

19. 公司舉辦的活動應盡量配合參加，這樣不僅培養對公司的參與感，並且可擴大自己的人際關係，無形中使自己工作更順利。

20. 在公司內碰到外來訪客時，即使不認識也要點頭示意，讓來訪者能感受到公司同仁的友善。

21. 遇到好像有問題的訪客時，即使不是份內工作也要表示關懷，幫忙解決。

22. 有事需離座，應先交代清楚，不要讓來訪者或來電者找不到人。無故離座會造成周遭人的困擾。

23. 乘坐電梯帶路時，應讓訪客先行。

24. 洗手間、走廊也是工作場所的一部分，在這些地方的言論需得體，不要談論別人的八卦。

25. 不要運用公司的帳號在e-mail的內容談及私事及公司的祕密。

26. 不要因家中或小孩的事情影響自己工作上的表現。

（一）新進員工

1. 須清楚瞭解自己的工作內容及程序，對公司的制度也應盡快清楚。

2. 瞭解主管的工作習性及想法；剛進入公司時不妨先接受老闆做事的方法，如有一定的規則，應隨時保持可調整的彈性。

3. 新的公司與原來公司在做事方式及制度上可能有所不同，切記不要在主管或同事面前批評及比較。

（二）新進上司

　　一個新的環境，對新進員工是一個考驗，對新上司也是一項考驗。舊員工應以開放的態度接納他們，讓公司有一股新的氣息，員工於上司交接時，仍是須認真工作，不要談論前上司的是非。

（三）與上司的關係

1. 老闆雖然也會犯錯，但老闆是管理者，下屬應保持尊重的態度，接受他們的決定，畢竟上司與下屬職位有所不同。

2. 想要討好上司之前，不如先把自己的工作做好。唯有把自己的事情準時完成，才是表現自己的最好方法。

3. 送禮給自己的老闆有時是不大適當的。尤其是太貴或太私人的東西，但如果是以團體的名義送老闆禮物，或在特殊日子，例如：生日、生病時，送花或卡片是可被接受的。

（四）升遷

1. 萬全準備

　　可先將自己好的表現列表，例如：幫公司完成合約、擴大公司事業、為公司賺很多錢（可先自己統計數字）等；或自我進修如學位的取得或相關書籍的閱讀等，這些都有助於自我升遷。

2. 有利工作效率

可提及因在公司職位不夠高,或權限因素而影響工作效率、工作成果及客戶信賴度等。

3. 公司承諾

有些公司在面試前已與應徵者承諾一些福利,例如:加薪或升遷等;此時如果自覺符合公司條件時,也可適時提出升遷。

(五)隱私權

1. 身家背景

即使身家背景不錯,也不要炫耀自己家世背景,這點有時會令部分同事感到不舒服,且有時也會影響到別人對我們的工作評價。

2. 身體健康狀況

雖然每一個人都有可能生病,但不要讓人想到你就與生病或遺傳病等聯想在一起,這樣的印象可能會影響主管對你的印象,或許因此而影響到升遷或考績等也說不定。

3. 戀愛史

自己或別人的戀愛史,都不是辦公室中很好的聊天話題。即使告訴長官也一樣要擔心成為大家茶餘飯後的閒聊話題。

4. 家庭生活

你的家庭生活幸福或不幸福,並不適合在工作場所討論,有些老闆反而會認為你是蠟燭兩頭燒,對你的工作表現常覺得可以再提升一點。

SECTION 02 辦公室電話禮儀

　　在辦公室接聽電話時，你所帶給對方的印象就是對方對公司的第一印象，以下有幾點須注意：

1. 辦公室內電話聲不應超過3聲，應立即接聽才不失禮，但也不要電話聲一響就接起，讓對方嚇一跳。

2. 企業內若設有總機，應要求總機人員在將電話轉接給對方所要找的人之後保持注意，如果轉接出去的電話一直沒有被接起來，應代為接聽並留話。

3. 轉接電話時，一定要遮住電話筒或按保留鍵，這樣才能讓來電者聽不到公司內部的情形。

4. 若來電者有事洽詢而不清楚該找誰，接電話者應先詢問查明對方詢問事項的負責人員再行轉接。如果不是很確定，最好留下對方的聯絡方式再請相關人員回電。較有規模的單位可設置熟悉各部門作業的客服專線，以便及時讓來電者迅速得到想要的資訊或找到應該找的人。不要讓電話像踢皮球似地一再轉接，這會令來電者十分氣餒。

5. 接電話時，應報上自己公司的名稱、單位及自己的姓名，說話時聲音宜清晰、悅耳。

6. 接電話時仔細聆聽對方的談話內容，不宜一再詢問同樣的問題。

7. 接電話時最重要的是要知道「來電者為誰？要找誰？」所以接電話者最好隨時準備紙與筆，以方便記錄，留下記錄時就應將來電時間、來電者姓名、服務單位及來電主要目的清楚記下。

8. 最好不要請求對方重撥。當對方要找的人不在或正在講另一個電話，可將狀況告知對方，並詢問：

◆ 您要在線上等一下嗎？

◆ 有其他人可以為您服務嗎？

◆ 請留您的電話，請他待會兒回電可以嗎？

●接電話者最好隨時準備紙與筆，以方便紀錄。

9. 接電話時的聲音要清晰，讓人覺得親切有感情，所以在接電話時，應面帶微笑，這樣可以反映在自己的聲音上。

10. 由於對方看不到辦公室內的情形，只有安靜的點頭或微笑並不能傳達給對方知道，所以接電話時要不斷的以聲音來表達，才能使談話愉快的進行下去。

11. 如果對方打錯電話，也需有禮貌的告訴對方打錯電話，並可藉此告訴對方並宣傳自己公司的名稱。

12. 掛電話時，要確定對方先掛斷後才能掛，並不宜用手先將按扭掛斷，需用電話筒掛斷，才不至於失禮。

13. 在打電話給對方時，需先報上自己的公司行號和姓名。

14. 打電話在與對方談話前可體貼的先問一下，「現在方便談話嗎？」。

15. 在打電話前宜先整理說話內容，以便用最短的時間完成談話。

16. 在辦公室電話中不宜談論私人的事情，講電話時應該注意周遭的狀況，同時把這邊的狀況告訴對方。

17. 電話只是利用聲音在做傳達，所以除了迅速、簡潔之外，務必要求正確。一些專有名詞或不易懂的詞句，一定要加以說明。

18. 辦公室內應避免打私人電話，若有急事聯絡則應長話短說。對外公事上聯絡時，也要把握簡明扼要的原則，就算對方是你熟悉的客戶也不要說完公事就聊了起來。

19. 不要讓你的行動電話成為妨礙同事工作的干擾源。在辦公室中，行動電話最好設為靜音，且務必隨身攜帶，不應留在座位上。

20. 開會時，務必將行動電話關機，因為開會時接聽行動電話，是極為無禮的行為，所以即使設為靜音也是不妥當的。

● 離開座位時別讓你的手機成為辦公室的公害。

以下為我們在辦公室國際電話中常用到的英文：

1. Hello. May I speak to Mr.Wang?

   我可以與王先生說話嗎？

2. Yes, this is he speaking.

   我就是王先生。

3. I'm sorry, he is not in now.

   對不起，目前他不在。

4. Would you like to leave a message?

   您要留言嗎？

5. Mr. Wang is on another line now.

   王先生在另一條線上。

6. Hold the line a moment, please.

   請稍等一下。

7. I can't hear you.

   我聽不到。

8. Would you speak a little louder?

   您可以大聲一點嗎。

9. You have the wrong number.

   您打錯電話了。

10. Will you call me back later?

    您待會可以回電給我嗎？

SECTION 03 面談的禮儀

一、面談前的準備

對於剛畢業或退伍的青年，大多會顧慮因本身無工作經驗或與社會脫節；而轉業中的社會人士常會對重新找尋工作產生恐懼感，但如果我們能在面試前多做些準備，多蒐集一些有關求職方面應注意的資訊，並且在面試時表現出活力、肯學習的特質，這樣獲得這份工作的勝算就更高了。以下為面談前可事先準備的事項，在職場上或許對你有幫助。

（一）盡力獲得工作機會資訊

找尋工作是一件神聖及正當的事，求職時可利用各種管道如：朋友、報紙、以及一些人力銀行等網站幫忙。得到工作機會，準備寄出履歷表時，若能先對該公司的基本資料充分瞭解，將使你在撰寫履歷表及自傳時更容易掌握重點。這些資料可從圖書館、網路上、公司公開說明書蒐集到，或者向已任職於該公司的親友詢問。

（二）選擇一套適合自己及面試的服裝

服裝的搭配，可於平常多加練習，在通知面試前一週就可挑選適合面試的服裝，千萬不要前一天才找衣服。

（三）演練面試

請幾位有經驗及當主管的好友當你的主考官，觀察你的服裝及儀態是否得宜。並請他們給你一些建議。

（四）面試前一天的準備

面試前一天先檢查面試通知單、面試履歷表、自傳、正式照片、作品、證照或證明文件等是否齊全，並將面試服裝熨燙平整，早點休息好準備明天的考驗。

（五）面試當天

為了能夠精力充沛赴約，一頓營養充足的早餐是非常重要的。

二、服裝儀容

一個人給人的第一印象往往在幾秒鐘即形成，面試時的服裝儀容將決定主考官對你的第一印象。因此，合宜的服裝可提高錄取的機會。

（一）頭髮

可先與設計師溝通，選擇適合自己的髮型；如短髮有毛躁的現象，出門前別忘了擦點護髮霜，一頭不健康的頭髮讓人覺得較沒精神。女性長髮雖然可變換多種髮型，但面試時還是以端莊大方的髮型，如整齊綁起或將頭髮梳成包頭會讓人看起來很舒服。男性髮型以整齊清爽為原則，對於大多數行業，太花俏的髮型或長髮，會讓面試官留下不好的印象。

（二）服裝

男性最好穿襯衫、西裝褲，女性穿著套裝、襯衫窄裙絕對不會失禮，且須選擇整齊不易皺的布料較得體；面試並不是參加晚宴，切忌服裝太過華麗、緊身或過於暴露。

（三）鞋子

面試時應穿著皮鞋，男士應注意鞋面的清潔，並注意襪子的搭配。穿著深色的西褲與皮鞋卻搭配白色或淺色的襪子是很不恰當的。女性的鞋子以不露趾頭為主，即所謂包鞋；素面連身絲襪和不露腳趾、淨素光亮的鞋子最適合上班場所，因此也是最能在面試時加分的搭配。

（四）彩妝

女性面試時不宜化太濃的妝，但也不宜素顏。最好化個淡妝，然後在兩頰擦上淡淡的腮紅，看起來較有精神。

●清爽俐落的髮型和套裝可以展現妳對職業的企圖心。

三、面談禮節

對於一些人而言，面談實坐如針氈，為了能在主考官前表現良好，以下幾點可供讀者參考：

（一）準時赴約

　　參加面談，準時是最重要的事項之一，如果遲到就可能會被主考官先行倒扣了幾分。所以在面試前，你必須先瞭解到達面談地點所需花費的時間，再提前半小時出門。面試時間10~15分鐘前到達面試地點比較恰當，這10~15分鐘內不僅可以讓你上個化妝室、觀察自己的儀容、也可熟悉一下辦公室的環境及氣氛；但切忌因太早到達面試地點而影響到正式員工上班，也不要到處觀察別的同事的舉動。如臨時有急事不能前往面試，亦應及時電話通知對方，並盡可能地確定下次面試時間。

（二）記得敲門，記得關門

　　進入面試場合前，應先在門口輕敲兩下，待對方回應後從容進入，進入辦公室之後記得輕聲關上門。

（三）別忘打招呼

　　一到面試地點，應主動與接待人員寒暄，進入面試會場也應主動問候並簡單自我介紹；等主考官示意你坐下時再就位。

（四）專注的眼神及注意聆聽

　　眼神接觸(Eye Contact)時須讓對方感到真誠與舒服。當你眼睛注視著對方時，將顯得你對於正在討論的話題十分專注、有興趣，同時看起來也顯得較值得信賴，記得不時點頭、微笑、必要時以紙筆記下重點，但不要打斷。所以回答問題時應目視發問者，面帶微笑，以溫和的聲調與冷靜的頭腦來應試。

（五）注意身體語言

　　不要讓身體語言破壞自己形象，例如：用手一直不斷抓頭，讓人看起來像手足無措的人；不停地推眼鏡架，讓人不安；雙手交

疊在胸前會給人防衛心太強或不好溝通的印象；此外如經常用手撥弄領帶、衣角或頭髮，以及轉筆、咬指甲等習慣，都顯得不夠成熟而欠缺自信，應該避免。

（六）注意坐姿

面試者身體可稍微前傾，雙手自然垂下放於兩膝即可。切記不要晃腳，讓自己看起來非常不穩重或心不在焉。

（七）結束面試

面試結束後應從容有禮地起身向主考致謝，握手與否，要由主試者而定，不宜主動握手。離開時，隨手並將門關上。面試之後，不管錄用機率多少，也要記得寄謝函或謝卡給對方，謝謝對方給自己面試的機會。

貼心叮嚀

面試時，態度雖應謙虛但不必表現出一副搖尾乞憐的模樣，彷彿在乞求對方給你工作。

1. 為什麼選擇來本公司應徵？

   建議：以積極、正面的答案回答，通常較易搏得好感。

2. 為什麼辭去前一份工作？

   建議：不要批評前一個公司。

3. 過去有哪些工作經歷？

   建議：如有專業技術、資格考試的證書或執照，可以予以強調。

4. 為何選擇這份工作？

   建議：求職者可以從對工作的研究、個人的興趣、所學專長等角度，加以發揮。

5. 是否能配合公司的作息時間和制度？

   建議：求職者應該在面試前就先行瞭解，如果很想要這份工作，但在時間上有困難，可在面試提出來與主考官商量。如果真的無法配合，公司也沒有變通辦法，寧可放棄，將來也許在客觀條件有所改變時，還有機會為這家公司服務。如果在面試時表示沒問題，萬一被錄取了才表示有困難，這樣會造成雙方困擾，也顯示出溝通不佳或個人的誠信上有瑕疵等問題，一般企業對這點是很介意的。

6. 工作上專業方面的各種問題。

   建議：若在面試時安排考試，則成績就是最客觀的說明。如果僅由主考官詢問，請衡量自己的實力回答。如果自己是社會新鮮人，回答時表現出謙虛肯學、學習能力強，相信會比自信滿滿但其實漏洞百出來得令人欣賞。

7. 你的希望待遇如何？

建議：可客觀歸納個人年齡、經驗、能力，再依產業別、公司
規模等客觀資料，提出合理的數字；如果提出的薪水較同業為
高，可附帶說明提高待遇的理由。如果你無論如何真想得到此
份工作而且有相當的投入意願，不妨回答「一切依公司規
定」。或者你可以技巧地回答，自己是社會新鮮人，可以接受
公司基本起薪的做法。

8. 何時能開始上班？

建議：這點通常公司在徵人時會有所說明，最好能盡量配合公
司的需求。因此，準備求職時，最好讓自己做好準備，將其他
雜事排除掉。如果退伍或畢業前已計畫好旅遊或其他聚會活
動，不妨等處理完之後再來求職。

9. 你對本公司產業瞭解多少？

建議：於面試前就應蒐集公司的資料，盡你所知來回答。一般公
司在這個問題上，對社會新鮮人不會有太高的期望，只要你表現
出你是有所準備，而不是一片茫然地來參加面試即可。當然，主
考官可都是這個產業的前輩，在此大發高論是不恰當的。

10. 最後，多數主考官會問應徵者是否還有任何問題。

建議：

◆ 即使心中有許多問題，這個時候並不適合全部提出，提出大約一
兩個問題即可。

◆ 避免一開始就談薪水、福利問題。

◆ 提出的問題，最好問一些能顯示你對該公司的關心程度、並表現
專業知識。

◆ 可以問「大約何時可以接到面試結果通知？」這可以顯示出你對
這個工作的高度意願。

禮儀小錦囊

回答技巧

面試時，回答問題一定要誠懇，據實作答，要注意下列事項：

1. 應針對主題發揮，說出重點，不要脫離主題而不知所云。

2. 對於不清楚的事務，不要妄加論斷或批評；對於自己知道的事務，也無需將負面結果描述得太清楚。

3. 應徵者應以主考官為主要發言人，不要滔滔不絕。

4. 不應太過古板及世故，盡量使談話內容真誠而活潑。

5. 當主考管提到希望待遇時，多半表示準備要結束面試了。

商務人員禮儀

Section 1　介紹的禮儀

Section 2　見面禮儀

Section 3　互遞名片的禮儀

Section 4　商務拜訪與接待的禮儀

SECTION 01　介紹的禮儀

　　在商場中與人會面時，如何將自己成功的介紹出去及有效率的與人認識？如何當一個稱職的介紹人？在國際社交場合中，常藉介紹使彼此認識，增加友誼，主人更有為眾賓客介紹之義務，故需瞭解介紹之道，始能盡介紹之功。

一、介紹前之認知

1. 介紹之前，主人應考慮兩者是否有意願認識彼此，必要時可詢問被介紹者之意見，並尊重當事者的想法。

2. 為不同國籍之人士作介紹前，宜先考慮兩國之邦交，不要讓彼此難堪。

3. 有些人的品行行為並不端正，宜考慮介紹兩者認識之後果，以免徒增被介紹者之麻煩。

二、介紹的方式

　　介紹禮節其實是相當生活化及合邏輯的，以下為介紹禮節的一些順序：

1. 先將位卑者介紹給位尊者。例如將低階主管介紹給高階主管。

2. 將男士介紹給女士，唯女士與年高或位高者相見時，如總統、主教、大使、參議員……等，則需將女士介紹給上述人物。

3. 將年少者介紹給年長者。

4. 將未婚者介紹給已婚者。

5. 將賓客介紹給主人。

6. 將個人介紹給團體。

7. 將公司同事介紹給客戶。

8. 將非官方人士介紹給官方人士。

9. 將本國同事介紹給外籍同事。

10. 新客入室時，主人應先介紹新客姓名，再循序介紹來賓給新客認識。

11. 大型宴會中，主人可僅就近身者為來賓介紹，小型宴會則主人應為來賓一一介紹。

12. 女主人與來賓不認識時，賓客可先作自我介紹。

13. 正式晚宴，男士必須知道鄰座女士姓名，若彼此不認識，男士應先作自我介紹。

三、介紹的原則

1. 將乙介紹給甲時，應先稱呼甲的姓名或頭銜，然後再報上乙的姓名，介紹時應說明被介紹的人是誰，並提供一些相關資料。例如，將王小明介紹給王院長應說：「王院長您好，請容我介紹我的朋友王小明給您認識；王小明，這一位是王大偉先生，是本院的院長。」

2. 介紹者之態度應和藹，聲音應清晰。以免對方不清楚您所介紹的人。為了避免不清楚對方名字如何寫，被介紹者或可交換名片，並行適當之敬禮。

3. 介紹時，介紹者或被介紹者均應起立，且相互頷首、握手為禮，並作適度之寒暄。但女性與長者可不必起立。

4. 介紹時可以加上被介紹者的頭銜，例如：博士、法官及國會議員等，這樣我們在言論之中更能記住對方的特徵。

記住別人的姓名是需要練習的，我們可以利用自己一些想像力，將被介紹的人的姓名及長相做適度的聯想，並將其背誦起來，如能擁有這項能力，亦是我們結交朋友的資產了。

萬一別人把我們介紹錯了，或者張冠李戴，可別馬上不高興，何不以幽默的語氣來化解這場誤會，這樣別人對你的印象可能會更深刻呢！

INTERNATIONAL ETIQUETTE

禮儀小錦囊

一般對人的尊稱有Mr.、Mrs.、Ms.、Miss，但對於跨性別人士來說，用哪個好像都不恰當。英國《牛津英語辭典》加入性別中立的「Mx」，表示對跨性別人士的尊重，這也是第一個納入現存性別識別詞類的新尊稱詞。

見面禮儀

一、握手禮

1. 握手禮之注意事項如下：

◆ 無論在室外或室內，晤見或離別時，均可行握手禮。握手時，應距離受禮者約一步的距離伸出右手，四指併攏，姆指張開與受禮者相握。握手與否及握手之輕重，均依彼此情感之親疏而定。

◆ 握手之時間不宜太久，亦不宜用力過猛，但為表示親切，握手時可上下微搖，但不可左右亂擺。

◆ 握手時，男士以脫去手套為原則，如手套不易脫去或不便脫去時，須聲明原因，請求原諒。女士雖可著手套與人握手，但遇較本人或本人丈夫地位崇高之人，仍應先脫去手套。

◆ 握手時應有力與親切之感，與男士握手不妨稍重，與女士握手則應稍輕，時間要短暫，握手時應目注對方，面露微笑。

◆ 有多數人在場握手時，切勿慌亂，如忙中有錯，可重行握之，亦禮多人不怪之意也。

◆ 凡小規模之應酬集會，客人雖在初見面時未曾握手，但在臨別時，無論男女賓客，均可握手道別。

2. 握手之次序——應由何人先行伸手相握

◆ 男士與初次介紹認識女士見面時，通常不可遽行握手，僅微笑點頭即可。

◆ 男士對女士不可先行伸手請握，須俟女士先伸手，再與之相握。唯男士年長或地位崇高者，不在此限。例如：兩人係極熟識者，亦可同時伸手，相握示禮。

◆ 女士彼此相見，應由年長者或已嫁者，先伸手相握。女士對於知交、至親及女主人所介紹之男士亦宜行握手禮。

◆ 對於長官或長者，不可先出手請握。例如：長官或長者先行伸手，應即與之相握，相握時，部下或幼者之手只能輕握，不可搖動。

◆ 主人對客人有先伸手相握之義務。

禮儀小錦囊

握手禮儀

商業禮儀中，握手是最頻繁及最省時的禮儀，而重要是如何在這一兩秒鐘好好表現。

1. 握手時機：初次見面、道賀、接受指導、道別及面試時，都是握手的機會。

2. 握手對象：商場中握手或朋友間握手應以輩分較高或職位較高者先伸手；如對象是女士，就應等對方先伸手。

3. 握手方式：應以右手與人握手；握手時四指併攏，虎口打開，手叉伸直，以誠懇自信的態度與對方握手，握手時間不宜過長，大約1秒即可；力量也不宜過大，最好讓對方感受到你的果決與自信。

二、擁抱

擁抱是歐美、中東及南美洲國家常見的熟人和朋友間的一種禮節，有時與接吻禮同時進行。擁抱的方法的是右手扶住對方左後肩，左手扶在對方右後腰，以「左－右－左」交替的方式進行。一般禮節性的擁抱多用於同性別之間，特別是阿拉伯人。

三、合十禮

合十禮又稱合掌禮，盛行於信奉佛教的南亞、東南亞國家。行禮時，兩手手掌在胸前合併微微上舉，同時頭微向前俯下。在對外交往中，當對方以這種禮節致禮，我們也應以合十還禮，但要注意合十的同時不要點頭。通常合掌禮的雙手舉得越高，表示對對方的尊敬度越高。

四、鞠躬禮

進行鞠躬禮時需脫帽，呈立正姿勢，兩眼注視對方，上身前傾15度，而後恢復原狀並致問候。

日本人見面常行30度或45度的鞠躬禮，鞠躬彎腰的角度不同，表示的含義也不同；彎腰越低，表示越尊重對方。男性鞠躬時，兩手自然下垂放在衣褲兩側；女性多將左手置於右手上，放在身前行鞠躬禮。現今的日本年輕人也開始有見面握手的習慣。

其他見面禮節在紛繁複雜的大千世界，形成了諸多具有濃厚地域及民族風格的見面禮俗：有西方國家通行的「脫帽禮」，有流行於波蘭和法國上流社會的「吻手禮」，還有非洲國家的「吻腳禮」，紐西蘭毛利人的碰鼻禮（又稱洪吉），「蛇環禮」等，對這些禮俗應有所瞭解，可減少一些場合中的誤會。

INTERNATIONAL ETIQUETTE

禮儀小錦囊

拱手不握手

拱手禮是中國傳統的見面禮儀，較少用於國際場合。但近年來由於SARS以及新流感肆虐，為了避免感染疾病，政府及民間均呼籲大家「拱手不握手」，也許中國傳統的拱手禮也將成為世界性的見面禮儀了。

碰鼻禮

紐西蘭毛利人認為人的靈氣在頭部，碰鼻禮又叫「洪吉」，這種儀式，在毛利人的各個部落有所不同，有的是碰兩下，有的是三下，也有只碰一下的。按毛利人的習慣，鼻子碰得次數越多，時間越長，表示來賓所受的禮遇越高。

互遞名片的禮儀

一、名片內容

名片的內容與樣式，可由持有者自行設計，常包括姓名、頭銜、公司行號、地址、電話、電子信箱等。

二、交換名片的場所

一般聚會、自我介紹、拜訪朋友、業務推銷及認識新朋友等場合，都是交換名片的場合。此外，公司行號常在贈送禮物，同時在禮物上放上自己的名片。

三、交換名片的禮節

1. 可用雙手的大拇指和食指握住名片遞交給對方，正面要朝接受名片的人。

2. 名片代表著本人，當我們收到對方名片時，不要急於收起，應在當下仔細看清楚對方的名字及頭銜。並最好記起來，免得下次遇見，不知如何稱呼對方就很失禮了。

3. 如與長者、女性或職位較高者打招呼後，可先將自己名片交給對方，請對方多多指教。

4. 直接向長者、女性或職位較高者要名片並不適當。

5. 如在多人面前發名片，應該注意到每一位在場者都應該收到，這樣對每一位客人才不失禮。

6. 名片如附於禮盒外，不要用釘書機釘起，只要附於禮盒外即可。

7. 不要在別人的名片上亂塗鴉，這樣是很不尊敬別人的行為。

8. 如果與外國人交換名片，應將英文（日文）面朝上遞上，以利對方閱讀。

9. 於中東和許多東南亞國家，遞名片不可用左手，因左手被認為是不潔的。

四、名片的收藏

宴會中是較常發名片的場合，最好能穿上兩邊都有口袋的衣服赴宴；此時，一邊可放自己的名片，另一邊可放對方的名片，這樣就不會將自己與別人的名片混在一起，以致在要發名片的時刻手忙腳亂了。

回家可將收到的名片依姓氏英文字母排列或分類歸檔，下次要用到時就容易找到了。

INTERNATIONAL ETIQUETTE

禮儀小錦囊

人在德國別亂用博士頭銜

　　至少有七名在德國從事研究工作的美國博士公民面臨犯罪調查，原因居然是他們在名片和網站上標上了「博士」的頭銜。

　　美國華盛頓郵報這指出，七人都是美國名牌大學正牌博士，但是按照德國法律，只有在歐盟成員國及德國教育資料庫承認的學校獲得博士學位的人，才有權利在德國使用「博士」頭銜。

　　這條法律源自納粹時代，當年可能是基於「日耳曼種族優越感」，當時的納粹政府規定只有在德國本土獲得博士學位的人才算是博士，才有資格使用博士頭銜。德國政府在2001年修訂這條法律，放寬為「凡是在歐盟成員國獲得博士學位，都可以在德國使用博士頭銜」，但在歐盟以外國家獲得博士學位的人，又不是畢業自德國教育資料庫承認的大學，如果在德國使用博士頭銜，就算犯法了。

　　被指控冒用博士頭銜的這幾位美國博士對此都感到難以置信。

（資料來源：中廣新聞網 2008/03/17）

商務拜訪與接待的禮儀

　　拜訪與接待已是商務人員在工作上的一項經常性工作。商務人員在接待和拜訪中的禮儀表現，不僅關係到他本人的形象，而且還涉及到他所代表的公司形象。因此，拜訪與待客的禮儀一直受業界所重視。以下是一些拜訪與待客時應注意的事項供讀者參考：

1. 公司接待人員對於來訪者，一般應起身握手相迎，並為訪客準備茶水；在公司內部，只要是公司員工，若遇到來訪者尚未有人為他服務，應有禮貌打招呼，並詢問是否有需要幫忙的地方，不要置之不理。而訪客也應於約定時間內拜訪，不要臨時到訪或一再更改拜訪時間，造成受訪者的困擾。

2. 在競爭激烈的時代中，拜訪者若未受邀參觀公司內部，千萬不要在他人公司內部到處走動或閒聊，以免讓人起防備之心。

3. 拜訪者如要使用受訪者的公司器材，例如：電話、投影機或傳真機等，須先徵求受訪公司的同意。

4. 拜訪時，如能帶些有公司商標的贈品當禮物不僅可令人印象深刻，也可宣傳自己公司。

5. 接待人員絕不能讓來訪者坐冷板凳。應在訪客來前就安排好接待時間並安排受訪的人員與拜訪者見面，而受訪者若自己有事暫不能接待來訪者，應安排祕書或其他人員接待客人，不要冷落了來訪者，這樣才能節省彼此的時間，也能盡到做主人的責任。

6. 公務往來或同業拜訪常是「無事不登三寶殿」，來訪者都是為了談某些事情而來，因此應盡量安排恰當的人選與拜訪者詳談，盡量讓來訪者把話說完，並認真傾聽。受訪者對來訪者的意見或交易，若一時無法決定，不要輕率表態，可思考後約定時間再作答覆。對能夠馬上答覆或立即可辦理的事，應當場答覆並迅速辦理，不要讓來訪者浪費時間地等待，或再次來訪。

7. 正在接待來訪者時，有電話打來或有新的來訪者，應盡量讓祕書或他人接待，以避免中斷正在進行的接待，讓原來訪客有被忽略的感覺；若受訪者需接一通重要的電話，來訪者應有禮貌的適時迴避，以免影響到受訪者的電話談話。

8. 有些來訪者的要求並不合理或意見無法溝通，應有禮貌地拒絕，不要刺激來訪者，使其尷尬或破壞彼此關係。

9. 不管是商務拜訪或朋友之間的拜訪，拜訪者應以受訪者的方便為考量，拜訪時間不宜太長，造成受訪者的不便；接待者如果要結束接待，可委婉提出一些藉口，如「對不起，我還有一個會議須準時參加，今天先談到這兒，有空我們再約時間，好嗎？」等，也可用起身等身體語言告訴對方談話就此結束。

Chapter 09

出國旅遊禮儀

Section 1　出國須知

Section 2　搭機禮儀

◆禮儀萬事通　各國免稅品入境限制

◆禮儀樣事通　航空公司簡稱

◆禮儀萬事通　旅行社的分類

Section 3　商務差旅之禮儀

◆禮儀萬事通　小費怎麼付？

Section 4　旅遊衛生與保健

◆禮儀萬事通　就醫時常用的英語

SECTION 01 出國須知

　　近年來，出國旅遊已成一般國民休閒活動，更因周休二日而帶動出國旅遊風氣；商務活動的頻繁亦是出國人數增加的一大因素；熟諳出國的流程是避免因無知而失禮的最基本條件。以下介紹出國時所應有的知識，提供一般旅客及商務旅客參考：

（一）護照

　　出國前需檢查護照是否過期，我國舊式的護照效期為六年，新式的護照效期為十年，要辦理出國前需先檢查出國日期距離護照效期要有半年以上，否則需辦新的護照。在美國，常有機會被要求出示身分證件，比如到酒吧或在餐廳點酒喝、到銀行開戶頭或者使用支票購物、到郵局領包裹等等。所以，一定要隨身攜帶附有照片的證件(Photo ID)，其他證件包括以下幾種：

◆ 駕照：是最常看到的ID。

◆ 非駕照身分證：不開車的同學，可以先申請一張非駕照身分證，供日常使用。非駕照身分證可向各州交通局申請。申請時只要出具護照、出生證明、居住地證明就可以了。

◆ 學生證：一般學校的學生證也會有出生年月日、照片等資料，但不會有地址、電話。所以，常被要求要提出有地址的其他證明。

◆ 信用卡：如果使用個人支票購物，一定要出示兩種身分證明，除了要有一張Photo ID外，信用卡也可用來當成ID。最近，有些銀行所發行的信用卡上還印有持卡人的相片。這樣一方面可使信用卡更具有個人證件的特徵，同時也可避免萬一遺失後被人盜用而遭受的損失。

（二）簽證

有些國家是需簽證才可前往，每一國家有其不同規定，在出國前應先瞭解前往國家是否需要簽證，並在所需辦簽證之日期內完成，以便順利出國。以下為以中華民國護照出國免簽證的國家：

◆ 國人可以免簽證方式前往之國家或地區：

1. 亞太地區

國家／地區	可停留天數
庫克群島 Cook Islands	31天
斐濟 Fiji	120天
關島 Guam	45/90天
日本 Japan	90天
吉里巴斯 Republic of Kiribati	30天
韓國 Republic of Korea	90天
澳門 Macao	30天
馬來西亞 Malaysia	30天

國家／地區	可停留天數
密克羅尼西亞聯邦Federated States of Micronesia	30天
諾魯 Nauru	30天
紐西蘭 New Zealand	90天
紐埃 Niue	30天
北馬里安納群島（塞班、天寧及羅塔等島）Northern Mariana Islands	45天
新喀裡多尼亞（法國海外特別行政區）Nouvelle Calédonie	90天
帛琉 Palau	90天
法屬玻里尼西亞（包含大溪地）（法國海外行政區）Polynésie française	90天
薩摩亞 Samoa	最多60天
新加坡 Singapore	30天
瓦利斯群島和富圖納群島（法國海外行政區）Wallis et Futuna	90天

2. 亞西地區

國家	可停留天數
以色列 Israel	90天
阿曼 Oman	14天

3. 美洲地區

國家／地區	可停留天數
安奎拉（英國海外領地）Anguilla	1 個月
安地卡及巴布達 Antigua and Barbuda	30 天
阿魯巴（荷蘭海外自治領地）Aruba	30 天
貝里斯 Belize	90 天
百慕達（英國海外領地）Bermuda	90 天
波奈（荷蘭海外行政區）Bonaire	90 天

國家／地區	可停留天數
維京群島（英國海外領地）British Virgin Islands	1 個月
加拿大 Canada	180 天（須事先上網申請電子旅行證eTA）
開曼群島（英國海外領地）Cayman Islands	30 天
智利 Chile	最多90 天
哥斯大黎加 Costa Rica	最多90 天
古巴 Cuba	30 天（須事先購買觀光卡）
古拉索（荷蘭海外自治領地）Curaçao	30 天
多米尼克 The Commonwealth of Dominica	最多3 個月
多明尼加 Dominican Republic	30 天
厄瓜多 Ecuador	90 天
福克蘭群島（英國海外領地）Falkland Islands	連續 24 個月期間內至多可獲核累計停留12個月
瓜地洛普（法國海外省區）Guadeloupe	90 天
瓜地馬拉 Guatemala	30～90 天
圭亞那（法國海外省區）la Guyane	90 天
海地 Haiti	90 天
宏都拉斯 Honduras	90 天
馬丁尼克（法國海外省區）Martinique	90 天
蒙哲臘（英國海外領地）Montserrat	6 個月
尼加拉瓜 Nicaragua	90 天
巴拿馬 Panama	180 天
秘魯 Peru	180 天
沙巴（荷蘭海外行政區）Saba	90 天
聖巴瑟米（法國海外行政區）Saint-Barthélemy	90 天

國家／地區	可停留天數
聖佑達修斯（荷蘭海外行政區）St. Eustatius	90 天
聖克里斯多福及尼維斯 St. Kitts and Nevis	最長期限90天
聖露西亞 St. Lucia	42 天
聖馬丁（荷蘭海外自治領地）St. Maarten	90 天
聖馬丁（法國海外行政區）Saint-Martin	90 天
聖皮埃與密克隆群島（法國海外行政區） Saint-Pierre et Miquelon	90 天
聖文森 St. Vincent and the Grenadines	30 天
土克凱可群島（英國海外領地） Turks & Caicos	30 天
美國 United States of America（包括美國本土、夏威夷、阿拉斯加、波多黎各、關島、美屬維京群島及美屬北馬裡亞納群島。不包括美屬薩摩亞）	90 天（須事先上網申請電子旅行證ESTA）

4. 歐洲地區

國家／地區	可停留天數
申根區	
安道爾 Andorra	左列國家／地區之停留日數合併計算，每 6 個月期間內總計可停留至多 90 天
奧地利 Austria	
比利時 Belgium	
捷克 Czech Republic	
丹麥 Denmark	
愛沙尼亞 Estonia	
丹麥法羅群島 Faroe Islands	

國家／地區	可停留天數
芬蘭 Finland	
法國 France	
德國 Germany	
希臘 Greece	
丹麥格陵蘭島 Greenland	
教廷 The Holy See	
匈牙利 Hungary	
冰島 Iceland	
義大利 Italy	
拉脫維亞 Latvia	
列支敦斯登 Liechtenstein	
立陶宛 Lithuania	左列國家／地區之停留日數合併計算，每 6 個月期間內總計可停留至多 90 天
盧森堡 Luxembourg	
馬爾他 Malta	
摩納哥 Monaco	
荷蘭 The Netherlands	
挪威 Norway	
波蘭 Poland	
葡萄牙 Portugal	
聖馬利諾 San Marino	
斯洛伐克 Slovakia	
斯洛維尼亞 Slovenia	
西班牙 Spain	
瑞典 Sweden	
瑞士 Switzerland	

國家／地區	可停留天數
以下國家／地區之停留日數獨立計算	
阿爾巴尼亞 Albania	每 6 個月期間內可停留至多 90 天
波士尼亞與赫塞哥維納 Bosnia andHerzegovina	
保加利亞 Bulgaria	
克羅埃西亞 Croatia	
賽浦勒斯 Cyprus	
直布羅陀（英國海外領地）Gibraltar	90 天
愛爾蘭 Ireland	90 天
科索沃 Kosovo	90 天 （須事先向其駐外使領館通報）
北馬其頓 North Macedonia	每 6 個月期間內可停留至多 90 天
蒙特內哥羅 Montenegro	
羅馬尼亞 Romania	
英國 U.K.	180 天

5. 非洲地區

國家／地區	可停留天數
甘比亞 Gambia	90 天
馬約特島（法國海外省區）Mayotte	90 天
留尼旺島（法國海外省區）La Réunion	90 天
史瓦帝尼（舊稱史瓦濟蘭）Eswatini	90 天

◆ 國人可以落地簽證方式前往之國家或地區：

1. 亞太地區

國家	可停留天數
孟加拉 Bangladesh	30 天
汶萊 Brunei	14 天
柬埔寨 Cambodia	30 天
印尼 Indonesia	30 天
寮國 Laos	14~30 天
馬爾地夫 Maldives	30 天
尼泊爾 Nepal	30 天
巴布亞紐幾內亞 Papua New Guinea	60 天
索羅門群島 Solomon Islands	90 天
泰國 Thailand	15 天
東帝汶 Timor Leste	30 天
萬那杜 Vanuatu	30 天

2. 亞西地區

國家	可停留天數
亞美尼亞 Armenia	最多120 天
伊朗 Iran	商務停留最多14天觀光停留15~30天
約旦 Jordan	30 天
哈薩克 Kazakhstan	最多30 天，需先辦理預審制落地簽
吉爾吉斯 Kyrgyzstan	最多30 天，需先辦理預審制落地簽
黎巴嫩 Lebanon	最多30 天，需先辦理預審制落地簽
塔吉克 Tajikistan	最多45 天
烏茲別克 Uzbekistan	需先辦理預審制落地簽

3. 非洲地區

國家／地區	可停留天數
布吉納法索 Burkina Faso	最多1個月
維德角 Cape Verde	30 天
葛摩聯盟 Union of the Comoros	最多45 天
吉布地 Djibouti	1 個月以上
埃及 Egypt	30 天
衣索比亞 Ethiopia	30 天
賴比瑞亞 Liberia	7~30 天
馬達加斯加 Madagascar	30 天
馬拉威 Malawi	最多30 天
茅利塔尼亞 Mauritania	最多30 天
模里西斯 Mauritius	60 天
莫三比克 Mozambique	30 天
喀麥隆 Republic of Cameroon	30 天，須先辦理落地簽證
盧安達 Rwanda	30 天
塞席爾 Seychelles	30 天
聖海蓮娜（英國海外領地） St. Helena	90 天
索馬利蘭 Somaliland	30 天
多哥 Togo	7 天

4. 美洲地區

國家	可停留天數
牙買加 Jamaica	最多30 天

◆ 國人可以電子簽證方式前往之國家或地區：

（一）亞太地區

國家	可停留天數
澳大利亞 Australia	我國護照（載有國民身分證統一編號）持有人，可透過指定旅行社代為申辦並當場取得一年多次電子簽證，每次可停留3個月。
柬埔寨Cambodia	30天。相關資訊請參閱「簽證及入境須知」。
印度India	自2015年8月15日起，國人持效期至少6個月以上之中華民國護照前往印度觀光、洽商等，均 可於預定啟程前至少4天上網申請電子簽證，費用為每人80美元（2018.6.19調整）。印度政府每年調漲簽證費用，簽證政策亦時有調整情形，相關最新資訊請上印度簽證官方網站(https://indianvisaonline.gov.in/visa/tvoa.html)或印度台北協會(https://www.india.org.tw/)連結路徑：簽證－電子簽證－常問問題網頁查詢。
寮國Lao	30天。相關資訊請參閱「簽證及入境須知」。
緬甸Myanmar	國人因觀光或商務前往緬甸，得憑效期6個月以上之普通護照上網(http://evisa.moip.gov.mm)付費申辦電子簽證。
菲律賓 Philippines	菲國對中華民國國民實施「電子旅遊憑證」(Electronic Travel Authorization, ETA)，國人可於線 上申獲該憑證並列印後持憑入境菲國，停留期限30天。ETA之申請網站可自馬尼拉經濟文化辦事處官網(http://www.meco.org.tw)連結進入。
斯里蘭卡Sri Lanka	國人前往斯里蘭卡觀光、商務或轉機可先行上網 (http://www.eta.gov.lk/slvisa/) 申辦電子簽證(Electronic Travel Authorization, ETA)。

（二）亞西地區

國家	可停留天數
亞美尼亞Armenia	21天。相關資訊請參閱「簽證及入境須知」。
巴林Bahrain	巴林政府自2016年11月20日起大幅放寬國人電子簽證待遇，國人在巴林境外，持憑效期6個月以上之普通護照，備妥護照照片資料頁及回（次）程機票影本，可登入巴林政府網站（網址：https://www.evisa.gov.bh/VISA/visaInput?nav=A0S &A0S=a)申辦： 1. 單次商務或觀光簽證【簽證效期為獲發許可文件1個月內、停留期限14天】，費用約24美元； 2. 多次觀光簽證【簽證效期3個月、停留期限30天（停留期滿，可洽移民局申請加簽1次，再停留14天），申請者請另備旅館訂房記錄影本及最近3個月內銀行存款證明（存款金額800美元以上）】，費用約80美元； 3. 多次商務或觀光簽證【簽證效期1年、停留期限90天】，費用約240美元； 4. 單次投資簽證【簽證效期為獲發許可文件1個月內、停留期限90天（停留期滿，可洽移民局申請 延長停留），申請者請另備巴林居住地址及商工部預發之公司登記證】，費用約80美元。 蒙古國Mongolia至多30天。相關資訊請參閱「簽證及入境須知」。
阿曼Oman	30天。相關資訊請參閱「簽證及入境須知」。
卡達Qatar	相關資訊請參閱「簽證及入境須知」。
俄羅斯Russia	電子簽證效期為簽發日起60天內，入境停留期限為自入境日起16天。相關資訊請參閱「簽證及入 境須知」。
沙烏地阿拉伯 Saudi Arabia	1. 沙國電子簽證僅限觀光及副朝之入境目的，非屬上述類別者仍須向沙國駐外使領館申辦簽 證。 2. 申請人需年滿18歲（未滿18歲者須由年滿18歲者陪同），護照效期須超過6個月。 3. 該簽證效期一年、得多次出入境、最多停留90天。 其他申請資訊詳情請參閱「入境及簽證須知」。
土耳其 Türkiye	凡我國人因觀光或商務目的欲前往土耳其，得持憑6個月以上效期之中華民國普通護照先行上網 (https://www.evisa.gov.tr/en/)申辦停留30天、多次入境的電子簽證。
烏克蘭Ukraine	至多30天，相關資訊請參閱「簽證及入境須知」。
阿拉伯聯合大公國 United Arab Emirates	凡我國人全程皆搭乘阿聯航空並經杜拜轉機超過4小時，可於該航空公司網站申辦96小時過境電子簽證。相關資訊請參閱「簽證及入境須知」。

（三）非洲地區

國家	可停留天數
吉布地Djibouti	最長90天。相關資訊請參閱「簽證及入境須知」。
埃及Egypt	30天。相關資訊請參閱「簽證及入境須知」。
加 Gabon	國人持憑6個月以上效期之中華民國護照，需檢附事先於該國移民署(DGDI)電子系統取得之入境許可、來回或前往第三國機票、旅館訂房紀錄（或邀請函），可於抵達加彭國境時申辦效期3個月之落地簽證，規費70歐元。
象牙海岸Cote d'Ivoire	國人申請象國電子簽證，需於行前上網(http://www.snedai.ci/e-visa)登記、上傳基本資料 及繳費（效期90天之停留簽證規費73歐元），收到象國國土管制局以電子郵件寄發之入境核可條碼後，持用該條碼及相關證明文件於象國阿必尚國際機場申辦電子簽證。
肯亞Kenya	肯亞自2015年9月1日起全面實施電子簽證，不再受理落地簽證。持中華民國普通護照之國人，請上肯亞ecitizen網站(https://www.ecitizen.go.ke)註冊個人帳號，並依所示填載資料及繳費。
賴索托Lesotho	相關資訊請參閱「簽證及入境須知」。
盧安達Rwanda	相關資訊請參閱盧國移民總署網頁https://irembo.gov.rw/rolportal/en/web/dgie/newhome
聖多美普林西比Sao Tome and Principe	相關資訊請參閱聖多美普林西比政府官網(http://www.smf.st/)
坦尚尼亞Tanzania	相關資訊請參閱「簽證及入境須知」。
烏干達Uganda	相關資訊請參閱「簽證及入境須知」。
尚比亞Zambia	相關資訊請參閱「簽證及入境須知」。

（四）美洲地區

國家	可停留天數
安地卡及巴布達Antigua and Barbuda	相關資訊請參閱「簽證及入境須知」。
阿根廷Argentine	相關資訊請參閱「簽證及入境須知」。

　　美國國土安全部(U.S. Department of Homeland Security)部長
Janet Napolitano於美國時間2012年10月2日正式公布，將臺灣納入
美國免簽計畫。並於2012年11月1日生效。臺灣享有赴美免簽後，
成為第37個免簽待遇國家、亞太第7個免簽國家（日本、南韓、澳
洲、紐西蘭、新加坡、汶萊）。此外，臺灣外交部表示根據聯合國
國際民航組織規定，需持有「晶片護照(ePassport)」才適用免簽。

●晶片護照樣式

（三）訂位

　　在出國計畫確認後，可先打電話至航空公司之訂位組訂位，
一般而言飛機艙等可分為：經濟艙(Economic Class)、商務艙
(Business Class)、頭等艙(First Class)，商務及頭等在訂位時，常可
先指定座位號。訂位後航空公司即會給你日期、人數、地點、艙等
（頭等艙-F、商務艙-C、經濟艙-Y）……等資料，最後給你一
份PNR (Passenger Number Record)，內有旅客姓名、出發日期、班
機號碼、班機起飛、到達時間及一個再確認時可用的電腦代號。一
般來說，航空公司會要求旅客於72小時內進行再確認的工作。若
需要特別餐或其他服務，應在訂位時向訂位組事先預訂。

（四）機票與登機證

一般旅客透過旅行社購買機票，有時可買到較便宜的機票；在購買機票之前，應先向訂位組訂位。若是跟團旅遊時，旅行社的領隊會幫你處理這些事情，你只要拿到登機證就可以了。

登機證上會標示你的姓名、座位、登機門、登機時間等資料，如果你要在機場逛一下免稅店，千萬要注意登機門及登機時間，並準時到達登機門候機。

（五）特別餐

旅客可依個人情況，在訂位時向航空公司訂位組訂特別餐，如兒童餐(Child Meal)、嬰兒餐(Baby Food)、低熱量餐(Diabetic Meal)、素食餐(Vegetable Meal, VG)等等。

特別餐點預定只要在航機出發前24小時，向航空公司訂位組預訂，並說明自己的餐點需求，航空公司都將盡力來滿足不同乘客的餐飲要求。而航空公司收到乘客的餐點需求後再轉通知給空廚，空廚就會依據需求製作餐點且準確地送上飛機。以下為特別餐類別及說明：

貼心叮嚀

機票常見的限制有下列幾種：
禁止背書轉讓
(NONENDORSABLE-NONENDO)
禁止退票
(NONREFUNDABLE-NONRFND)
禁止搭乘的期間
(EMBARGO PERIOD…)
禁止更改行程
(NONREROUTABLE-NOREE)
禁止更改訂位(RES.MAY NOT BE CHANGED)

電子機票

electronic ticket 又簡稱e-ticket。有很多的航空公司開始提供電子機票而不再使用實體機票，不僅環保更可節省許多費用及成本。此外，有些航空公司規定，如果旅客要求必須要有實體機票還需另外付費。另外如果買的是e-ticket，只要在check-in的時候提供護照及訂票號碼即可完成劃位了。

類別	中文名稱	英文名稱	代碼	餐點內容說明
素食餐點	印度素	Vegetarian Hindu Meal	AVML	一種印度式的素食餐，不含肉類、魚類、豬油及動物膠或蛋類，但可含少數乳製品。
	印度純素	Vegetarian Jain Meal	VJML	不含肉類、魚類、海鮮、蛋與根莖類蔬菜，例如：薑、蒜、洋蔥、馬鈴薯。
	西方純素（無奶蛋）	Vegetarian Vegan Meal	VGML	嚴格西式素食，不含肉類、魚類、蛋或乳製品、蜂蜜、豬油、動物膠及其製品。
	西方素（含奶蛋）	Vegetarian Lacto-ovo Meal	VLML	乳蛋類素食，不含肉類、魚類、豬油及動物膠，但可含乳製品，例如：乾酪、牛奶及雞蛋。
	東方素	Vegetarian Oriental Meal	VOML	中式素食，以中式製備及烹調的素食餐，主食換成典型的東方蔬菜。不含肉類、魚類、海鮮、乳製品、蛋、大蒜、洋蔥、青蔥、韭菜及其他香辛類蔬菜。
	生菜餐	Vegetarian Raw Meal	RVML	提供新鮮水果和生吃的蔬菜。
宗教餐點	印度餐	Hindu Meal	HNML	不含任何形式的牛肉、豬肉或未煮過的魚及燻製的魚，但可含羊肉、家禽、其他魚類及奶類製品。
	猶太餐	Kosher Meal	KSML	根據猶太人律法製備的餐點。
	回教餐	Moslem Meal	MOML	回教餐點嚴格禁止豬肉及其製品或任何形式的酒精，所有的肉品都必須由回教信仰者——穆斯林伊斯蘭教規定下刀屠宰之牲口，或有回教組織所核發之清真Halal標記，方得食用，其餐點內容可以是海鮮類、蔬菜類及水果。
病理餐點	溫和餐	Bland Meal	BLML	為腸胃不適患者所設計，避免刺激性食物，烹調方式以蒸、烤及煮為主。禁用油炸食物、全麥食品、種子類、高纖維蔬菜水果、核果類，不用刺激性調味品（黑胡椒粉、辣椒粉）、酒類及咖啡因。
	糖尿病餐	Diabetic Meal	DBML	為糖尿病患者設計的飲食，以無糖、低脂肪、高纖維食物為主。可使用瘦肉或去皮家禽肉、魚肉（鱸魚及鮪魚）、海鮮、高纖食物（例如：新鮮水果），禁用油炸食物。

類別	中文名稱	英文名稱	代碼	餐點內容說明
病理餐點	無麩質餐	Gluten Intolerant Meal	GFML	專對麩質過敏者所準備的特別餐。可使用水果、蔬菜、肉類及魚類，澱粉類食材可使用西穀米、沒有小麥的玉米粉、樹薯粉、馬鈴薯粉、大豆粉。禁用小麥、麵粉、麵包、燕麥、裸麥、蛋糕、香腸、核果類及其製品、湯塊。
	低脂肪餐	Low Fat Meal	LFML	為飲食需要限制脂肪攝取的客人所準備的食物，以水煮、蒸、烤方式烹調高纖食物，例如：新鮮蔬果、全麥麵包、穀類。避免在製備時加脂質及油脂，不用湯汁、醬汁、蛋黃、內臟、蝦、烏賊、龍蝦、魚子醬、魚卵、螃蟹等食物，禁用油炸食物、加工肉及起士。
	低鹽餐	Low Salt Meal	LSML	為飲食需要限制鈉攝取的客人所準備的食物，禁用鹽、味精、鹽醃漬物、菸燻、沙拉醬、起士、肉腸、罐頭食品、一般麵包、蘇打粉、香腸、罐裝肉、醃製品、橄欖、鯷魚、肉汁、醬汁、醬料、醬油、烤肉醬、番茄醬芥末醬、肉汁、調味料及大蒜、洋蔥。
	低乳糖餐	Low Lactose Meal	NLML	為乳糖不耐易腹瀉或先天對乳製品過敏者所設計，最好使用新鮮蔬菜水果，如要使用冷凍蔬菜水果需確認外包裝成分。咖啡用的鮮奶油要確認非牛奶成分，避免焗烤之烹調方式，禁食乳製品、優格、餅乾、牛油、布丁、奶油濃湯、巧克力、太妃糖、牛奶糖。
兒童餐點	嬰兒餐	Baby Meal	BBML	2歲以下嬰幼兒餐點，嬰兒因未能進食固體食物，所以多為奶粉、水果泥、蔬菜泥等嬰兒食品，其中奶粉又區分不同嬰兒階段。
	兒童餐	Child Meal	CHML	專為2~12歲兒童而設計的餐點。
其他	水果餐	Fruit Platter Meal	FPML	提供水果餐點。
	海鮮餐	Seafood Meal	SFML	提供海鮮產品。
	特別餐	Special Meal	SPML	依照航空公司的要求，提供旅客不同需要的餐點。

● 資料來源：華膳空廚股份有限公司

1. 素食餐點(Vegetarian Meal)

西方人與東方人對素食的定義是有所不同的，前者是多以追求健康為訴求，強調自然有機的烹調，除了地上的動物不吃，其他像海鮮、雞蛋、牛奶、起司都可以吃的。東方人因宗教限制完全不吃任何肉類，對於奶蛋與香辛料的限制也不一樣。一整套的素食飛機餐不僅主菜為素食，開胃菜和甜點也都是使用素的食材製備，甚至麵包裡的牛油成分，都用植物性的瑪琪琳取代，所以空廚對餐點是非常嚴謹與用心的。

2. 宗教餐點(Religious Meal)

各宗教教義上對飲食之限制多有不同，空廚因此設計不同的宗教餐點，以因應不同宗教乘客的飲食需要。此外，由於各宗教對食材的來源或製備過程有不同的嚴格要求，空廚多設置特別廚房，以製備此類之餐點。

◆ 印度餐(Hindu Meal, HNML)：印度餐的精華所在就是香辣的獨特香料，其中咖哩更是遠近馳名。許多印度料理都是用咖哩煮燴，咖哩這兩字的語源來自南印度，以印度話來說咖哩是「醬」的意思，這是綜合各種辛辣香料所製作的料理品。基本做法是將咖哩葉磨成粉，加入黃薑、肉桂粉、辣椒、茴香、八角、豆蔻、蕃紅花等十幾種香料，並酌量添加藥材調製而成，隨著印度文明的影響，咖哩自印度傳播到世界各地，深受世人的歡迎。印度抓餅、咖哩雞等風味濃郁的印度餐點，總是能散發融合香草與藥材的氣味，陣陣的芳香會先侵占你的嗅覺，再加上熱帶地區嗜辣的特性，所以印度餐總是讓人胃口大開，一口接著一口，吃了還想在吃。

◆ 猶太餐(Kosher Meal, KSML)：嚴格純淨的猶太餐對所使用食材要求極為嚴格，甚至連餵食牲畜的飼料、屠宰的儀式至餐點製備完成，皆有固定程序且須經祭祀，這一套完整的規範都是為了確保

猶太餐的純淨。猶太教有一套嚴格的飲食戒律，規定只吃分蹄和反芻的動物（例如：牛、羊），例如：無甲殼覆蓋的海鮮（蝦、蟹與貝類）是被禁止食用的。在非宗教聚集地區的空廚，要做出嚴格純淨的猶太餐的確很難，所以航空公司一般購買成品，直接供餐給信奉猶太教的旅客。空服員在餐飲服務時，不能拆封密封包裝的猶太餐餐盒，以免其他飛機餐的味道混入餐盒，影響到猶太餐的純淨；另若是未經其旅客應允，亦不可擅自將餐點開封。

◆ 回教餐(Moslem Meal, MOML)：回教餐為不含豬肉的餐點外，其他的肉類及家禽類，都依據伊斯蘭教律屠宰及烹煮程序等嚴格的規範。

3. 病理餐點(Special Meal)

因健康因素或疾病上的飲食限制，部分旅客會有不同的餐點需求，只要於訂位時說明清楚餐點需求，航空公司多會盡其所能地滿足乘客。所以即使在飛機上，也可以享用到兼顧健康要求的餐點。

4. 兒童餐點

特別為嬰兒或兒童設計的餐點。小嬰兒因為不能進食固體食物，而不同階段的小嬰兒有不同的飲食，有供應奶粉給乘客沖泡餵食嬰兒，或提供水果泥、蔬菜泥等嬰兒食品。另外對2歲至12歲的兒童，空廚多會設計可愛有趣又吸引小朋友的餐點，如熱狗、雞塊、糖果及果汁等小朋友較喜好的餐點；有些航空公司更以特別設計的餐盒盛裝餐點，有小朋友喜愛的卡通或玩偶等圖案，好吃又好玩，有的餐盒用餐完畢後也可帶走收藏。

貼心叮嚀

英文醫師證明書

旅客帶藥出國，可請醫師開英文之醫師證明，內附英文處方箋。

（六）其他服務項目

越洋航線，機內常提供有襪套（拖鞋）、報章雜誌、牙刷、眼罩、雜誌、耳機、電影放映、免稅商品(Duty Free Sale)、撲克牌(Play Cards)、入境表格、藥物等，也會提供咖啡、茶、酒等飲料，這些在需要時可按服務鈴請空服員提供上述物品。長途飛行是一項

辛苦的旅程，如有個人因素或特殊需求，例如：嬰兒床、輪椅等，須在訂位時先向航空公司預訂。

（七）行李託運

◆ 若有行李欲託運，須在行李上面綁上行李條，並寫明中英文姓名、住址與聯絡電話。

◆ 確定行李已通過X光機之檢查無誤後，方可離開櫃檯。

◆ 行李的收據要保存好，如果遺失了，可以此收據向航空公司索賠。

◆ 旅客攜帶動植物及其產品出境，請先至出境動植物防疫檢疫局辦公室辦理輸出檢疫。

（八）出境流程

國人只要完成下列手續，就可安心出國。

◆ 攜帶機票及護照，在飛機起飛前兩小時到機場航空公司報到。

◆ 一般國際航線規定可攜帶一件手提行李登機，其餘要在航空公司櫃檯辦理託運。

◆ 行李託運後，就可進入出境窗口進行證照查驗及安全檢查。

◆ 通過安全檢查之後即可安心到候機室等待登機，此時會經過免稅店，如果你要購買免稅品，請注意登機門及登機時間。

（九）入境流程

◆ 下機後，需經過證照查驗，有些官員會問一些問題，例如來訪此地的目的、預定停留時間、攜帶現金總額等。語言上無法溝通時，將有翻譯人員會幫忙。

◆ 通過證照檢查之後,可帶行李條,提領自己的行李。如果行李有遺失或損壞等情形,可以要求航空公司賠償。

◆ 如有攜帶動植物者,須至動植物檢驗局檢查。

◆ 在很多國家入境有分綠線及紅線,如沒有東西要申報即可走綠線,快速通關。

(十)攜帶貨幣入、出境之通關規定

旅客攜帶新臺幣、外幣及人民幣入、出境之通關規定如下:

1. 入境

◆ 新臺幣:旅客攜帶新臺幣入境以6萬元為限,如逾該項限額時,應在入境前先向中央銀行申請核准,持憑查驗放行;超額部分未經核准,不准攜入。

◆ 外　幣:旅客攜帶外幣入境不予限制,但超過等值美幣1萬元者,應於入境時向海關申報;入境時如未申報,其超過部分應予沒入。

◆ 人民幣:入境旅客攜帶人民幣逾2萬元者,應主動向海關申報;超過部分,自行封存於海關,出境時准予攜出。

2. 出境

◆ 新臺幣:以6萬元為限;如所帶之新臺幣超過限額時,應在出境前事先向中央銀行申請核准,持憑證查驗放行;超額部分未經核准,不准攜出。

◆ 外　幣:超過等值美幣1萬元現金者,應向海關辦理登記;未經申報,依法沒入。

◆ 人民幣:以2萬元為限;如所帶之人民幣超過限額時,雖向海關登記,仍僅能於限額內攜出;如登記不實者,其超過部分,依法沒入。

臺北關稅局表示，為保障旅客自身權益，特籲請出入境旅客，應遵守上開登記申報規定，以免因疏漏忘記申報，導致違規遭受損失。

INTERNATIONAL ETIQUETTE

禮儀小錦囊

大部分的人還是以跟著旅行社出國旅遊為主，因此選擇旅行社是很重要的，與旅行社接洽時，可要求看他們的執照，不同種類的旅行社所經營的項目各有不同的限制，可以根據本節〈禮儀萬事通〉來判斷所委託的旅行社是否能為你提供適切的服務。

（十一）入關英文

◆ 入關(Immigration)

貼心叮嚀

有些大都市會以圖示告訴旅客小心扒手。

海關：我可以看看您的護照嗎？

May I see your passport, please?

旅客：這是我的護照。

Here is my passport.

海關：請問旅行的目的為何？

What's the purpose for your visit?

旅客：移民／觀光／公務。

Immigrant／Sightseeing／Business

海關：隨身攜帶多少現金？

How much money do you have with you?

旅客：大約10,000元。

I have 10,000 dollars.

海關：祝你玩得愉快。

Good. Have a nice day.

旅客：謝謝。

Thank you.

02 搭機禮儀

不同的航空公司與機型有不同的艙等安排；頭等艙(First Class)的位置大多安排於最前方，接著是商務艙(Business Class)，最後是經濟艙(Economic Class)。頭等艙與商務艙票價較高，但座位較為寬敞舒適，且受到較多禮遇，例如優先登機、可接受客人指定位置等。出國旅遊時，飛機上通常有來自各國的乘客，因此我們一舉一動都會影響外國友人對我國的印象。本節簡要列出搭乘飛機時必須遵守的規定以及應該避免的行為。

（一）應遵守的規定

◆ 訂位後，於登機前兩天必須打電話至訂位組(Reservation Department)再確認(Reconfirm)一次。

◆ 行李之重量與特定物品的數量是有限制的，最好於登機前先向航空公司詢問清楚，若超重或超量不僅會被罰款，也耽誤同行旅客的時間，是很失禮的行為。

◆ 行李中若有利器，例如：刀、玩具槍及武器等是不可帶上機的，這些危險物品於登機前應交給空服員，下機後，航空公司將歸還給旅客。

◆ 隨身攜帶之手提行李過大，將被航空公司要求至寄物處寄物。

◆ 團體旅遊時，機票的劃位是根據姓名的英文字母順序排列的，所以座位跟自己熟悉的親友可能會分開。請先坐在自己登機證所列的座位，等全部人都就座再行換位，以免妨礙其他旅客就座。

◆ 機上是禁止吸菸的。

◆ 走道及逃生門不可放置物品。

（二）應避免的行為

◆ 不要攜帶太多或太大的行李登機。雖然有時某些航空公司並沒有嚴格執行大型行李託運，但帶著巨大的行李上飛機不僅自己不方便，也容易於登機時碰撞別的乘客。此外，帶太多行李登機，占用座位上端有限的行李箱，使別的旅客沒有位置可放，是一種自私的行為。

◆ 將自己的東西任意占滿別的空位。

◆ 機上位置空間狹小，應盡量保持乾淨。

- 不停地想與鄰座旅客交談。如果你的鄰座是一位多話的人，可婉轉告訴他一些藉口如「手邊的工作必須快完成」或「手中的書需還別人」，或「想藉飛行時好好休息一下」。當然，若是心情跟精神還不錯，不妨與這位友人聊一聊，表現一下我們的友善。

- 如果將鞋子脫下，須穿上機上拖鞋（襪套）或自備拖鞋。

- 大聲喊叫空服人員。空服人員是協助旅客愉快順利到達目的地以及在急難時協助旅客逃生的人，我們對他的工作應給予尊重，如果需要空服人員服務時，應按座位扶手上的「服務鈴(Call Button)」，空服人員會立即提供服務。

貼心叮嚀

有些旅行社的領隊會事先在登機證上重新調配座位，這是比較體貼旅客的做法，如果碰到這樣的領隊，別忘了向他道謝。

- 拿取所有雜誌、書報或期刊而不歸還。長途飛行對有些人而言是很無聊的，歸還的書籍或許可以讓這些人旅途愉快一些。

- 久占洗手間。機上的洗手間非常有限，而一般客機都會有數百位旅客需要使用，所以上洗手間時動作最好快一點。但也別忘了，出洗手間時，將洗手臺擦拭乾淨以便下一位旅客的使用。

- 打扮不合宜。搭乘飛機時，機上可能有各國的旅客，個人的形象也代表著國家的形象。所以，雖然搭乘飛機很辛苦，服裝上不必太拘謹，但還是要乾淨整齊為宜。

- 兒童嬉鬧或啼哭。小孩在座位上大聲嬉鬧或者啼哭是很擾人的，應該予以制止、安撫。另外讓小孩在走道上跑來跑去也是危險的事，同時可能干擾其他乘客休息並妨礙空服員工作，家長應加以約束。其實長途飛行對小孩而言也是一項苦差事，家長可先幫小孩準備一些玩具和零食點心等。

- 喝酒過量。機上供應的酒類飲料應酌量取用，不停的按鈴向空服員要酒是很無禮的，若因喝醉而做出失態的行為更是不妥。在機上，基於空安考量，若有旅客飲酒過量，空服人員可拒絕繼續供應含酒精飲料給這些旅客。

◆ 購買超量免稅品。各國入境時對免稅品有不同的限制，若是購買了超量的免稅品，在入境時需要另行報稅，不但得不償失，也耽誤出關時間。

INTERNATIONAL ETIQUETTE

禮儀小錦囊

有些人購買了超量的菸酒，臨時央求人代為攜帶入境。除非對方是你熟識的親友，否則這是頗失禮的行為，也給人貪小便宜的印象。同時，由於怕被利用進行毒品走私等不法交易，大多數人是不願意幫別人帶東西的。

貼心叮嚀

於流行傳染病盛行時，飛機上或大眾運輸上的空氣流通較差；為了自己也為了尊重別人，應戴上口罩。

如果我們能注意機上的禮儀，在適當的時候說出適當的言語及表現適當的舉止，不僅可在途中增廣自己的見聞，亦能結交一些朋友；有些人對搭機充滿了恐懼，如果你是有經驗人士不妨給予這些人一些安慰及鼓勵。最後，於下機時不妨對辛苦的空服人員說聲「謝謝」。

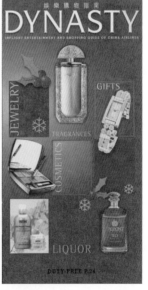

●飛機上的旅客安全指南和購物指南都提供許多有用資訊。

各國免稅品入境限制

出國前，需要查清楚將前往國家的入境規定，每一個國家對於旅客攜帶物件都有嚴格的檢查及規定，不要誤帶違禁品，可能會被罰款或吃上官司，千萬要小心。每一個國家的規定有所不同，如果物品數量超出規定，記得要事先申報。

一般禁止攜帶或須申報物品：

◆ 禁止攜帶

1. 藥品、毒品

禁止攜帶管制藥品或毒品及其吸食道具。

2. 武器類

槍、砲武器是絕對禁止，還有像是水槍、玩具槍，這些敏感物品也都不要帶，很容易引起誤會。

3. 盜版、仿冒品

不要攜帶盜版品、或是仿冒的名牌包包。近年歐美及日本等國家對於盜版的商品規範相當嚴格，這些會侵犯商標、著作權的物品被抓到，將當場沒收，還有可能被罰款或吃上官司。

4. 瀕臨絕種動植物所製成的物品

大部分國家出於對野生動物的保護，又根據瀕臨絕種野生動植物國際貿易公約(CITES)，相關動植物所製成之物品，像是象牙、毛皮製品等都在禁帶物品之列。

◆ 須申報物件

1. 菸、酒

一般國家都有管制數量，超過規定皆須申報。

2. 貴重物品

　　超額貨幣現鈔、有價證券及黃金者，為了避免海外洗錢，通常需要申報。

3. 水產品或動植物及其產品

一、臺灣入境規定

◆ 藥品類

　　民眾入境時攜帶自用藥物之相關規定，可參閱下列表格

項目	限額	超額申報規定
錠狀、膠囊狀食品	每種最多12瓶（盒、罐、包、袋），合計不超過36瓶（盒、罐、包、袋）。	須向衛福部食品藥物管理署申請「個人自用藥品專案進口許可證」，並於入境時向海關申報後可攜入。
非處方西藥	每種最多12瓶（盒、罐、條、支），合計不超過36瓶（盒、罐、條、支）。	
一般處方西藥	依據是否攜帶醫師處方箋或證明文件限量（針劑產品須攜有處方箋或證明文件）： 1. 未攜帶：以2個月用量為限。 2. 有攜帶：不超過所開立之合理用量，且最多為6個月用量。	
管制處方西藥	須攜帶醫師處方箋或證明文件，並以治療本人疾病者為限，不得超過所開立之用量，且以6個月用量為限。	須向衛福部食品藥物管理署申請「病人隨身攜帶管制藥品入境出境中華民國聲明書」，並於出入境時向海關申報。
中藥	1. 中藥材：每種最多1公斤，合計不超過12種。 2. 中藥製劑（藥品）：每種最多12瓶（盒），合計不超過36瓶（盒）。 ※ 超量部分：須檢附醫療證明文件，且用量不超過3個月。	填具「貨品輸入同意書申請書」，向衛生福利部中醫藥司申請輸入許可證，並於入境時向海關申報後可攜入。

◆ 菸酒類

　　每位年滿20歲（自民國112年1月1日起，入境旅客攜帶酒之年齡限制調整為18歲，惟攜帶菸的年齡仍維持20歲）之成年旅客，可攜帶菸酒產品數量規定如下。以下數量包含旅客隨身及不隨身行李內之所有菸酒產品（包含免稅商店購得、機上購得、國外購得、自國內攜出再攜回之菸酒產品等），更多詳情請參閱財政部關務署臺北關<菸酒>。

項目	酒類	菸類	說明
免稅數量規定（免申報）	總量1公升	1. 捲菸200支，或 2. 雪茄25支，或 3. 菸絲1磅。	1. 未超過免稅數量：不須向海關申報。 2. 超過免稅數量：須經紅線檯向海關申報後通關，限量規定內之菸酒產品，經查驗後可繳稅放行。
限量規定（有申報）	總量5公升（但未開放進口之大陸地區酒類限量1公升）	1. 捲菸5條（1,000支），或 2. 雪茄125支，或 3. 菸絲5磅。	1. 未超過限量規定：扣除免稅數量後，徵稅放行。 2. 超過限量規定：應檢附菸酒進口業許可執照，依《關稅法》第17條規定填具進口報單，以廠商名義辦理報關進口，或就超額部分辦理退運。

◆ 食品類

項目	可否入境海關	說明
生乳、鮮奶	否	（生乳捲蛋糕也不行）
新鮮、冷藏、冷凍、熟食真空肉類	否	
新鮮松露	否	
肉乾、肉鬆	否	無論什麼包裝都禁止（真空包裝也不行）
鵝肝	可／否	玻璃罐不可／金屬包裝可
罐頭、泡麵	可	
明太子、鮭魚卵	可	
魚鬆	可	
保久乳、奶粉、乳酪、優酪乳	可	

項目	可否入境海關	說明
軟式罐頭	可	有寫高溫殺菌
米	可	1kg以內
茶葉	可	1kg以內
乾香菇	可	1kg以內
乾辣椒	可	6kg以內
熟花生、蒜頭	可	1kg以內
燕窩	可	市值不能超過新臺幣2萬元，超過須申報

◆ 化妝、保養品類

面膜、眼霜、唇膜、化妝水、精華液等之類「未含藥用」成份的美妝品（包含染、燙髮劑、防曬、美白產品），每種最多12瓶，合計不超過36瓶，單樣攜帶總價值2萬以上，要報稅。

◆ 隱形眼鏡類

攜帶超過以下自用限量，須向衛福部食品藥物管理署申請「醫療器材專供個人自用」，並向海關申報。1.日拋隱形眼鏡：單一度數60片，限1種品牌、2種度數。2.矯正鏡片：不超過1副。

◆ 現金

旅客攜帶外幣、人民幣、新臺幣、有價證券、黃金及有洗錢之虞之物品入境限量規定如下：

下表所列「各項」物品限量係「每位」旅客「各別計算」且「無年齡限制」，向海關辦理申報無須繳交稅費（黃金及其他有洗錢之虞物品除外）或手續費；惟請一併通關，避免個人超帶困擾。

項目	幣別／物品	規定
1	新臺幣現鈔	入境旅客攜帶新臺幣以10萬元為限，旅客攜帶新臺幣超逾前開限額者，應主動向海關申報，惟超額部分，雖經申報仍應予退運（即由旅客自行封存於海關，出境時准予攜出）。未申報者，其超過新臺幣10萬元部分沒入之；申報不實者，其超過申報部分沒入之。
2	人民幣現鈔	旅客攜帶人民幣入境以2萬元為限，超過限額者，應主動向海關申報；超過部分，由旅客自行封存於海關，出境時准予攜出。未申報者，其超過人民幣2萬元部分沒入之；申報不實者，其超過申報部分沒入之。
3	外幣（含港幣、澳門幣）現鈔	旅客攜帶外幣進入國境超過等值美幣 1萬元者，應向海關申報；經申報之外幣可全數攜入。未申報者，其超過等值美幣1萬元部分沒入之；申報不實者，其超過申報部分沒入之。
4	有價證券	指無記名之旅行支票、其他支票、本票、匯票或得由持有人在本國或外國行使權利之其他有價證券，旅客攜帶有價證券入境總面額逾等值美幣1萬元者，應向海關申報；經申報者可全數攜入。 未依規定申報或申報不實者，科以相當於未申報或申報不實之有價證券價額之罰鍰。
5	黃金	所攜黃金總值逾美幣 2萬元以上者，應向經濟部國際貿易局（下稱貿易局，電話：(02)2351-0271）申請輸入許可證，並向海關辦理報關驗放手續。未申報或申報不實者，處以相當於未申報或申報不實之黃金價額之罰鍰。
6	其他有洗錢之虞之物品	攜帶總價值逾等值新臺幣50萬元，且超越自用目的之鑽石、寶石及白金者，應向海關申報。未申報或申報不實者，處以相當於未申報或申報不實之物品價額之罰鍰。若總價值逾美幣2萬元者，另應向貿易局（電話：(02)2351-0271）申請輸入許可證，並向海關辦理

　　攜帶超過限額，請填具「中華民國海關申報單」及「旅客或隨交通工具服務之人員攜帶現鈔、有價證券、黃金、物品等入出境登記表」或至關港貿單一窗口進行<線上預先申報登記>→經紅線檯向海關申報後通關。

二、裁罰規定（未申報）

超過免稅數量未依規定向海關申報者，超過免稅數量之菸酒由海關沒入，並由海關分別按每條捲菸、每磅菸絲、每25支雪茄或每公升酒處新臺幣500~5,000元罰鍰，其裁罰基準如下表：

品項		新臺幣／每單位	單位
捲菸		1,000元	條（200支）
菸絲		3,000元	磅
雪茄	非葉捲	500元	25支
	葉捲	4,000元	
酒	酒精成分≦10%	500元	公升
	酒精成分>10%	2,000元	

三、入境報關須知

入境檢查分設有 紅線（應申報）檯與 綠線（免申報）檯通關檢查通道，以便迅速辦理入境旅客的通關手續。

◆ 紅線通關（應申報檯）

入境旅客攜帶管制或限制輸入之行李物品，或有下列應申報事項者，應填寫「中華民國海關申報單」向海關申報，並經 紅線檯通關：

1. 攜帶之菸、酒超逾免稅限量（菸一條、酒一公升）者。（未成年人不准攜帶）

2. 攜帶物品之總值逾越免稅限額新臺幣2萬元者。（未成年人減半）

3. 攜帶超逾美金5千元或等值之其他外幣現鈔者。

4. 攜帶新臺幣超逾4萬元者。

5. 攜帶黃金價值逾美金一萬元者。

6. 攜帶水產品及動植物類產品者。

7. 有後送行李（不隨身行李）者。

8. 有其他不符合免稅規定或須申報事項或依規定不得經由綠線檯
   通關者。

◆ 綠線通關（免申報檯）

　　未有上述情形之旅客，可免填寫申報單，持憑護照選擇「免
申報檯」（即綠線檯）通關。次依據《海關緝私條例》第9條及入
境旅客攜帶行李物品報驗稅放辦法第7條規定，海關因緝私必要，
得對經由綠線檯通關之旅客，進行行李檢查。若有任何疑問，請走
紅線檯向海關詢問 。

1. 直航航空公司(ON-LINE AIRLINES)

簡稱	航空公司	英文名稱
AA	美國航空	AMERICAN AIRLINES
AC	楓葉航空	AIR CANADA
AE	華信航空	MANDARIN AIRLINES
AN	澳洲安捷航空	ANSETT AUSTRALIA
AY	芬蘭航空	FINNAIR
BA	英國亞洲航空	BRITISH ASIA AIRWAYS
BI	汶萊航空	ROYAL BRUNEI AIRLINES
BL	越南太平洋	PACIFIC AIRLINES
BR	長榮航空	EVA AIRWAYS
B7	立榮航空	UNI AIRWAYS CORPORATION
CI	中華航空	CHINA AIRLINES
CO	美國大陸航空	CONTINENTAL AIRLINES
CP	加拿大國際	CANADIAN AIRLINES INT' L
CV	盧森堡航空	CARGOLUX AIRLINES
CX	國泰航空	CATHAY PACIFIC AIRWAYS
EG	日本亞細亞	JAPAN ASIA AIRWAYS
EL	日本航空	AIR NIPPON
JX	星宇航空	STARLUX AIRLINES
GA	印尼航空	GARUDA INDONESIA AIRLINES
QF	澳洲航空	QANTAS AIRWAYS LINITED
KA	港龍航空	HONG KONG DRAGON
KL	荷亞航空	KLM ASIA
MH	馬來西亞航空	MALAYSIA AIRLINES

簡稱	航空公司	英文名稱
MP	馬丁航空	MARTINAIR HOLLAND
NW	西北航空	NORTHWEST AIRLINES
NX	澳門航空	AIR MACAU
NZ	紐司蘭航空	AIR NEW AEALAND
PR	菲律賓航空	PHILIPPINE AIRLINES
SR	瑞士航空	SWISSAIR
SQ	新加坡航空	SINGAPORE AIRLINES
TG	泰國航空	THAI AIRWAYS
UA	聯合航空	UNITED AIRLINES
VN	越南航空	VIET AIR
8L	大菲航空	GRAND INTERNATIONAL

2. 非直航航空公司(OFF-LINE AIRLINES)

簡稱	航空公司	英文名稱
AF	亞洲法國航空	AIR FRANCE ASIA
AK	大馬亞洲航空	AIR ASIA
AI	印度航空	AIR INDIA
AR	阿根廷航空	AEROLINEAS SRGENTINAS
CA	中國民航	AIR CHINA
DL	達美航空	DELTA AIR LINES
EK	阿酋航空	EMIRATES
KE	大韓航空	KOREAN AIR
LA	智利航空	LAN CHILE
LH	德國航空	LUFTHANSA GERMAN AIRLINES
OA	奧哥匹克	OLYMPIC AIRWAYS
OZ	韓亞航空	ASIANA AIRLINES

簡稱	航空公司	英文名稱
RG	巴西航空	VARIG BRAZILIAN AIRLINES
RJ	約旦航空	ROYAL JORDANIAN AIRLINES
SA	南非航空	SOUTH AFRICAN AIRWAYS
SK	北歐航空	SCANDINAVIAN AIRLINES
TW	美國環球	TRANS WORLD
UL	斯里蘭卡	AIR LANKA
US	全美航空	USAIR
UX	UPS國際快遞	UNITED PARCEL SERVIC
TA	薩爾瓦多航空	TACA INTERNATION AIRLINS
LR	哥斯大黎加	LACSA INTERNATIONAL AIRLINS

旅行社的分類

◆ 綜合旅行社：

1. 接受委託代售國內外海、陸、空運輸事業之客票或代旅客購買國內外客票、託運行李。

2. 接受旅客委託代辦出、入國境及簽證手續。

3. 招攬或接待國內外觀光旅客並安排旅遊、食宿及交通。

4. 以包辦旅遊方式或自行組團，安排旅客國內外觀光旅遊、食宿、交通及提供有關服務。

5. 委託甲種旅行業代為招攬前款業務。

6. 委託乙種旅行業代為招攬第4款國內團體旅遊業務。

7. 代理外國旅行業辦理聯絡、推廣、報價等業務。

8. 設計國內外旅程、安排導遊人員或領隊人員。

9. 提供國內外旅遊諮詢服務。

10. 其他經中央主管機關核定與國內外旅遊有關之事項。

◆ 甲種旅行社：

1. 接受委託代售國內外海、陸、空運輸事業之客票或代旅客購買國內外客票、託運行李。

2. 接受旅客委託代辦出、入國境及簽證手續。

3. 招攬或接待國內外觀光旅客並安排旅遊、食宿及交通。

4. 自行組團安排旅客出國觀光旅遊、食宿、交通及提供有關服務。

5. 代理綜合旅行業招攬前項第五款之業務。

6. 代理外國旅行業辦理聯絡、推廣、報價等業務。

7. 設計國內外旅程、安排導遊人員或領隊人員。

8. 提供國內外旅遊諮詢服務。

9. 其他經中央主管機關核定與國內外旅遊有關之事項。

◆ 乙種旅行社：

1. 接受委託代售國內海、陸、空運輸事業之客票或代旅客購買國內客票、託運行李。

2. 招攬或接待本國觀光旅客國內旅遊、食宿、交通及提供有關服務。

3. 代理綜合旅行業招攬第2項第6款國內團體旅遊業務。

4. 設計國內旅程。

5. 提供國內旅遊諮詢服務。

6. 其他經中央主管機關核定與國內旅遊有關之事項。

●資料來源：交通部觀光局。

商務差旅之禮儀

　　相對於純粹的觀光旅遊，商務旅客對行程及時間的掌握要更為精確，在出發前應該預先蒐集資料，對目的地先有所認識。例如一份當地的街道圖和地鐵路線圖，可以事先對當地的交通狀況有所瞭解，亦能就洽商或自助旅遊者進行預先規劃行程，以便更有效率地到達目的地。當地天氣及氣候變化的資訊，不僅可幫助你決定攜帶的衣物類別，也會影響到拜訪客戶時間的安排。

　　對於往訪國貨幣與本國貨幣的匯率差、風俗民情、政治體制、飲食習慣、當地人民衣著習慣、生活作息、宗教等，也都最好先做功課，有初步的瞭解。例如大部分歐美國家的商店於晚上及假日是不營業的；有些東南亞國家的午休時間很長；有些高緯度國家下午很早就天黑，因此下班得很早，這些都是安排商務拜訪或會談時要注意的。

●事先準備目的地的地圖會讓你更有信心。

　　由於商務旅客通常沒有旅行社人員協助，也沒有同行的旅客互相提醒，因此格外必須保持警覺。注意行李絕不可離開視線，也要格外提防扒竊。到達目的地若需拜訪對象接機，務必事先約好時間及會合地點，同時最好留下在國外可聯絡的手機號碼給對方。如果對方會到機場內接機，在辦完出境手續走向出境大廳時，要留意是否有人正舉著寫有你大名的牌子，以免互相擦身而過，彼此困擾。

　　商務差旅人員是公司派出去的代表，出了差錯會使對方對你所代表的團隊留下不好的印象，因此禮儀上須格外謹慎。以下列出幾點商務差旅人員應該注意的禮儀要點給讀者參考：

1. 商務旅客在與外國客戶交換名片時，最好能夠印上客戶國的文字，並且名片應該朝上。此外，不要在用餐時交換名片。

2. 英語是世界通用的國際語言，也是出國差旅的必備條件，若是非英語系國家，則不妨在出發前稍微學習到訪國的語言，如果可以在英語之外，用當地語言向對方做簡單的問候，例如：你好、謝謝、再見、請、很高興認識你、對不起、有機會到臺灣

● 在機場或飯店Lobby可拿到介紹當地旅遊景點的小冊子，裡面通常會附簡單的地圖。

玩、貴國是個好地方等……，相信會令原本陌生的對方備感親
切與誠懇，也會對留下很好的第一印象。

3. 出國拜訪客戶時，不妨帶些小禮物，從國內帶一些具有本國特
色的禮物會很受歡迎的。回國時，也可帶一些有當地特色的小
禮物給同事。

4. 與國外客戶交談時不要忘了支持自己的國家，也要尊重對方的
國家。談話時注意不要討論到宗教、種族等問題。

5. 與客戶有約，切記準時到達，但也不要在10分鐘前就到達，以
免增加客戶的負擔。

6. 與客戶有約的時間，應考慮到該國的生活習慣，如法國人並不
喜歡開早餐會報。

7. 阿拉伯國家與東方國家及西方國家的宗教與生活、社交上的習
俗皆不同，若前往阿拉伯國家，更要特別注意遵守阿拉伯國家
的宗教規定及社交習俗。

8. 在外國需要發票報帳時，向對方索取發票是可以的，並不是失
禮的行為。

貼心
叮嚀

當我們出國與外
國客戶餐會時，面對
一份完全看不懂的菜
單一定很無奈吧！因
此當我們招待外國來
訪的客戶時，最好能
給他們一份印有他們
語言，或至少印有英
文的菜單。

（一）小費的由來

小費(Tips)源自十八世紀的英國倫敦。當時一些酒店的餐桌上都會放著一個「保證服務迅速(To Insurance Promptness)」的碗，顧客將錢放入碗中，就能得到周到的服務。演變至今就以其字首T.I.P.來表示，中文稱為小費，代表你對服務人員的一種感謝。至今，對為你服務的行李員、當地導遊、司機、飯店及餐廳門口為你叫車的服務生以及客房清潔員等等，都應該付給一定金額的小費。

（二）付小費的原則

小費雖然是自由心證的行為，但也已成為一種約定成俗的習慣，最好能入境隨俗，以免出糗。在歐美國家，付小費已成為一種規矩。小費的給付要適當，過多或太少都會被認為失禮。小費的計算方法大約可分為三種：

◆ 依消費金額計算：通常小費金額約為按帳單金額的10~15%左右。一般而言，到餐廳吃飯可依此原則付予小費。例如美國的餐館帳單通常不包括服務費，所以用餐後別忘了在結帳時將小費加進去。而在普通的自助餐廳吃飯一般不需給小費，但若有人倒茶水，並殷勤詢問需求，則可依人數酌給小費。晚間用餐所付的小費需比白天多一些。到理髮廳付給理髮師、美容師的小費則約為15~20%左右。

◆ 按件數計算：例如在美國和加拿大，對搬運行李的飯店服務員，可按每件行李 1 美元付費；在英國，付給機場、飯店行李搬運工的小費一般在每件30便士左右。搭計程車時，可將零頭當小費。至於提行李部分，則通常論件計算，一件一元，而當自己行李太多時，則不妨多給一些，以酬勞他們用勞力為你服務。

◆ 按服務次數計算：像客房服務員每天可付兩美元左右小費。如果你無法確定帳單裡是否包括服務，可以問清楚後再決定付與不付。但是在日本、澳大利亞、韓國和新加坡等國則沒有付小費的傳統。至於加油站服務人員、飯店櫃檯人員及電影院帶位人員等則不需給。若不清楚何時應該給小費，出國前應先瞭解當地的風俗民情或詢問當地人，到一個陌生的地方時，與當地人交談是獲得資訊的最好方式之一了。如果是跟團旅遊，則可以先向領隊詢問。

（三）付小費的方式

為了方便付小費，無論到哪個國家，都最好備上一些小面額的美元和當地國家的紙幣。一般服務生的薪水並不高，小費將是他收入的主要來源，多數服務生為了賺小費會表現特別熱心，不時殷勤詢問，對於東方人而言剛開始總有些不習慣，此時你可依自己對該餐廳及該服務生的滿意程度付小費，小費是對服務品質的一種評估，多給或少給沒有人會干涉。但是，不可以把一大把的零錢當小費，這對服務人員而言像是在施捨乞丐的做法，盡管你付的小費很多，很可能會被服務生誤解為不滿其服務，是一種羞辱的舉止。如果身上沒小鈔，可先去櫃檯換，或整張出去，並清楚的說出請對方找你多少錢，最保險的方法是事先準備多一些小額的鈔票。

付小費大多在私下進行。一般將小費放在菜盤或酒杯底下，也可直接放入服務人員手中，還可以在付款時將找回的零錢算作小費，或者多付款，將餘錢當作小費。如果幾個人同時幫你搬運行李，可將小費交給最後把行李送進你房間的人。

　　有些店家在帳單中已設小費欄收取，則不必再重覆給予，因此在付款前要看清楚帳單，並分辨開列的稅金(Tax)、服務費(Service Charge)、小費(Tips)各欄。以信用卡付費時，帳單上會有小費欄及總金額欄，可在小費欄填上想給的小費金額，加總後填入總金額欄再簽上大名即可，此時也可以將小費與用餐金額湊成整數。

INTERNATIONAL ETIQUETTE

禮儀小錦囊

　　有些大城市中會有強迫索取小費的情形，他們常駐足街口，當紅燈亮時或塞車時為你指點路線、擦車窗，或幫你找個停車位等略施小惠，然後等著給小費。遇到這種強迫中獎的情形最好酌情給一、二個quarter。當然此時對於身邊的財物也應小心，財不露白，以免招來危險。

旅遊衛生與保健

　　出國在異地旅遊，要特別注意身體的適應力，因此應做好萬全準備，以免乘興而出，敗興而歸。此外，由於交通的便利，各地人們往來頻繁，整個世界已宛如一個地球村。此時，如何能保有如此的便捷又同時避免傳染性疾病隨之大肆傳播，也是我們身為世界公民所應盡的義務。

　　在個人衛生保健方面，出國前必須依個人身體健康狀況、年齡、疾病、生活習慣、旅遊行程等做適當的評估與準備，身體狀況不適合長途飛行的人應遵醫囑取消旅程，健康人也要注意預防在旅途中感染疾病。在公共衛生方面更要配合各國的防疫規定，切勿輕忽或存心逃避檢查。以下為幾項建議供讀者參考：

1. 評估身體狀況：出國前，可到自己家庭醫師或家醫科門診，由醫師為您進行專業評估及建議。兩週內曾接受心臟手術者或懷孕超過36週者等，均不宜搭機飛行。

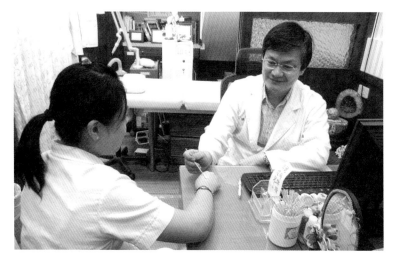

●注意看病禮儀，醫病關係將更好。

2. 預防疫苗：注意自己是否已打過應打的預防針，如前往中南美洲或非洲旅遊，建議注射黃熱病疫苗；前往沙烏地阿拉伯旅遊，建議注射腦脊髓膜炎疫苗。

3. 常用藥物及處方：如果是慢性病患者，如糖尿病患及心臟病患者等，務必將藥物隨身攜帶，並且在出國前需請教醫師，自己是否適合出國，並請醫師開一份英文個人處方箋，以備不時之需。

4. 瞭解目的地衛生環境：需瞭解旅遊地點的天氣狀況是否多變、當地居民的衛生習慣及是否有傳染病等。前往蚊蟲多的地方，如森林及潮濕地帶，請著長袖長褲等衣物，使用防蚊液或服用抗瘧藥劑，可避免蚊蟲叮咬。

5. 避免消化不良：乘行車船或飛機，由於沒運動空間狹小，食物的消化過程延長、速度減慢，節制飲食，如果不節制飲食，必然增加胃腸的負擔，引起腸胃不適。

6. 避免經濟艙症候群：搭機者有時會有「經濟艙症候群」的症狀，此多發生於長途飛行的48小時內，對於本身服用口服避孕藥者或肥胖的旅客，尤其要小心；建議旅客於飛行期間定時走動並做些柔軟操，或多做小腿肌肉收縮動作，如墊腳尖等，避免飲酒並需多喝水以保持體內水分充足，也需定時上洗手間，不要憋尿，以免引起膀胱炎。

7. 注意飲食衛生：旅遊期間，為了自身的健康每餐食物須熟食，尤其於落後地區，更應注意；並且不要吃路邊攤食品，不生食海鮮，不喝生水，所有食物均趁熱食用，以免吃到不衛生的食物。進餐前應保持良好飲食衛生習慣。

8. 保持好體力：旅遊途中由於緊張勞累，體能的調節、免疫機能都有所下降，對外界不良因素的耐受能力減弱，安排各種活動需適當而有節制，保持充足的睡眠，以免過度疲勞、抵抗力下降。

9. 生病盡速就醫：在國外就醫，各國規定不同，收費常與國內不同，前往國外就醫，醫療水平不同，應考慮到費用及風險。歐美國家，就醫前與我國一樣需先掛號，但常安排於幾天之後才就診。一般而言，歐美人士，感冒常在家中休息，醫生也不一定會因你感冒就開藥方，但如果你是急症，就應送急診室診察。

10. 回國後的醫療：回國後，例如：有嘔吐、腹瀉、發冷發熱、全身肌肉酸痛、皮疹、淋巴腫等等臨床表現，請盡速就醫，並告知醫師旅遊地區及飲食情形，以供醫師診治時之參考。

11. 注意防疫：人際交流的頻繁使得古代可能毀滅整個村落的傳染病，如今卻可能毀滅整個地球。因此正確認知並配合各地海關的防疫措施，不僅是現代公民的基本道德，也是保護自己及家人的第一道防線。

12. 歐洲國家於公共場所上洗手間常須付費，身上可攜帶些零錢。

INTERNATIONAL ETIQUETTE

禮儀小錦囊

　　傳染病無國界，只要一不小心，就可能遭受感染，並且傳染同一航班的各國旅客，並將疾病傳入國內，造成國際大流行。2003年爆發的「非典型肺炎(Severe Acute Respiratory Syndrome, SARS)」，造成全世界大恐慌，影響甚鉅。2009年，又爆發新流感，幸好此次未造成恐慌。

●歐洲有些戶外洗手間是用投幣式

251

掛號時的常用語

1. Yes, Hi. I need to make an appointment to see the doctor.

   我要預約門診。

2. What's the patient's name?

   請問病人的大名是？

3. What's the reason for seeing the doctor?

   看病的原因是什麼？

4. We have an opening Friday afternoon at 2:00.

   我們週五下午兩點有一個時間。

5. I'm sorry all the time slots are filled.

   所有時間已經預約滿了。

6. Do you have insurance?

   您有保險嗎？

7. Please fill out this medical history form and sign at the bottom.

   請填寫這張病歷卡，然後在底下簽名。

就診時的常用語

1. What are your symptoms?

   有哪些症狀？

2. I have a sore throat.

   喉嚨痛。

3. How long have you had it?

多久了？

4. Have you experienced any vomiting?

有嘔吐現象嗎？

5. Let me take your temperature.

我量一下你的體溫。

6. You have a slight fever / high fever.

你有點發燒／發高燒了。

7. Now I want to listen to your breathing sound.

Please take deep breaths.

現在要聽呼吸音，請深呼吸。

8. Are you allergic to any medication?

會對什麼藥物過敏嗎？

9. The receptionist will give you your bill and prescription.

掛號處會給你帳單跟處方箋。

10. Take one pill every time, after three meals and before sleeping.

一次吃一顆，三餐飯後及睡前服用。

Memo :

Chapter 10

國際間的禮儀

Section 1　國與國之間禮儀

Section 2　掛國旗的禮儀

Section 3　各國禮儀簡介

國與國之間禮儀

　　聯合國憲章第二條規定了聯合國及其會員國應當遵循的七項原則。其中第一項就規定：「本組織系基於各會員國主權平等之原則。」由此可見，國與國之間應以主權平等為基礎。國家不論大小，都應當具有獨立處方處理自己內外事務、管理自己國家的權力。如果兩國交往中，損及他國主權，就不符合國際禮儀。

　　在符合國與國之間的禮儀上，應注意下列幾點：

1. 國家元首、國旗、國徽不可受侮辱，即國家尊嚴應受到尊重。對於本國和他國之國家元首、國旗、國徽等國家主權的代表或象徵，應當表現出應有的尊敬。所以，在一切正式場合如果遇到升國旗、奏國歌時，都就當肅穆致敬。

2. 國家的外交代表，按照國際公約的規定，享有外交特權和豁免。這種外交特權和豁免，不但是工作上的需要，而且也體現相互的尊重。所以，有關各方既不應當濫用外交特權，也不應當侵犯外交特權，而應當遵照有關的國際公約的規定，享用外交特權和豁免。

3. 不以任何方式強制他國接受自己的意志；不以任何藉口，干涉別國的內部事務，既不要強加於人，也要避免「強人所難」。不論是「客隨主便」，還是「主隨客便」，實際上都是要尊重對方的風俗習慣。社會政治制度的選擇，是各國人民自己的事；宗教信仰也有各自的自由，都不應當加以干涉，對於宗教習俗更應尊重。

02 掛國旗的禮儀

　　國旗是象徵著一個國家的標誌，最早以立法形式制訂國旗是在法國大革命時開始的。大多數國家也以通過立法的形式來確定升掛國旗的辦法。各國有不同的規定，但一般有以下幾點需要注意：

1. 國旗是一個國家和民族的象徵物，不得使用受汙染和損壞的國旗。

2. 當與其他旗幟一起排列時，本國國旗應當最早升起，最晚降下。國旗還應當處於顯著的位置，置於中心或較高處。列隊舉旗時，國旗應當在其他旗幟之前。

3. 升國旗時國旗應當升到旗桿頂端，降旗時不能讓旗幟落地。

4. 降半旗致哀時，一般先升到桿頂，再降到旗桿的三分之一或一半處；降旗時也要先把旗升至頂端降至半旗的位置停頓一下，再把旗幟降下來。外國元首逝世時，在外國舉行葬禮即舉行國葬的那一天，總理官邸和外交部需降半旗。

INTERNATIONAL ETIQUETTE

禮儀小錦囊

降半旗

(1) 國旗降半旗：條件必須符合其降半旗的規定。正副總統在職期間死亡，全國機關團體必須降半旗以示哀悼（國殤），時間至出完殯為止；其他邦交元首（含教宗死亡）在職死亡時，外交部領事館可降半旗一日，以示哀悼；國家重大傷亡事件（如因戰爭死亡的軍人或百姓，或九二一大地震），總統可宣布全國或部分機關降半旗，以示哀悼。

(2) 學校旗降半旗：條件必須符合學校降半旗的規定，如校長死亡，或對該校具有特殊貢獻的師生死亡，都符合校旗降半旗的規定。

(3) 社團旗降半旗：其要件同上。

5. 元首出訪時，汽車上應懸掛兩國國旗，駕駛員左手為主方，右手為客方；升掛三國國旗時，主方國旗居中，其他兩國按國名的英文字母排列；聯合國旗與成員國旗並掛時，應保持同一高度，同一大小。

6. 懸掛不同比例的國旗時，應當盡量使國旗面積大致相同，而往牆面懸掛國旗時高度應該相同。

7. 不允許在一根旗竿上懸掛兩個國家的國旗。

8. 雨天時一般不把國旗懸掛在室外。

9. 在升國旗時要起立，姿勢要端正，要行注目禮或脫帽表示敬意已成國際慣例。

INTERNATIONAL ETIQUETTE

禮儀小錦囊

如果公然在國內毀損踐踏國旗，依據中華民國刑法第160條規定，企圖或意圖侮辱中華民國國旗者，或公然毀壞中華民國國旗者，處一年以下有期徒刑、拘役或300元以下罰金。

根據中華民國外交部的禮儀規範，以下幾點可供讀者參考：

1. 尊右之原則（依懸掛旗之本身位置面對觀眾為準）：國旗之懸掛以右為尊，左邊次之。以地主國國旗為尊，他國國旗次之。故在國外如將我國國旗與駐在國國旗同時懸掛時，駐在國國旗應居右，我國國旗居左。

2. 國旗如與非國旗之旗幟同時懸掛，國旗應居右且旗桿宜略高，旗幟亦可略大。

3. 各國國旗同時懸掛時，其旗幅大小及其旗桿長度均應相同，以示平等。

4. 多國國旗並列時，以國名之英文（或法文）字母首字為序，依次排列，惟地主國國旗應居首位，即排列於所有國家國旗之最右方，亦即面對國旗時觀者之最左方。

「國旗」是一個國家的象徵。在迎接外國賓客時，可懸掛雙方國旗表示對對方的敬意。

SECTION
03　各國禮儀簡介

以下為筆者整理出一些國人較常前往旅遊或洽商的國家常用的禮儀，希望能提供讀者參考。

一、法國

法國人重視人際關係，朋友之間時常互動聯繫感情；他們工作態度認真且時間觀念強，與他們有約請務必準時，如果臨時有事不能到也需提早告知以示禮貌；法國男士頗具紳士風度，他們十分尊重女性，幫女士開門、拉椅子及搬行李等都是在法國很常見的畫面，即使是不認識的陌生人，他們也會熱心的幫助女性。

（一）通行禮儀

◆ 見面禮儀：在法國一般行握手禮及親吻禮。親吻禮一般在女士之間和男女之間，互相親吻對方左右臉頰兩下；男性友人之間有時也會用互相擁抱並拍背的方式問好。

◆ 商務禮儀：法國人喜愛在貿易商談中講法語，他們工作計畫性強且立場堅定，注重時間觀念，所以來法國商談除了要準時，更要學幾句法語才行；當受邀到法國人家中做客時，可帶一束花、巧克力或葡萄酒等作為禮物，且向人家告別時要一一道謝，他們認為太過倉促的告別是十分不禮貌的。

◆ 服裝禮儀：法國是流行服飾的先鋒，法國人對穿著十分講究。男士在重要場合需穿保守式西裝；女士則注重服裝華麗且款式更新，其中化妝品種類更是眾多，並廣為多國女性喜歡。

◆ 用餐禮儀：在法國用餐應該保持安靜、整齊及乾淨，使用餐具的方法是由外至內，吃完一道菜會收走，下一道菜再用另一套餐具；吃肉類時要先從左角落開始切，吃一塊切一塊，不要一次全部都切好，若欲拿的調味料拿不到時，不要站起來去拿，應該請對方幫忙傳遞；用餐完後刀叉的正確排法是並排在碟子上且叉齒朝上。正式的西餐禮儀，就是指法國的用餐禮儀。

◆ 儀態禮儀：隨地吐痰、在公眾場合打嗝、打噴嚏及打哈欠等，都是不文雅的動作。法國人從小就給予小孩美學教育，法國人常具有藝術的氣息，舉止儀態上常表現的優雅。

（二）一般禁忌

◆ 受宗教影響，法國人忌諱13和星期五，認為這是不吉利與凶兆的象徵，更忌諱餐桌上坐13個人。

◆ 法國人忌諱墨綠色和黃色。

◆ 法國人忌諱孔雀及仙鶴。

◆ 法國人忌諱被問到個人私事。

◆ 法國人認為菊花、杜鵑花及核桃等都象徵著不吉利，忌諱當作禮物送人，到別人家做客也不能送康乃馨，且送花的數目不能是雙數。

◆ 忌諱贈送香水給剛認識或不熟女人，會被認為過分親熱及圖謀不軌之意圖。

◆ 忌諱初次見面就送禮，在法國這是粗俗的行為，他們認為這是不善交際的象徵。在法國除非雙方很熟或感情融洽，否則一般不會互相送禮。

（一）通行禮儀

　　女士優先是英國人人遵循的一項準則，當男女一起進門時，男士要為女士開門；過馬路時，男士要走在靠近來車方向的一側；宴會上，如果女性客人進客廳時，除了年長者或地位高者，客廳中的多數男子都會站起來表示敬意；宴會開始時，男士們會為女士們拉開椅子，讓女士們入座。

　　在英國被邀請到別人家做客，早到是不禮貌的，如果女主人沒準備好客人就先來，會令主人非常尷尬，所以盡量準時或晚到10分鐘最佳；而相對的在主人家坐太晚也是很失禮的，最好在用餐後1小時左右離開。在英國用餐時要坐直，不能一直於餐桌上交談，喝湯的時候應該從裡往外舀，不能把湯匙放在碗裡或其他菜盤上，放在湯碗的盤托上才是正確的方法，不論吃什麼東西最好別弄出聲響，也不能在別人面前打嗝，這是很沒規矩的行為；用餐完客人要將餐巾放在餐桌上後再站起來，男士要幫女士搬椅子，展現紳士風度。

（二）一般禁忌

◆ 不能插隊：在英國插隊是非常不禮貌的行為，英國人注重排隊，無論是搭公車、火車、買票或買報紙等，他們都會很守規矩的一個一個排隊。

◆ 不能問女士的年齡：英國人很尊重個人自由，因此男人的工資及女人的年齡，甚至是他身上某樣東西多少錢等，都是英國人不喜歡被問到的問題。

◆ 不能殺價：在英國購物最忌諱的就是殺價，英國人認為殺價是件很丟臉的事情，他們覺得商品價錢適當就會買，不合適就不買，沒有討價還價的行為。

◆ 盥洗室和100號：英國人不會直接提到廁所二個字，想上廁所的時候也不會直接說「我去廁所」，他們會說「去男人的房間」、「去女人的房間」或「我想洗手」等等，在家人與朋友之間通常以「100號」為代號。

三、奧地利

（一）通行禮儀

◆ 服飾禮儀：奧地利男子平時喜歡穿羊皮短褲或馬褲；正式場合則穿西裝。觀看歌劇需著正式禮服，不可穿便服和牛仔服。節慶時，男子愛穿白色禮服，女子多穿紅色衣裙。

◆ 見面禮儀：奧地利人姓名的順序是名在前，姓在後，但在書寫時則要顛倒變成姓在前名在後，中間以逗號分開；一般情況下稱呼「姓氏」，並將爵位職務等冠在姓名之前；相見時，一般以握手為禮。而在公共場所，奧地利人即使是和陌生人相見，也會互相打招呼。奧地利人注重頭銜，講究面子，也極守信譽。談判前要清楚他們的職別、稱號等，免得寫信和稱呼時不妥。女子與男賓相見時，也慣施屈膝禮，有時會禮貌地將右手伸向對方，以使對方回敬吻手禮。

◆ 用餐禮儀：招待客人一般在家裡進行，若在餐館宴請，則要求菜餚必須很豐盛，並且非常講究用餐環境和氣氛，初次應邀到人家家裡去吃飯或非商業性的拜訪時，可以送些鮮花或巧克力之類的小禮物。

◆ 商務禮儀：奧地利商人相當正規、嚴肅，商務會面宜穿樣式較保守的西裝。在建立商業關係前，奧地利人一般不願意提供公司業務情況的具體資料或數據。而當地商人一般很樂意招待客商，客商若要回請，時間則以週末下午為宜。

◆ 小費禮儀：一般商店、旅館及餐廳均接受信用卡，惟較小商店仍可能需使用現金，故仍應攜帶部分現金。餐廳用餐一般視服務給予5%~10%之小費。

（二）信仰禁忌

奧地利境內超過四分之三的奧地利人信奉羅馬天主教，6％為基督教中的加爾文派。其他主要宗教包括伊斯蘭教和基督教新教。與奧地利人交談，可談歷史，但不要談戰爭；可談文化，但不要談荒唐淫穢的東西，古典音樂及滑雪都是容易與奧地利人交談的話題。大多數人忌諱13和星期五，所有言行都竭力回避它們。一般奧地利人較喜歡綠色，不喜歡黑色。

四、澳大利亞

（一）通行禮儀

◆ 澳洲因受歐美文化影響，男士多穿著西裝、打領帶，正式場合則打黑色領結；女士則著西式套裝或洋裝，牛仔褲是澳洲人認為輕鬆休閒的裝扮。

◆ 澳洲人初次見面會微笑注視對方，握手是打招呼的方式，與朋友多直呼名字表示友善，大多數男人不喜歡緊緊擁抱或握住雙肩等太親密的動作；女子間見面，有些則以互親臉頰取代握手。聊天話題多圍繞日常生活、興趣等，有一定的熟識度才會聊及年齡、政治立場、收入、個人物件價格等涉及隱私的問題。

◆ 澳洲人尊重「女性優先」的原則，在公眾場合也少有大聲喧譁，若需等待則會自動依序排隊。

◆ 澳洲人除三餐外，有喝早茶及午茶的習慣。而酒類方面，需年滿十八歲才可飲用，在澳洲有一種請朋友喝酒的習慣稱為

「Shouting」，如果您請朋友喝杯酒，通常對方會回請您一杯 (Shout you back)。如果不喝酒的話，無須勉強。另外，「酒後不開車」則為澳洲人共同遵守的基本原則。

◆ 澳洲人注重時間觀念，約會習慣事先邀請、準時赴約，若到朋友家做客，則會為女主人帶上一瓶酒或鮮花做為小禮物，並在告別時感謝主人的盛情款待。

（二）一般禁忌

◆ 「眨眼」動作在澳大利亞會被視為較不禮貌之行為，尤其女性遊客要特別留意。

◆ 澳洲人認為碰到兔子會有倒楣的事發生，另外，在基督教影響下，澳洲人亦不喜歡數字 "13" 及星期五，在送禮的數字上較需留意。

五、比利時

（一）通行禮儀

◆ 見面禮儀：在比利時最常用的就是握手禮，且握手應簡潔、有力；在不同的地方與不同的家庭背景也有不同的習慣，所以在比利時也有人行親吻禮和擁抱禮；不可直接稱呼對方名字，一般用先生、小姐及夫人來稱呼。

◆ 服裝禮儀：比利時人對穿著十分講究，他們喜歡穿料質好的服裝，顯現出高貴的氣息；男性喜愛穿西裝搭上鮮豔的領帶，女性喜愛搭配髮飾和配件。

◆ 儀態禮儀：比利時人在正式場合十分注意禮節，講究姿態端正；他們的OK手勢與豎起拇指代表讚美的意思，而V型手勢有勝利與成功的意思。

◆ 商務禮儀：在比利時洽商時，應提前預約；要注意當地使用的語
言，有些人是講法國語，也有人是講荷蘭語，所以不清楚比利時
合作夥伴的背景之前，最好先用英語交談；受邀到比利時人家中
做客時，可帶鮮花及巧克力做為伴手禮，當別人送你禮物，應該
馬上打開表示禮貌及喜歡。

（二）一般禁忌

◆ 比利時人和大部分歐洲國家一樣，忌諱13和星期五，他們認為
這是凶兆和不吉利的象徵。

◆ 在比利時忌諱送白菊花。

◆ 比利時人忌諱藍色，他們認為這是魔鬼的顏色；也忌諱墨綠色，
會與軍服聯想在一起。

六、捷克

（一）通行禮儀

◆ 見面禮儀：在捷克與人打招呼通常行握手禮，男士間會用擁抱
禮；女士間會施親吻禮，一般稱呼對方為先生或小姐。

◆ 服裝禮儀：捷克人對穿著十分講究，正式場合大多穿西裝及大
衣；女性喜愛穿深紅色或黑色的裙子。

◆ 商務禮儀：在捷克洽商要提前預約，他們時間觀念較強，習慣準
時赴約；捷克人喜歡用鮮花、葡萄酒及威士忌等作為禮物。

◆ 用餐禮儀：捷克人邀請客人來家中吃飯時，有些捷克人會在請帖
上註明請自帶餐具。

（二）一般禁忌

◆ 捷克人忌諱13和星期五，他們認為這是不吉利和凶兆的預兆。

◆ 捷克人忌諱紅色三角形的圖案，視為這是有毒的標記。

◆ 捷克人忌諱交叉式談話與握手，他們認為這是不禮貌的。

◆ 捷克人不喜歡被人直視。

◆ 捷克人喜歡玫瑰花和石竹花，他們認為這兩種花是幸福的象徵。

七、德國

　　德國人十分重視時間觀念，前往赴約時他們習慣提前出門，避免遲到，但也不會早到，以免主人家尷尬，即使臨時有事不能赴約也需要說明理由，不要突然登門拜訪，要事先預約表示禮貌。

（一）通行禮儀

◆ 見面禮儀：德國人非常重視禮節，與德國人初次見面時要聽清楚對方的姓名，避免發生叫錯名字的尷尬場面，稱呼德國人的姓名時，應該稱呼全名或僅稱呼姓即可，不要直接稱呼對方的名字；與德國人行握手禮時，要用右手，眼神要注視對方，不可東張西望，且握手可以握久一點，力量稍為大一點以表示禮貌。

◆ 服裝禮儀：德國人的穿著較為簡樸，男性大多穿西裝及夾克，女性則大多穿長衫配樸素淡雅的長裙，洽商時男性大多穿三件式西裝，女士則穿裙式套裝，其正式場合的服裝以深色為主；在德國，男士不宜剃光頭，少女的髮型大多為披肩長髮或短髮，已婚的婦女則為捲髮較多。

◆ 餐飲禮儀：吃魚用的刀叉要和其他食物分開，且盤子中不能堆積過多的食物，不要用餐巾紙來搧風。

◆ 送禮禮儀：當受邀到德國人家中做客時，應該帶單數的鮮花、巧克力或具有特殊意義的物品做為伴手禮，且不要用黑色、白色的包裝紙和彩帶來包裝禮物。

（二）一般禁忌

- 德國人和其他歐洲國家一樣，忌諱13和星期五，他們認為是厄運及災難的象徵。

- 在德國生日不可提前祝賀。

- 不要詢問別人買該物品的價格。

- 德國人認為在社交場所中，四個人交叉談話及握手，或在公共場合竊竊私語，是十分不禮貌的。

- 德國有一種專門從事清掃煙囪的清掃工，他們認為如果在路上遇到煙囪清掃工那一整天都會帶來好運。

八、希臘

（一）通行禮儀

- 見面禮儀：希臘人見面沒有固定的禮節，大多行握手禮，但有時他們也行擁抱與親吻禮，在路上即使不認識對方也會禮貌的打招呼。

- 儀態禮儀：希臘人舉止高雅，當眾擦鼻涕或打噴嚏是不禮貌的，而且希臘人不使用招手及擺手等手心朝向對方的動作，在希臘這是一種蔑視人動作，有「下地獄」的意思，他們告別時是用手背向對方打招呼。

- 服裝禮儀：希臘人十分重視服裝端莊及整潔，尤其是希臘的中老年人更是講究，老太太則喜愛穿著顏色鮮豔的服裝，在正式場合，希臘男士大多穿深色西裝及打領帶。

- 商務禮儀：到希臘洽商時，如果對方為你倒咖啡，此時不宜拒絕，且希臘人時間觀念不強，洽商時需多花點耐心等候；到希臘人家裡做客，可帶鮮花、巧克力或蛋糕等做為伴手禮。

（二）一般禁忌

◆ 希臘人和其他歐洲國家一樣，忌諱13和星期五，他們認為是不
吉祥與災難的象徵。

◆ 希臘人不喜歡貓，尤其是黑貓。

九、匈牙利

（一）通行禮儀

◆ 服裝禮儀：在正式場合時男士應穿著保守式西裝，女性則穿著裙
子、套裝或連身裙；平時較隨意且不太講究。

◆ 相見禮儀：匈牙利人在社交場合的禮儀，一般行握手禮，且握手
時要注視對方，婦女則行屈膝禮；匈牙利人認為用手指著別人的
臉部或在別人面前伸懶腰等，是不禮貌的行為。

◆ 喜喪禮儀：匈牙利人的婚禮，現在通常有兩種形式，一種是在教
堂裡由神父主持，一種是在家庭中舉行婚禮。匈牙利人根據死者
的年齡選用不同顏色的棺材。

◆ 商務禮儀：在匈牙利從事商務活動，應避免6~8月前往，因為這
時段當地人大多休假；如果受邀到匈牙利人家中作客，禮貌上應
帶一束花或一瓶酒作為禮物。

◆ 小費禮儀：匈牙利的餐廳及飯店價格大多不含服務費及小費，因
此要另外給，通常小費價格是總金額的10~20%。

（二）一般禁忌

◆ 匈牙利人和其他歐洲國家一樣，忌諱13和星期五，更忌諱13人
同坐一桌用餐，由於宗教的影響，他們認為這是厄運及災難的象
徵。

◆ 匈牙利人忌諱打破玻璃或鏡子，他們認為這樣會倒楣。

十、愛爾蘭

（一）通行禮儀

◆ 交際禮儀：愛爾蘭人常以「先生」、「夫人」及「小姐」等稱呼對方；與男性打招呼應先伸出手與對方握手並問好，會見女性時則須等對方先伸出手來。

◆ 服裝禮儀：在洽商時男士應穿著西裝及打領帶；女性則穿著套裝。晚上參加宴會時，則須穿著晚禮服。

◆ 商務禮儀：在愛爾蘭洽商時，要事先約好才是禮貌，且不要遲到，但對方遲到很久也不要生氣；被邀請到愛爾蘭人家做客時，應帶花或糖果等為禮物。

（二）習俗與禁忌

◆ 愛爾蘭人禁忌紅色、白色及藍色的組合，因政治及歷史因素的影響。

◆ 愛爾蘭人認為結婚當天如果陽光照耀在新郎與新娘身上或聽到杜鵑叫，代表會帶給這對新人好運；在愛爾蘭的結婚慶典中，新人們會共飲一杯蜂蜜酒，保佑兩人感情順利，且達成願望。

十一、義大利

（一）通行禮儀

◆ 服裝禮儀：義大利人非常講究儀表及穿著打扮，尤其是出席正式場合（包括到歌劇院看歌劇）時，都要注意服裝整齊，尤其是男性至少要穿西裝打領帶。

◆ 用餐禮儀：吃義大利麵時不要發出聲音，用餐方式是先用叉子把麵捲成一團再吃，不要把麵切成很多段；如果盤子裡還有剩餘的湯汁，可用麵包沾湯汁吃，這也是對廚師手藝的一種讚美方式。

◆ 商務禮儀：拜訪之前的聯繫事宜要提早預約，預約時間別約一大早和午餐後兩小時內，因為義大利人的午休時間很長；拒絕別人午餐或晚餐的邀請是非常不禮貌的，如果到義大利人家中做客，可帶鮮花、葡萄酒或巧克力作為禮物。

（二）一般禁忌

◆ 義大利人和其他歐洲國家一樣，忌諱13和星期五，更忌諱13人同坐一桌用餐，由於宗教的影響，他們認為這是厄運及災難的象徵。

◆ 義大利人忌諱把手帕及亞麻織品當禮物送人。

◆ 在義大利忌諱用食指指著對方，尤其講對方聽不懂的語言，是非常沒禮貌的。

◆ 在義大利忌諱把菊花及紅玫瑰當禮物送人，因為菊花是在喪禮上用的，而紅玫瑰則有示愛的意思，不適宜送人，且送花時要送單數。

◆ 義大利人喜歡灰色與綠色，忌諱紫色。

◆ 忌諱在室內開傘。

十二、荷蘭

荷蘭人較為常見的禮儀如下：

◆ 荷蘭人的見面告別禮儀為三次親吻禮，分別在對方臉頰上親吻三次。

◆ 在荷蘭辦公時，大部分穿著為保守式西裝。

◆ 去荷蘭人家中拜訪，記得帶束花當禮送給女主人，花的數目要單數，5或7朵為最佳。

◆ 荷蘭人對倒咖啡很講究，在倒咖啡時只能倒在杯子的三分之二處。

◆ 荷蘭人在爬樓梯的時候，他們有男士在前、女士在後的習慣。

十三、波蘭

波蘭重視的禁忌很多，常見的禁忌如：波蘭的天主教徒每個星期五不吃豬肉，傳說那天是被釘死在十字架上的耶穌受難日，也因此將每年復活節前的星期五訂立為「受難節」；此外亦波蘭人十分忌諱13這個數字，如果是13號星期五則不宜出遊，波蘭當地酒店房間沒有13號，在用餐聚會上也忌諱13人同桌；另外波蘭人認為如果半夜看見黑貓及在路上看到穿喪服的女人等，都認為是不吉利；最後要注意的是到波蘭人家裡不可坐在對方床上，由其是未婚女性的床更是禁忌。

十四、葡萄牙

◆ 禮節禮儀：葡萄牙男人相見時，習慣以熱情擁抱並互拍背部為禮；女性熟人相見時，習慣以互吻雙頰為禮，在社交場合時，也會用握手禮。

◆ 儀態禮儀：葡萄牙人非常講究禮儀，與人交談時，要姿勢端正，女性要注意雙腿併攏；他們不喜歡一直直視別人，會讓他們覺得這是不禮貌的行為。

◆ 商務禮儀：來葡萄牙洽商時應注意中午12點至下午3點期間是不辦公的時間，談生意時應注意正式穿著，盡管天氣熱也不要脫去上衣，而等待時間若為15~30分鐘並不稀奇；訪問小型公司時，應先確認是否帶個小禮物去拜訪較不失禮，例如：一束鮮花等。

◆ 信仰禁忌：葡萄牙人絕大多數信仰天主教，他們忌諱13和星期
　五，認為是厄運及災難的象徵；葡萄牙人忌諱別人問年齡、婚姻
　狀況及工作收入等方面的問題，他們認為這些是個人私事，其他
　人無權過問。

◆ 小費禮儀：許多餐館帳單通常已包含服務費，但葡萄牙人習慣再
　給5%～10%的小費。

十五、俄羅斯

（一）通行禮儀

◆ 社交禮儀：俄羅斯人認為兩人相遇時，要問好才有禮貌；對女性
　要十分尊重，且忌諱問年齡和服飾價格等，在餐館及飯店用餐
　時，即使是陌生人也會先與同桌或先進來的人問聲好再入座；俄
　羅斯人習慣行握手禮，對於熟人大多會給與對方熱情擁抱，在隆
　重的場合，男士會彎腰並親吻女士的右手背，以表示尊重，好友
　相見時，女性之間會擁抱或親吻臉頰，親吻臉頰三下的順序為左
　右左，男士則為擁抱禮。

◆ 服飾禮儀：俄羅斯人講究穿著要得體，儀容整潔，俄羅斯服裝大
　多為西裝或套裙，女性往往還要多穿一條連衣裙；拜訪俄羅斯人
　時，進門後應脫下外套、帽子、手套及墨鏡，表示禮貌。

◆ 餐飲禮儀：俄羅斯人用餐時多用刀叉，不可發出聲響，也不能將
　湯匙放置在碗中或杯中。

◆ 商務禮儀：在俄羅斯會客時應先清楚介紹自己，且進入會客室後
　要等對方招呼才能坐下，通常俄羅斯商人在初次見面往來時是不
　會輕易交換名片的。

◆ 婚禮禮儀：在俄羅斯的婚禮上有個很有趣的習俗，在典禮進行
　中，客人會突然喊「苦啊，苦」，有「生活很苦，來點甜的吧」
　之含義，接著新郎和新娘會站起來在眾多客人面前甜蜜的接吻。

（二）一般禁忌

◆ 俄羅斯人和其他西方人一樣忌諱「13」，他們認為13是凶兆及死亡的象徵，忌諱星期五及雙數；相反的他們認為「7」象徵成功與幸福，喜歡單數。

◆ 俄羅斯人不喜歡黑貓及兔子，覺得是不吉利或不祥之兆，他們覺得馬是能帶給人類好運的動物。

◆ 不能伸出左手向人握手。

◆ 俄羅斯人認為黃色象徵憂傷與離別，所以忌諱送黃色相關的物品做禮物。

◆ 忌諱送空錢包，如果要送可在錢包裡放一點錢，有祝對方永遠有錢的意思。

◆ 俄羅斯人視鹽為珍寶，他們忌諱打翻鹽罐，有家庭不和的預兆。

◆ 送禮忌諱送朋友刀子，有切斷友誼的含意。

◆ 俄羅斯人在路上看到有人提著空桶有不祥之兆，相反如果桶子裡裝滿水，就是好兆頭。

十六、西班牙

（一）通行禮儀

◆ 見面禮儀：西班牙人的見面禮儀採一般的握手、親吻與擁抱等三種方式；從握手來說，由長輩先伸手、上級先伸手、主人先伸手為禮貌，男女之間應該由女子先伸手，而男子握手時不能握太緊，否則很失禮；如果對方無握手的意思，可點頭說您好致意；熟人與家人之間，大多以親吻或擁抱為主，在西班牙最常見的是擁抱及男女相互親吻禮。

◆ 服裝禮儀：西班牙女人上街會戴上耳環，他們認為沒戴耳環就像沒有穿衣服一樣，會被人看笑話的；商務工作時，男子最好穿著正式西裝，內搭白襯衫再加上保守的領帶，在辦公時間應穿黑色皮鞋，不要穿棕色或其他顏色的皮鞋，因為黑色皮革代表莊重。

◆ 婚喪禮儀：西班牙人認為星期二是吉日，因此婚禮大多選在這天舉行，典禮儀式要在教堂按天主教教會的規定進行，典禮結束後還會舉辦宴會及舞會慶祝。

（二）習俗與禁忌

◆ 傳統習俗：西班牙當地婦女有「扇語」，當婦女打開扇子遮住臉的下半部時，代表的意思是「我是愛你的，你喜歡我嗎？」，若一下子打開又一下子合起來，則有「我很想念你」的意思，在此提醒來西班牙旅遊的女性，不瞭解扇語時最好小心使用扇子。

◆ 禁忌：鬥牛是西班牙的全國重要活動，西班牙人非常重視鬥牛活動，最好不要對鬥牛活動發表任何意見，更不能在西班牙說任何有關鬥牛的壞話。

◆ 小費習慣：西班牙人有付小費的習慣，儘管該場所已加收服務費，但西班牙人往往會多留下小費作為謝禮，無論在酒吧、飯店和餐廳甚至在車站及電影院等場所，也都有付小費的習慣，不過小費的多寡沒有一定的標準，因人而異。

十七、瑞士

（一）通行禮儀

◆ 相見禮儀：瑞士人交流習慣用握手來表示，握手時兩眼需注視對方，親朋好友見面時也會用擁抱或女子親吻臉頰來表示禮貌。

◆ 服裝禮儀：瑞士人在正式場合大部分是穿西服，在日常生活中則穿樸素大方的服裝，他們認為自然是最美的，所以一般時間不會穿太華麗的服裝，也不化妝。

◆ 商務禮儀：在瑞士進行商務工作的時候，要遵守時間表示禮貌，受邀到別人家中做客時，通常以鮮花當作禮物，但不要送紅玫瑰，當接受別的禮物時，應該當場打開禮物觀看，才不會顯得失禮；瑞士人對贈花非常講究，3支紅玫瑰是特定場合下才會接受的禮物，具有浪漫色彩，但是贈送1支為禮物是可以接受的，瑞士人以火絨草象徵至高無上的榮譽，有表達友好及崇敬的意味，是很多瑞士人用來送禮的花卉。

◆ 婚禮禮儀：瑞士人很重視婚禮，但典禮卻以簡單方式來進行，婚禮當天，新郎新娘分別由兩名證婚人陪同見證下蓋章，處理相關證明，接著就進入婚禮廳舉行儀式。

（二）一般禁忌

◆ 瑞士人忌諱13和星期五，他們不喜歡黑色，也不喜歡有貓頭鷹圖案的飾品。

十八、泰國

（一）通行禮儀

◆ 泰國人見面時多微笑合掌說聲「沙娃滴卡」。這種打招呼的方式在泰語稱為「威」，也有表示尊敬的意味。做法是把雙手提到胸前，雙掌合併但不貼合，雙手形狀如一朵含苞待放的蓮花。而隨場合、對象不同，「威」的做法便會有所不同。一般而言遇到同輩向他們「威」時，泰國人都會以「威」禮回報，合掌後指尖不高過下巴；但晚輩對長輩行禮時，則須低頭讓指尖輕觸鼻尖，長輩不需回禮，多半點頭或微笑回應。對德高望重的長輩或皇室貴

族表示尊敬時，雙掌則會抬高至額頭。另外，泰國人遇到僧侶或象徵佛陀的佛像，也都會下跪、合掌，並以額頭觸地膜拜，僧侶和皇親貴族也都無需回禮。

◆ 泰國通常稱呼人名時，無論男女均會在名字前加一個「坤」(KHUN)字，表示「先生」、「夫人」、「小姐」之意。職場中，員工間也多會以親切的以兄姐或弟妹相稱。

◆ 當從別人面前走過的時候，泰國人會躬身而行，表示不得已而為之的歉意，尤其是婦女通過他人的面前時，多會特別注意這種禮貌。

◆ 泰國的寺廟是公認的神聖場合，凡進入寺廟的人，衣著必須端莊整潔，不可穿迷你裙、短褲、袒胸背裝或其他不適宜的衣服。在佛寺範圍內，可以穿鞋，但進入佛殿、回教寺甚或私人住宅時，必須先脫下鞋子，並注意不可腳踏門檻。另外，因僧侶是不容許碰觸女性的，若女士想將東西奉送僧侶，宜請在場的男士轉交，否則僧侶會以黃袍或手巾承接女士交送的物品。

◆ 泰國皇室十分受到全國人民的崇敬和愛戴，硬幣、鈔幣、日曆、掛畫等物品上亦時常可見國王或王室的人像，當公眾場合有王室人員出席時，遊客可以留意模仿其他人的動作，表現適當的禮儀。

◆ 水果、鮮花或精巧的紀念品都是可以用來贈送泰國友人的好禮物。

（二）一般禁忌

◆ 泰國人認為右手高貴，因此，將東西遞給別人時都要用右手，以示敬意，在比較正式的場合還要雙手奉上，若單用左手則會被認為故意鄙視他人。另外，撫摸對方頭顱或揮手越過人家頭上，亦有汙穢之意，如果不小心摸過某人的頭，請務必很快地向他道歉。

◆ 泰國人認為腳部是卑賤的，只能用來走路，不能做其他事情，如：用腳踢門或以腳代手指物，都被視為有汙穢之意，是禁忌的動作。

◆ 佛像在泰國，無論大小或是否損毀，都是神聖的象徵，絕對不可做出爬上佛像拍照等不敬之舉。

Memo :

Chapter 11

防疫期間禮儀

Section 1 　居家安全防疫禮儀
Section 2 　工作場所防疫禮儀
Section 3 　防疫期間用餐禮節

保持社交距離(Social Distancing)

世衛建議稱為保持人身距離(Physical Distancing)，又稱採取社交距離、社交疏遠，是一種試圖阻止傳染病傳播，或降低其速度的非藥物性感染控制措施，其目的為減少感染者和未感染者之間的接觸，並藉此使疾病的傳播途徑、致病率和死亡率可以降到最低。

從2019年開始，嚴重急性呼吸道症候群冠狀病毒2型(SARS-CoV-2)導致的嚴重特殊傳染性肺炎(COVID-19)引發全球大流行疫情，截至2023年5月，全球已累計逾765,902,514例確診病例。其中，逾6,927,365人死亡，這應是人類歷史上大規模的流行病。因為這流行病的發生，人與人之間的生活上、社交上的禮儀方式，也有所改變。澳大利亞首席醫療官布蘭登・墨菲教授(Brendan Murphy)表示：「保持安全社交距離(social distancing)在此時比以往任何時候都更重要」。因此，在傳染病肆虐期間，全世界各地也產生了保持安全社交距離(social distancing)的觀念。

以下是防疫期間應該注意的禮儀，也是防疫的好方法，提供讀者參考。

SECTION 01　居家安全防疫禮儀

1. 從戶外進入家中，須先清洗雙手及更換衣物。

2. 經常消毒會觸摸的物件，例如桌子、廚房台櫃和門把手。

3. 開窗或調整空調，以增加室內空氣流通。

4. 減少外出購物逛街，可選擇上網購買生活必需品。

5. 減少個人外出和家庭出遊。

6. 與人保持距離，避免非必要的出行。

SECTION 02　工作場所防疫禮儀

1. 保持雙手清潔，咳嗽／打噴嚏時進行遮掩。

2. 避免與人握手或親吻。

3. 盡量採取在家工作，如果生病則不外出上班。

4. 以視訊或電話會議取代面對面的會議。

5. 避免非必要的大型團體活動，盡量延後大型會議。

6. 以戶外開會，取代室內開會。

7. 盡量在戶外用餐，如在辦公室用餐，請自己享用餐點。

8. 非必要的商務旅行請取消。

9. 工作場所員工、餐廳工作人員，及其密切接觸者，須採取最嚴格的衛生標準。

INTERNATIONAL ETIQUETTE

禮儀小錦囊

　　一場疫情掀起全球風暴，許多公司嘗試「在家工作」(Work from Home)遠距協作模式。對員工而言，在家工作，減少了出門與人接觸、交通工具轉換、實體會議，將減少感染新冠肺炎的機會。

SECTION 03　防疫期間用餐禮節

1. 用餐前先將桌面、椅子消毒。

2. 進食前後正確洗手（濕、搓、沖、捧、擦）。

3. 請自備餐具或是用免洗餐具，避免取用共放同一器皿之餐具，以防傳染。

4. 使用公筷母匙，避免共食；也不分享餐食。

5. 用餐時，盡量避免交談，人與人互動，最好保持1公尺以上的距離。

6. 同桌客人應盡可能保持1.5公尺之社交距離，或以隔板區隔，或隔一個空位用餐。

7. 如打噴嚏或咳嗽，應用手遮住鼻口，以防傳染，也不會造成其他用餐者的不愉快。

8. 防疫期間應盡量避免邀約一起用餐，如需一起用餐，邀約者需做好防疫準備，受邀者也需遵守邀請者的防疫要求。應注意多一分小心，可降低一起用餐被感染的風險，增加一起用餐的愉悅。

世界各地的人們為適應這種新狀況的方式顯示，也產生各式各樣的打招呼方式。COVID-19的大流行，擔心身體接觸會傳播病毒，結果以肢體接觸表示問候的文化也被避免了，改變了人類相互交往的方式。

●防疫期間，許多政治人物也以互碰手肘相互問候。在美國一些地方已代替握手致意。

●防疫期間，許多土耳其人恢復了幾百年歷史的問候舊禮「eyvallah」，即用一隻手放在心口上，身子並微微前傾。

●防疫期間，坦桑尼亞人放棄了握手、擁抱，向長輩鞠躬，以碰腳來代替。

1. 上班族成功穿著術，美藝學苑社。

2. 西餐禮儀，國家出版社，1998年6月。

3. 生活社交禮儀，陳冠穎，臺北：中華民國禮儀推廣協會，1995年5月。

4. 有禮走遍天下，黃馨儀，臺北：時報出版，2000年12月。

5. 國際禮儀，朱立安，臺北：揚智文化，2001年7月。

6. 上班族超實用社交禮儀，宋立民，臺北：三思堂，2001年7月。

7. 國際禮儀實務，徐筑琴，臺北：揚智文化，2001年11月。

8. 觀光服務系統分析，陳水竹，台光出版，1994年8月。

9. 實用國際禮儀，黃貴美，臺北：三民書局，1997年8月。

10. 公司禮儀與溝通，日本PHP研究所，鄺宗明譯，臺北：漢思文化，1998年6月。

11. 現代人完全禮儀手冊－居家‧旅遊‧宴會，Letitia Baldrige原著，張瑞林譯，臺
    北：智庫文化，1996年1月。

12. 企業人完全禮儀手冊－塑造專業形象，Letitia Baldrige原著，林憲正譯，臺北：智
    庫文化，1996年1月。

13. 企業人完全禮儀手冊－商業社交禮儀，Letitia Baldrige原著，陳芬蘭譯，臺北：智
    庫文化，1996年1月。

14. 西式餐飲禮儀，Alexandra Cavelius, Antje Brudereck原著，林鳳生、謝立敏譯，香
    港：萬里書店，2000年10月。

15. 日本料理，蔡新發著，臺北：台視文化公司，1999年10月。

16. 日本料理完全手冊，田村暉昭，臺北：漢思，1997年6月。

17. 威士忌品賞手冊，Helen Arthur編著，劉玲譯，香港：萬里書店，2001年1月。

18. 愛戀葡萄酒，第二版，毛永年，臺北：商智文化，1999年4月。

19. 高分調酒吧，朱秋樺、邱偉晃，臺北：大境文化，2002年4月。

20. 調酒教戰守策，美食名家企劃，朱洲哲編著，臺中：生活家出版，2002年3月。

21. 橡木桶快訊—酒黨96期，酒黨雜誌社，2003年2月。

22. 橡木桶快訊—酒黨97期，酒黨雜誌社，2003年3月。

23. 葡萄酒王國，國際中文版，創刊號，香港：郭良蕙新事業出版，2003年1月。

24. 咖啡事典，Hiroshi Ito原著，廖欽龍譯，臺南縣：驊優出版，1997年1月。

25. 開始在家煮咖啡，太雅生活館編輯部，臺北：太雅出版，2002年2月。

26. 日本茶、紅茶、中國茶，南廣子著，陳柏瑤譯，臺北：太雅出版，2002年11月。

27. 男性的穿著與搭配，家庭百科叢書編譯組，臺北：國家出版社，1996年4月。

28. 獨領風騷：領帶領巾穿戴指南，CI編輯部企劃，臺北：台北廣廈，暢銷書房，2002年1月。

29. Men's Uno男人誌，第18期，臺北：子時文化出版，2000年6月。

30. Men's Uno男人誌，第34期，臺北：子時文化出版，2002年5月。

31. Here! Plus No. 26時尚誌，Perfect Brand Vol. 1，臺北：台灣東販，2003年3月。

32. 名牌時裝錦囊，袁仄、胡月編著，臺北：台灣珠海，1996年12月。

33. 生活造型美學1—溝通色彩學，詹惠晶、楊麗珮、胡學儷編譯，台北：大揚出版，2001年6月。

34. 送花的禮儀，陳冠穎著，絲織園地第32期，臺灣區絲織產業資訊網／商情智庫／絲織園地。

    網址：http://www.filaweaving.org.tw/silk/documents/32/g325601.htm

35. 技術及職業教育雙月刊第76期，2000年8月。

36. 中華郵政全球資訊網。

    網址：http://www.post.gov.tw/post/index.jsp

37. http://tw.knowledge.yahoo.com

38. http://tw.sinotour.com

39. http://adamhawaii.blogspot.com

40. 外交部領事事務局全球資訊網。

    網址：http://www.boca.gow.tw

41. 華膳空廚股份有限公司。

    網址：http://www.cpcs.com.tw/about_us.aspx?sid=0C153347734449682960

42. https://www.bbc.com/zhongwen/trad/world-52916953

43. BMJ Open, 2018; 8 (5): e021239

食的禮儀

（　）1. 林經理於兩週後擬邀宴貴賓聯誼，下列有關貴賓的邀請，哪一項是合宜的？　(A)主陪賓身分地位要相當　(B)貴賓數量以十三人為宜　(C)對主賓好惡宜特別留意　(D)寄邀請函不用確認來否。　　【93外華領】

（　）2. 一般宴會邀約最遲應在何時寄達？　(A)一週前　(B)一個月前　(C)三日前　(D)一日前。　　【94外華導】

（　）3. 西式請柬上註明之R.S.V.P.代表何種意義？　(A)請著正式服裝　(B)請準時到達　(C)請回覆　(D)婉謝禮物。　　【93外華導】

（　）4. 接待信奉天主教的旅客時，星期幾不宜安排有肉類食物？　(A)星期一　(B)星期三　(C)星期五　(D)星期日。　　【95外華領】

（　）5. 在西式宴會座位安排原則，主人的哪一個方向的位置為最尊位？　(A)主人的右手邊　(B)主人的左手邊　(C)主人的對面　(D)無所謂。　　【95外華領】

（　）6. 楊先生邀請主客王董事長夫婦參加喬遷之宴，依中餐禮儀安排圓席次，下列何者正確？　(A)王董事長夫婦面對門口的位置　(B)王董事長夫婦靠近門口的位置　(C)楊先生夫婦面對門口的位置　(D)楊先生夫婦坐中間的位置。　　【95外華領】

（　）7. 小張帶著五位朋友到餐廳吃飯，下列入座動作哪一項是正確的？　(A)不用訂位，直接選擇最佳座位　(B)無論訂位否，皆由服務生帶位　(C)事先訂位，自行找到所訂座位　(D)不用訂位，尊重客人意思選位。　　【94外華領】

（　）8. 下列何者是錯誤的餐巾使用方式？　(A)餐巾主要用來抹口或擦拭手上汁液，不可用來擦汗　(B)將餐巾插在襯衫領口上以防食物潑灑　(C)用餐中暫時離席，可將餐巾放在椅子上或椅背上　(D)使用餐巾擦嘴時，應以其四角為之。　　【95外華領】

( ) 9. 用餐前餐巾的用法，下列哪一項是正確的？ (A)將餐巾攤開以後直接圍在脖子上及胸前 (B)將餐巾攤開以後直接塞在衣領或衣扣間 (C)將有摺線的部分朝向自己並平放在腿上 (D)用餐後餐巾按折線再摺回去放在餐桌上。 【94外華領】

( ) 10. 中餐宴客時，每道菜餚應由何人開始取菜？ (A)主客 (B)主人 (C)小孩 (D)離菜餚最近者。 【95外華導】

( ) 11. 西餐用餐時，餐具的取用順序是： (A)右至左 (B)左至右 (C)內至外 (D)外至內。 【95外華導】

( ) 12. 正式使用西餐刀叉不換手時（歐式用法），食物應如何送入口中？ (A)用叉戳起 (B)置於叉背 (C)置於叉腹 (D)刀叉並用。 【94外華導】

( ) 13. 西餐進餐中途若餐具掉落時應如何處理？ (A)拿別的餐具代替 (B)請服務生換一副新的 (C)請附近的人幫忙撿 (D)自己撿拾。 【93外華導】

( ) 14. 食用西餐舀湯時，應由身體的哪個方向才是正確的？ (A)內向外 (B)右至左 (C)外向內 (D)左至右。 【94外華導】

( ) 15. 通常用西餐時，主菜與酒應如何搭配？(A)吃牛肉、豬肉者搭配白酒(White Wine) (B)吃豬肉、牛肉者搭配紅酒(Red Wine) (C)吃海鮮者搭配紅酒(Red Wine) (D)吃海鮮者搭配白蘭地酒(Brandy)。 【93外華領】

( ) 16. 西餐席間，白酒不宜搭配何種食物？ (A)雞肉 (B)龍蝦 (C)牛肉 (D)魚肉。 【94外華導】

( ) 17. 品酒的正確步驟應為何？ 1.看酒的顏色 2.品嚐一口葡萄酒 3.確認酒的氣味 (A) 123 (B)132 (C)213 (D)321。 【94外華導一】

( ) 18. 有關中式餐宴中敬酒的禮儀，下列敘述何者不恰當？ (A)主人尚未敬酒時，不要先行敬酒 (B)敬酒時應先向女士敬酒 (C)敬酒時應互乾為敬，表示誠意 (D)敬酒時，距離較近者可舉杯輕碰。 【95外華導】

（　）19. 持白蘭地酒杯時應如何持杯？　(A)兩指握住杯腳　(B)五指握住杯口手掌握住杯底　(C)將杯子放在桌上　(D)以手掌托杯。　　　【93外華導】

（　）20. 食用日本料理，接受他人斟酒時，正確的動作應為何？　(A)右手持杯　(B)左手持杯雙　(C)手持杯　(D)將杯子放桌上。　　　【93外華導】

（　）21. 飲用日本酒與人乾杯時，酒杯應舉至與身體的哪一部位同高？　(A)肩膀　(B)眼睛　(C)嘴巴　(D)胸部。　　　【94外華導】

（　）22. 飲用咖啡或紅茶時，小匙（茶匙）正確的擺放位置為何？　(A)杯中　(B)桌上　(C)碟子上　(D)請服務生收走。　　　【95外華導】

（　）23. 請問「short rib」是指下列何種牛排？　(A)菲力牛排　(B)丁骨牛排　(C)牛小排　(D)沙朗牛排。　　　【94外華領】

（　）24. 日本料理店所提供的濕手巾是提供客人擦拭什麼用的？　(A)嘴　(B)臉　(C)手　(D)頸。　　　【93外華導】

（　）25. 在自助式的餐會中，有關盤子的使用，下列何者正確？　(A)使用過的盤子勿重覆使用　(B)物盡其用把盤子另作他用　(C)使用過的盤子可重複使用　(D)為吃完食物端盤子起來吃。　　　【93外華領】

（　）26. 正統英式下午茶的點心用三層瓷盤裝盛，下列食用方法何者適宜？　(A)由上往下食用　(B)由下往上食用　(C)隨便拿隨便吃　(D)等侍者拿給你吃。　　　【95外華導】

（　）27. 根據國際禮儀規範，下列何者是用餐時適合談論的話題？　(A)八卦　(B)宗教　(C)政治　(D)旅行。　　　【94外華導】

（　）28. 下列關於我國民俗的敘述，何者正確？　(A)筷子插在飯碗的飯上，表示對用餐客人的尊重　(B)「四」代表「事事如意」，是屬於吉的數字　(C)男士初次見面，通常以握手方式行禮　(D)「時鐘」代表「光陰似箭」，適合作餽贈的禮品。　　　【95外華導】

（　　）29. 臺灣民間在壽辰、喜事或節慶宴客時，於廳堂設席所準備的堅碟八盤中，並包括下列哪一種乾果？　(A)瓜子　(B)花生　(C)紅棗　(D)橄欖。　　　　　　　　　　　　　　　　　　　　　　　　　【95外華領】

（　　）30. 用西餐時，若有事需中途離席，餐巾應該如何放置？　(A)帶著離席　(B)放在桌上　(C)放在自己椅子上　(D)放在鄰座椅子上。　　　　【97】

（　　）31. 有轉盤的中餐餐桌，如需取離自己較遠之菜餚時，應該如何做？　(A)站起來夾菜　(B)順時針轉動轉盤　(C)逆時針快速轉動轉盤　(D)看菜餚在左方或右方再轉動。　　　　　　　　　　　　　　　　　【97】

（　　）32. 在西式餐飲社交場合中，以什麼方式來表示有人要說話？　(A)舉起刀叉　(B)刀叉互敲　(C)用湯匙輕敲酒杯　(D)揮舞餐巾。　　　　　【97】

（　　）33. 如果早餐只想吃麵包和果醬，不吃肉類，哪一種早餐最適合？　(A)Continental Breakfast　(B)American Breakfast　(C)Buffet Breakfast　(D)American Plan。　　　　　　　　　　　　　　　　　　　　　　【97】

（　　）34. 在西式請帖中，為要求客人回覆，可在請帖的左下角，寫上法文R.S.V.P.，其意義為：　(A)務必參加　(B)不克參加者不回覆　(C)敬請回覆　(D)自由參加。　　　　　　　　　　　　　　　　　　　　【97】

（　　）35. Poached egg是指蛋的煮法為：　(A)整顆蛋帶殼，在熱水中煮熟　(B)把蛋打散後，入平底鍋煎熟　(C)整顆蛋去殼但不打散，在深鍋熱水中煮熟　(D)整顆蛋去殼但不打散，在平底鍋煎熟。　　　　　【97】

（　　）36. 食用西餐時，如何使用刀叉，較符合西餐禮儀？　(A)擺放在餐盤外緣的刀叉先取用　(B)擺放在餐盤內緣的刀叉先取用　(C)隨自己用餐方便取用刀叉　(D)從排列的餐具中間先取用。　　　　　　　　　　【98】

（　　）37. 下列何項話題不宜在用餐中提及，以免破壞餐宴氣氛？　(A)旅遊趣事　(B)藝術欣賞　(C)讚賞菜餚　(D)政治辯論。　　　　　　　【98】

（　　）38. 有關酒杯的持法，下列敘述何者不適宜？　(A)平底的杯子手持底部　(B)高腳的杯子握住杯腳和杯柱　(C)葡萄酒杯握住杯柱中段　(D)白蘭地酒杯握住杯口邊緣外側。　　　　　　　　　　　　　　　　【98】

（　）39.白葡萄酒的飲用方法下列何者不恰當？　(A)飲用前最好先冷藏　(B)飲用時加入冰塊以降低溫度　(C)適飲溫度為8～12°C　(D)適合搭配海鮮、魚類飲用。　　【98】

（　）40.邀請函的回帖選項中，「陪」與「謝」的意思為？　(A)「陪」為表示參加，「謝」為表示不參加　(B)「陪」為表示不參加，「謝」為表示參加　(C)「陪」為表示道歉，「謝」為表示謝謝　(D)「陪」為表示謝謝，「謝」為表示道歉。　　【99】

（　）41.在臺灣，以功夫茶的方式沖泡烏龍茶時，最常用的茶壺是：(A)石壺　(B)陶壺　(C)玻璃壺　(D)不鏽鋼壺。　　【99】

（　）42.歐美人士通常在晚間欣賞歌劇或音樂會後再用餐，下列何者為其適宜之名稱？　(A)Party　(B)Banquet　(C)Supper　(D)Tea party　　【99】

（　）43.基於宴會場所的限制，依下圖格局，桌次安排的尊從順序，下列何者正確？

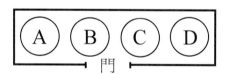

(A)A>B>C>D　(B)B>C>A>D　(C)D>C>B>A　(D)C>B>D>A　　【99】

（　）44.女性若攜帶皮包前往西餐廳用餐，入座後皮包應放在那裡較為恰當？　(A)桌面上　(B)身後與椅背之間　(C)掛在椅背上　(D)背在身上。　　【99】

（　）45.下列有關Brunch之敘述，何者正確？　(A)比平常食用更加豐盛的早餐　(B)流行於較貧窮國家，以降低糧食耗損　(C)多半在假日時，大家起床較晚，於是合併早、午兩餐一起用　(D)內容為簡單的牛奶加麵包。　　【99】

（　）46.食用日式料理用餐完畢後，用過的筷子應：　(A)直接放在桌面上　(B)直接放在調味盤上　(C)直接放在筷架上　(D)直接放在餐盤上。　　【100】

（　）47. 依西餐禮儀，用餐完畢準備離席時，餐巾應放置於何處？　(A)桌上
　　　　(B)座椅上　(C)椅背上　(D)座椅把手上。　　　　　　　　　　　【100】

（　）48. 用餐時若想打噴嚏，應用口布搗住嘴巴別過臉，打完噴嚏後須向同桌
　　　　的人說：　(A)Excuse me　(B)You are welcome　(C)Thank you　(D)Bless
　　　　you。　　　　　　　　　　　　　　　　　　　　　　　　　　　【100】

（　）49. 西式宴會上，飲用紅、白葡萄酒時，下列何種搭配方式最為恰當？
　　　　(A)白酒先、紅酒後；不甜的先、甜的後　(B)紅酒先、白酒後；不甜的
　　　　先、甜的後　(C)白酒先、紅酒後；甜的先、不甜的後　(D)紅酒先、白
　　　　酒後；甜的先、不甜的後。　　　　　　　　　　　　　　　　　　【100】

（　）50.在餐廳中用餐，若餐具不慎掉落，較適當的處理方式為：　(A)告知侍
　　　　者，並請他更換一副新的刀叉　(B)請他人撿起後交由侍者更換一副新
　　　　的刀叉　(C)自行撿起後用餐巾擦淨再行使用　(D)借用別人的刀叉。

　　　　　　　　　　　　　　　　　　　　　　　　　　　　　　　　　【100】

（　）51. 正式西餐座位安排原則，下列敘述何者錯誤？　(A)男女主人對坐　(B)
　　　　男主人之右為首席，女主人之左為次席　(C)正式宴會均有桌次、順
　　　　序、大小之分　(D)男女或中西人士，採間隔而坐。　　　　　　　【101】

（　）52. 喝「下午茶」的風氣是由哪一國人首先帶動？　(A)法國　(B)英國　(C)
　　　　美國　(D)德國。　　　　　　　　　　　　　　　　　　　　　　【101】

（　）53. 使用西式套餐，每個人的麵包均放置在哪個位置？　(A)餐盤的右前方
　　　　(B)餐盤的左前方　(C)餐盤的正前方　(D)餐桌的正中央。　　　　【101】

（　）54. 關於西餐餐具的使用，下列敘述何者正確？　(A)刀叉由最外側向內逐
　　　　一使用　(B)擺設標準為左刀右叉　(C)咖啡匙用完應置於咖啡杯中　(D)
　　　　進食用畢後，刀叉應擺回到餐盤兩邊。　　　　　　　　　　　　　【101】

（　）55. 通常西餐廳用餐，下列何者代表佐餐酒？　(A)Wine　(B)Brandy　(C)
　　　　Whiskey　(D)Punch。　　　　　　　　　　　　　　　　　　　　【101】

（　）56. 一般來說，食用麵條式義大利麵時，所使用的餐具為：　(A)刀、叉
　　　　(B)刀、湯匙　(C)叉、湯匙　(D)筷子。　　　　　　　　　　　　【101】

（　）57. 參加正式宴會時，下列喝酒文化哪一項是最適合的？　(A)倒酒時，酒瓶不可碰觸到酒杯　(B)倒酒時，在杯身輕敲，以示感謝　(C)不喝酒的主人不需向客人敬酒　(D)飲酒之前，由客人先行試酒，以示敬意。

【101】

（　）58. 在高級餐廳用餐，點選紅酒時，下列哪一項動作不恰當？　(A)餐廳將卸下的軟木塞放在盤子上展示於客人時，客人須將軟木塞拿起來聞聞味道是否喜歡　(B)酒侍倒好酒之後，客人要喝酒前，可先以手壓在杯底，在桌上旋轉酒杯，以觀察酒色，並看酒汁裡是否有雜質　(C)看完酒色之後，拿起酒杯，讓鼻子半罩在杯口，以聞酒香　(D)品嚐第一口酒時，可先含一口酒，讓酒與舌頭完全接觸，然後像漱口一樣，吸入空氣，讓酒在嘴內與空氣相和，引出味道。　【102外華領】

（　）59. 用餐喝湯時，下列敘述何者不恰當？　(A)以口就碗，低頭喝湯　(B)喝湯不宜發出聲音，在日本喝湯及吃麵除外　(C)湯匙放在湯碗裡，表示還在食用　(D)湯匙由內往外或由外往內舀湯皆可。　【102外華領】

（　）60. 吃麵包沾奶油的禮儀，下列敘述何者正確？　(A)用奶油刀直接將冰奶油放在整塊麵包上　(B)用奶油刀直接將冰奶油放在撕下的小口麵包上　(C)用奶油刀挖一點冰奶油，放在麵包盤邊緣上，再用撕下的麵包去沾盤緣上的奶油，即可食用　(D)大蒜麵包已經抹好奶油，直接撕開即可食用，無須再沾奶油。　【102外華領】

（　）61. 有關英式下午茶的禮儀，下列敘述何項不正確？　(A)三層點心先吃最下層，再用中間，最後享用最上層　(B)喝奶茶時，貴族式的喝法為先倒茶，再加牛奶，最後放糖　(C)喝茶時，茶杯墊盤放在桌上，以手拿起杯子慢慢喝　(D)加糖時需用糖罐裡的湯匙（即母匙）取糖。

【102外華導】

（　）62. Whisky on the Rock是指威士忌酒加入下列何項物品？　(A)溫水　(B)冰塊　(C)鹽巴　(D)冰水。　【102外華導】

（　）63. 餐巾之擺放與使用原則，下列敘述何項正確？　(A)原則上由男主人先攤開，其餘賓客隨之　(B)餐巾之四角用來擦嘴、擦餐具、擦汗等　(C)中途暫時離席，餐巾需放在椅背或扶手上　(D)餐畢，餐巾可隨意擺放。　　　　　　　　　　　　　　　　　　　　　　【102外華導】

（　）64. 有關日本料理的禮儀，下列何項敘述錯誤？　(A)日本「懷石料理」的精髓，就是要滿足「視、味、聽、觸、意」五種感官的元素　(B)需要召喚服務生時，為不打擾其他客人，應直接拉開紙門找服務生　(C)輩份較低的位置，一定是最靠近門口　(D)喝湯時，掀碗蓋的動作是左手箍住碗的下方，右手掀開碗蓋。　　　　　　　　　　　　【102外華導】

（　）65. 依國際禮儀慣例，宴請賓客時，席次安排的3P原則，不包含下列何項？　(A)Position　(B)Political situation　(C)Place　(D)Personal Relationship。　　　　　　　　　　　　　　　　　　　　　　【102外華導】

（　）66. 關於西式餐宴禮儀，下列何項敘述最為適當？　(A)當所有人的菜都上好了，即可自行開動　(B)喝湯時，可一手舉湯碗，一手用匙舀之食用　(C)湯若很燙，可先自行吹涼再喝　(D)嘴巴能容納多少湯，就舀多少湯汁，不要先舀一大口，再分二、三次喝完。　　　　　　　　【103外華領】

（　）67. 關於宴客菜餚的注意事項和忌諱，下列敘述何項錯誤？　(A)非洲人不喜歡豬肉、淡水魚　(B)回教徒忌豬肉　(C)猶太教徒忌羊肉　(D)印度教徒忌牛肉。　　　　　　　　　　　　　　　　　　　　　　　　【103外華領】

（　）68. 有關各類酒杯的拿法，下列敘述何項錯誤？　(A)喝紅酒時，拿杯柱（或稱杯腳）　(B)喝白蘭地時，杯柱需穿過食指中指間縫隙，用手掌由下往上握住杯身　(C)喝紅酒時，直接握住杯身　(D)喝威士忌酒時，直接握住杯身。　　　　　　　　　　　　　　　　　　　　【103外華領】

（　）69. 宴會用餐時，餐巾的使用原則，下列何項最為恰當？　(A)原則上由男主人先攤開，其餘賓客隨之　(B)餐巾是使用於擦拭餐具，不宜擦拭嘴　(C)餐畢，將餐巾放回座位桌面左手邊即可　(D)中途暫時離席時，餐巾須蓋住餐具以表示衛生。　　　　　　　　　　　　　　　　【103外華領】

（　）70. 有關中餐餐桌禮儀，下列何項敘述錯誤？　(A)當別人食物未吞嚥以前，勿舉杯敬酒　(B)若取用有密封塑膠套的濕紙巾時，宜用手撕開，切勿用力拍破　(C)用餐時，勿拿筷子敲餐具　(D)用餐時注意肢體儀態，要以口就碗。　【103外華導】

（　）71. 有關西餐餐具擺放、使用方式，下列何項錯誤？　(A)餐具由外而內使用，右手持刀，左手持叉　(B)用過餐具需平放在餐桌上　(C)餐具排列時，湯匙不置碗內　(D)用畢餐具要橫放於盤子上，與桌緣約成30度角。　【103外華導】

（　）72. 有關日本料理應注意的禮儀，不包括下列何項？　(A)吃懷石料理時，避免戴戒指、手鐲、手鍊等金屬飾品，以免傷及精美器皿　(B)本膳料理是日本平民料理，禮節比較簡單，是日本常見的宴會料理　(C)懷石料理是在茶道之前供應　(D)日本料理宴會上，第一杯酒是由主人為全席人斟上。　【103】

（　）73. 有關汽泡葡萄酒的敘述，下列何項錯誤？　(A)通稱為香檳雞尾酒　(B)以人工方法將二氧化碳加進葡萄酒桶中，之後裝瓶而成　(C)西式喜慶宴會中常用的飲料　(D)適飲溫度為5～10度。　【104】

（　）74. 參加宴會時，對於酒杯的持用方式，下列何項錯誤？　(A)葡萄酒杯是以握住杯腳的部分來持杯　(B)白蘭地酒杯應用手掌由下往上包住杯身　(C)細長型傳統笛杯應握住杯口，以防止滑落　(D)雞尾酒杯是以握住杯腳的部分來持杯。　【104】

（　）75. 西餐用餐完畢，刀叉該如何擺置？　(A)將刀叉架在餐盤上，成八字形　(B)將刀叉平行放置於餐盤上　(C)將刀叉交叉放置於桌面上　(D)將刀叉以原樣放置於桌面上。　【104】

（　）76. 中餐的旋轉桌，應該如何使用較符合餐桌禮儀？　(A)順時鐘方向旋轉取用食物　(B)逆時鐘快速旋轉取用食物　(C)食物離自己太遠時，請他人傳遞　(D)食物離自己太遠時，可以站起身來取用食物。　【104】

( ) 77. 在西餐禮儀中,夫婦一同宴客,賓客何時可以開始用餐? (A)女主人坐好後 (B)男主人坐好後 (C)女主人打開餐巾放在膝蓋上後 (D)男主人打開餐巾放在膝蓋上後。 【105】

( ) 78. 食用日本料理的湯類,通常碗蓋應放置在湯碗之哪一側? (A)上 (B)下 (C)左 (D)右。 【105】

( ) 79. 中餐席間,要放下筷子時,下列何種擺放方式,較為適當? (A)放在碗上 (B)插在碗中 (C)縱放在碗側 (D)橫放在碗前。 【105】

( ) 80. 宴請鐵板燒之席次安排,如附圖,下列何項正確?

廚師

鐵板燒食物料理檯

A   B   C   D

(A)B座位為女主賓 (B)A座位為男主人 (C)男主賓的左側為女主人 (D)女主賓的右側為女主人。 【105】

( ) 81. 使用西餐時,如果將餐巾放回餐桌,表示: (A)讚賞廚師 (B)不再回座用餐 (C)繼續用餐 (D)幫服務生的忙。 【105】

( ) 82. 在西式宴會上,有關刀叉的使用,下列哪一項較合宜? (A)多用叉少用刀 (B)以刀戳食入口 (C)宜先使用內側刀叉 (D)以湯匙替代刀叉。 【105】

( ) 83. 參加正式宴會,下列食物吃法何項較適當? (A)吃整條魚時,正面吃完可翻面取食 (B)吃龍蝦時,宜直接以手剝殼沾料食之 (C)吃義大利麵時,可將麵捲在叉上食之 (D)吃烤馬鈴薯時,宜用刀劃開後以手取食。 【105】

(　　) 84. 西餐餐巾的用途，除防止食物弄髒衣服外，還有下列何種適當用途？
(A)擦拭嘴角　(B)清潔餐具　(C)擦臉　(D)抹汗。　　　　　【105】

(　　) 85. 西式宴客席次之安排，下列敘述何項錯誤？　(A)男女主人及賓客夫婦
皆並肩而坐時，男性居右　(B)男女主人對坐，女主人之右為首席，男
主人之右次之，依此類推　(C)女賓忌排末座　(D)男女、夫婦、華洋
等，以間隔而坐為原則。　　　　　　　　　　　　　　　【105】

(　　) 86. 用餐時的禮儀與注意事項，下列敘述何者不適宜？　(A)取出口中的魚
骨時，應用手或餐巾遮住嘴巴　(B)果核應吐在空握的拳頭內，然後放
在盤子裡　(C)欲取用遠處之調味品，可起身取用，勿麻煩他人　(D)麵
包要撕成小片送進口中。　　　　　　　　　　　　　　　【106】

(　　) 87. 食用自助餐(Buffet)的禮儀與注意事項，下列敘述何者錯誤？　(A)沿餐
檯依序取用食物　(B)取用食物時不宜交談　(C)食物入口後，即可起身
取用，可邊走邊咀嚼　(D)用畢之餐盤勿疊放或重複使用。　　【106】

(　　) 88. 西餐飲酒禮儀，下列敘述何者不恰當？　(A)國人為表示敬意，將杯中
酒喝完，俗稱「乾杯」，國際禮儀上也可適用　(B)倒酒時不宜將酒杯
拿起　(C)倒酒時，酒瓶不宜碰觸到酒杯　(D)試酒程序是主人的義務。
【106】

(　　) 89. 關於奉茶禮儀，下列敘述何者錯誤？　(A)茶杯盡量用茶盤托著，才不
會邊走邊滴水　(B)上茶時，要輕聲提醒客人，以免客人猛然回頭打翻
茶水　(C)若訪客超過2人以上，則一手端托盤，一手上茶　(D)客人若
屬長時間會談，則須適時補充茶水，或放一壺茶水在旁。　　【106】

(　　) 90. 在法國餐廳宴請親友，在決定好菜色後，選擇搭配食物的葡萄酒時，
下列何項不是重要的考慮因素？　(A)生產地區　(B)製造年份　(C)運送
方式　(D)食物種類。　　　　　　　　　　　　　　　　　【107】

(　　) 91. 下列何項不可以送給信奉回教的人士？　(A)豬肉　(B)雞肉　(C)羊肉
(D)牛肉。　　　　　　　　　　　　　　　　　　　　　　【107】

（　）92. 用餐完畢後，餐巾應如何處理較為適宜？　(A)對摺平放在大腿上　(B)對摺平放在椅背上　(C)大略摺好放在桌上　(D)折回原樣放在桌上。

【107】

（　）93. 下列何者不是有關「禮儀」的英文名稱？　(A)Etiquette　(B)Courtesy　(C)Formality　(D)Behavior。

【104】

（　）94. 邀請函註明請著黑衣白裙參加派對，此種派對是屬於何種性質？　(A)餐舞(dinner dance)　(B)茶舞(tea dance)　(C)面具舞會(masquerade)　(D)主題舞會(theme dance)。

【99】

（　）95. 正式的宴會邀約禮儀，下列敘述何者錯誤？　(A)應以書面的邀請卡來邀約　(B)西方請帖會註明衣著的形式和附上回條　(C)「R.S.V.P.」表示參加或不參加，都請回函告知　(D)「regrets only」表示欲參加時，務請告知。

【102外華領】

（　）96. 歐陸式早餐不供應下列那一選項？　(A)蛋和肉類　(B)飲料　(C)果汁　(D)麵包。

【111】

（　）97. 關於西式宴會用餐禮儀，下列敘述何者正確？　(A)用餐者應取用右上方之杯具　(B)用餐者應取用左上方之杯具　(C)用餐者應取用右方之沙拉叉　(D)用餐者應取用右方之麵包盤。

【111】

（　）98. 元首間的正式宴會，稱為　(A)Dinner　(B)Supper　(C)Garden party　(D)State banquet。

【112】

（　）99. 甲公司接待來自以色列為猶太教徒的商務旅客，下列安排何者最不恰當？　(A)為表示慎重與歡迎，應先了解猶太教徒的文化與禁忌　(B)安排行程需避開猶太教的安息日，並留意相關規範　(C)飲食方面一定要安排知名餐廳的東坡肉　(D)安息日不可使用電，所以也不使用手機。

【112】

解答 1.(C) 2.(A) 3.(C) 4.(C) 5.(A) 6.(A) 7.(B) 8.(B) 9.(C) 10.(A)

11.(D) 12.(A) 13.(B) 14.(A) 15.(B) 16.(C) 17.(B) 18.(C) 19.(D) 20.(A)

21.(B) 22.(C) 23.(C) 24.(C) 25.(A) 26.(B) 27.(D) 28.(C) 29.(C) 30.(C)

31.(D) 32.(C) 33.(B) 34.(C) 35.(C) 36.(A) 37.(D) 38.(D) 39.(B) 40.(A)

41.(B) 42.(C) 43.(B) 44.(B) 45.(C) 46.(C) 47.(A) 48.(A) 49.(A) 50.(A)

51.(B) 52.(B) 53.(B) 54.(A) 55.(A) 56.(C) 57.(A) 58.(A) 59.(A) 60.(C)

61.(C) 62.(B) 63.(C) 64.(B) 65.(C) 66.(D) 67.(C) 68.(C) 69.(C) 70.(D)

71.(B) 72.(B) 73.(AB) 74.(C) 75.(B) 76.(A) 77.(C) 78.(D) 79.(C) 80.(C)

81.(B) 82.(A) 83.(C) 84.(A) 85.(A) 86.(C) 87.(C) 88.(A) 89.(C) 90.(C)

91.(A) 92.(C) 93.(D) 94.(D) 95.(D) 96.(A) 97.(A) 98.(D) 99.(C)

衣的禮儀

（　）1.　素有禮服之王的燕尾服(Swallow Tail Coat or White Tie)是指下列何種禮服？　(A)小晚禮服　(B)大晚禮服　(C)早禮服　(D)中式禮服。

【93外華領】

（　）2.　無尾晚禮服（小晚禮服）應搭配何色之領結或領帶？　(A)灰領結　(B)黑領結　(C)黑領帶　(D)白領結。　【94外華導】

（　）3.　女士參加傍晚之雞尾酒會應穿著何種服裝才算合乎禮儀？　(A)較休閒的服裝　(B)晚禮服　(C)日常上班　(D)日間小禮服服。　【93外華導】

（　）4.　女士穿著中國旗袍赴宴時，下列何種情形應該避免？　(A)長及足踝，袖長及肘　(B)衣料以綢緞、織錦為主　(C)兩邊開叉，越高越好　(D)搭配短外套，也可披肩。　【94外華領】

（　）5.　王旺穿著西裝赴宴，坐下來時被發現襪子很不得體，可能是因為他穿了下列哪一種顏色的襪子？　(A)藏青色　(B)白色　(C)黑色　(D)褐色。　【94外華領】

（　）6.　女士到歌劇院或音樂廳觀賞表演，應避免穿著之服裝為何？　(A)洋裝　(B)套裝　(C)牛仔褲　(D)小禮服。　【95外華導】

（　）7.　旅遊時衣著之應注意事項，下列敘述何者正確？　(A)旅館房間裡赤腳或是穿著睡衣接待訪客　(B)在室內不戴帽子和手套　(C)在室內戴墨鏡與他人交談　(D)冬天從室外到餐廳用餐，將脫去的大衣或雨衣拿在手上。　【95外華領】

（　）8.　通常搭乘遊輪旅遊參加正式宴會時，女士正確的穿著為何？　(A)運動服　(B)休閒服　(C)晚禮服　(D)牛仔裝。　【97】

（　）9.　男士穿著西式小晚禮服(Tuxedo)時，下列哪種款式之領帶或領結較不適當？　(A)黑色領結　(B)白色領結　(C)銀灰領帶　(D)黑色領帶。

【97】

（　）10. 女士服裝款式，下列哪一種不適合進入教堂？　(A)洋裝　(B)正式套裝　(C)休閒套裝　(D)短褲或無袖上衣。　　　　　　　　　　　【98】

（　）11. 女士穿著正統旗袍赴晚宴時，下列何者不宜？　(A)裙長及足踝，袖長及肘　(B)搭配高跟亮色包鞋　(C)高跟露趾涼鞋　(D)搭配披肩或短外套。　　　　　　　　　　　　　　　　　　　　　　　　　　【100】

（　）12. 關於男士所穿的禮服，下列敘述何者錯誤？　(A)燕尾服有「禮服之王」的雅稱　(B)燕尾服須搭配白色領結　(C)Tuxedo是一種小晚禮服，須搭配黑色領結　(D)西裝(suit)口袋的袋蓋應收入口袋內。　　【101】

（　）13. 男士在正式場合穿著西裝，下列敘述何者正確？　(A)搭配任何鞋子以白襪子為最佳　(B)搭配深色皮鞋，深色襪子為宜　(C)襯衫的第一顆釦子要打開　(D)領帶的花色以越鮮豔越好。　　　　　　　　　【101】

（　）14. 某女士計畫去義大利旅遊，在行程上特意安排到歌劇院觀賞著名的歌劇表演，因此她的出國行李內要多準備之服裝為何？　(A)晚禮服　(B)洋裝　(C)套裝　(D)褲裝。　　　　　　　　　　　　【102外華領】

（　）15. 到馬來西亞旅遊，有女性旅客被禁止進入印度廟內參觀，下列何項是最可能的原因？　(A)短褲或無袖上衣　(B)牛仔褲　(C)長褲或拖鞋　(D)休閒服。　　　　　　　　　　　　　　　　　　　【102外華領】

（　）16. 穿著禮儀中，「小禮服」的英語名稱為：　(A)White tie　(B)Semiformal　(C)Black tie　(D)Lunch jacket。　【102外華領】

（　）17. 男士穿著禮服的敘述，下列何項正確？　(A)邀請函上註明“Black Tie”，就是指定要穿燕尾服　(B)邀請函上註明“White Tie”，就是指定要穿TUXEDO　(C)“Black Suit”是晝夜通用的簡便禮服　(D)“Morning Coat”僅限於中午12點前穿著。　　　　【102外華導】

（　）18. 穿著的禮儀必須符合T.O.P.原則，下列何項為「T.O.P.」的意義？　(A)穿著要最時尚、顏色要最能突顯自己、整潔最為重要　(B)穿著的時間、穿著的場合、穿著的地點　(C)穿著要符合季節、身分、穿著的人　(D)要依據時間、事件、身分穿著。　　　　　【102外華導】

（　）19. 在正式場合，襪子的穿法，下列何項錯誤？　(A)女士夏天也要穿著絲襪　(B)女士可穿著不透明的健康襪　(C)男女穿著禮服時，都要配絲質襪子　(D)男士穿西裝絕對不可穿白襪子，以深色為宜。

【102外華導】

（　）20. 到日本旅遊，想入境隨俗，對穿著和服禮儀之敘述，下列何項正確？　(A)衣襟左邊在上時，表示喜；衣襟右邊在上時，表示喪　(B)衣襟左邊在上時，表示喪；衣襟右邊在上時，表示喜　(C)衣襟左或右邊在上，並無不同　(D)男左女右，因此女士穿著日式和服時，衣襟一律右邊在上。

【103外華領】

（　）21. 男士穿著西裝時，下列敘述何項錯誤？　(A)正式西裝的穿法要"三點露白"，分別露出領口、袖口、白手帕，且都要露得恰如其分　(B)繫領帶時，襯衫的第一個扣子不要扣　(C)深色西裝要搭配黑皮鞋深色襪子，避免穿白襪　(D)站立或行走時，領帶要收入西裝外套內。

【103】

（　）22. 正式場合，男士襯衫穿法，下列何項最不適宜？　(A)最好穿長袖襯衫　(B)穿長袖襯衫，襯衫袖長與西裝袖長應一致　(C)穿長袖襯衫，襯衫袖長需比西裝袖長多1～2吋　(D)在很熱的地區，穿短袖襯衫可以被接受。

【103】

（　）23. 女性上班穿著重點，下列敘述何項錯誤？　(A)上班時間不宜穿著性感緊身衣　(B)身上的色彩，不宜多於3個顏色，才能穿出整體感　(C)香水宜選用淡香水，同時擦在耳後、手腕與膝蓋等處　(D)鞋子以中、高跟包鞋為宜。

【104】

（　）24. 女士搭乘遊輪旅遊，參加正式宴會時，應穿著下列何種服裝最合乎禮儀？　(A)運動服　(B)牛仔裝　(C)小禮服　(D)休閒服。　【105】

（　）25. 男士禮服的穿著，下列敘述何項錯誤？　(A)最正式的場合如國宴，需穿黑色燕尾服，黑色鑲緞帶邊褲子　(B)最正式的場合如國宴，需穿白色背心，打白色領結　(C)晚禮服要穿著皮鞋，有無繫鞋帶皆可　(D)晚禮服要打黑色領結。

【105】

（　）26. 男士穿著小晚禮服時，應搭配何種顏色的領結為宜？　(A)白色　(B)黑色　(C)灰色　(D)紅色。　　　　　　　　　　　　　　　　【106】

（　）27. 「大禮服」之英文名稱，下列何者正確？　(A)Lounge Suit　(B)Tuxedo　(C)Whiting Smoking　(D)Swallow Tail。　　　　　　　　　　【106】

（　）28. 女士出席正式宴會Full Dress場合的裝扮，下列何者合乎禮節？　(A)日間打扮盡量濃妝豔抹　(B)日間穿著適宜金光閃閃　(C)晚禮服應可以毛衣為外套穿著赴會　(D)參加國際晚宴，宜穿著晚禮服出席。　【107】

（　）29. 男士「大晚禮服」的別稱為何？　(A)中山裝　(B)燕尾服　(C)西裝　(D)休閒服。　　　　　　　　　　　　　　　　　　　　　　　　【107】

（　）30. 穿著的禮儀必須符合T.O.P.的原則，下列何者為「O」的意義？　(A)穿著的時間　(B)穿著的場合　(C)穿著的顏色　(D)穿著的整潔。

（　）31. 下列何者為「大晚禮服」的英文名稱？　(A)White Tie　(B)Black Tie　(C)Dark Suit　(D)Morning Coat。

（　）32. 有關男女穿著打扮之敘述，下列那些符合國際禮儀？①女士化濃妝配戴大型飾物乃基本禮儀　②穿戴宜配合場合　③男士著西服時，宜穿著襯衫　④穿戴宜與身分年齡相稱　(A)①③④　(B)①②③　(C)①②④　(D)②③④。　　　　　　　　　　　　　　　　　　　　　　　　　　【111】

（　）33. 穿著大晚禮服，所搭配領結的顏色應為　(A)紅領結　(B)白領結　(C)花領結　(D)黑領結。　　　　　　　　　　　　　　　　　　　　【111】

（　）34. 男士穿著西裝時，領帶長度下列何者較為適宜？　(A)在皮帶扣環的上方五公分　(B)到腰際皮帶環扣處　(C)在皮帶扣環的下方五公分　(D)越長越好。　　　　　　　　　　　　　　　　　　　　　　　　【112】

- -

解答　1.(B)　2.(B)　3.(D)　4.(C)　5.(B)　6.(C)　7.(B)　8.(C)　9.(B)　10.(D)
11.(C)　12.(D)　13.(B)　14.(A)　15.(A)　16.(C)　17.(C)　18.(B)　19.(B)　20.(A)
21.(B)　22.(B)　23.(C)　24.(C)　25.(C)　26.(B)　27.(D)　28.(D)　29.(B)　30.(B)
31.(A)　32.(D)　33.(B)　34.(B)

住的禮儀

( ) 1. 帶團住宿旅館時，下列敘述何者正確？ (A)若浴室有兩套馬桶時，其中一個與普通馬桶不同的是男士專用的尿池 (B)旅館的逃生門一般是可往內及往外雙向開 (C)房內電話若有信號燈且閃爍不停，表示有電話留言 (D)旅客若自備電器如電茶壺，只要準備適當的變壓器，即可使用旅館內的插座於房內烹調。 【95外華領】

( ) 2. 下列何者為旅客投宿飯店不想外人打擾時使用之標示文字？ (A) Don't Disturb (B)Out of Order (C)No Show (D)Room Service。 【93外華領】

( ) 3. 關於小費(TIP)的真正原意，下列敘述何者正確？ (A)保證可以快速服務 (B)保證可以增加產量 (C)保證可以增加利潤 (D)保證可以快速付款。 【93外華領】

( ) 4. 下列何項物品在離開旅館時是可以免費帶走的？ (A)菸灰缸 (B)小肥皂 (C)浴巾 (D)浴袍。 【93外華導】

( ) 5. 住在飯店的客房，依照慣例下列客房物品，何者是房客可以帶走 (A)大毛巾 (B)玻璃杯 (C)浴袍 (D)信紙。 【95外華領】

( ) 6. 旅館房間浴室內用來當腳踏墊的毛巾，下列何者較適當？ (A)Bath mat (B)Bath towel (C)Wash cloth (D)Hand towel。 【97】

( ) 7. 投宿旅館時若有不熟悉的異性訪客，下列何項為適合的會客處？ (A)大廳 (B)客房內 (C)樓層走廊 (D)大門口。 【97】

( ) 8. 旅館房價含早餐券，旅客不用早餐時，通常處理原則為何？ (A)可要求退早餐之全額費用 (B)可要求退早餐之半價費用 (C)視同放棄，不另退款 (D)可要求等值商品補償。 【97】

（　）9. 住旅館時，下列何種服務人員不需給小費？　(A)客房服務人員　(B)櫃檯人員　(C)提行李之服務生　(D)開車門之服務員。　　　　【98】

（　）10. 飯店的客房中，依照慣例下列哪個地方最適合放置小費？　(A)書桌上　(B)枕頭上　(C)床頭櫃　(D)沙發上。　　　　【100】

（　）11. 當旅館發生火災時，房客逃生之方式，下列敘述何者不恰當？　(A)趕緊搭乘電梯逃生　(B)循樓梯往安全處疏散　(C)用毛巾沾濕掩住口鼻，向安全處移動　(D)在浴室藉著排水孔的空氣，等待救援。　　　　【100】

（　）12. 關於旅館住宿禮儀，下列何者錯誤？　(A)宜先預訂房間，並說明預計停留天數　(B)準時辦理退房手續，不吝給小費　(C)房門掛有「請勿打擾」的牌子，勿敲其門造訪　(D)館內毛巾、浴袍乃提供給客人的消費品，離開時可免費帶走。　　　　【101】

（　）13. 住宿觀光旅館時，下列敘述何者錯誤？　(A)高級套房(suite)內有小客廳，供房客接見來賓　(B)送茶水或冰塊等服務，應付給小費以示感謝　(C)晨間喚醒(Morning call)服務不須另付費　(D)由櫃檯代旅客召喚計程車，須付櫃檯服務費。　　　　【101】

（　）14. 泡溫泉時，下列行為何者不恰當？　(A)進水池前要先淋浴，以維護公共衛生　(B)手腳容易抽筋者，應避免單獨泡溫泉　(C)泡完溫泉會覺得口渴或飢餓，宜先準備飲料或食物在旁，以便隨時取用　(D)不可在池內嬉鬧或打水仗，影響其他來賓的安寧。　　　　【102外華領】

（　）15. 住宿飯店時，下列敘述何者最不恰當？　(A)使用飯店游泳池，入池前應先將身體沖洗乾淨再下水　(B)任何時間皆不宜穿著睡衣在飯店大廳走動　(C)使用健身設施時，應該依照飯店規定時間及安全規則　(D)使用過的毛巾應摺回原狀，放回原處，以免失禮。　　　　【102外華領】

（　）16. 住宿旅館時，下列行為何項最恰當？　(A)淋浴時，要將浴簾拉開、垂放在浴缸外側　(B)全球的旅館都在浴室準備牙膏、牙刷，所以出門不必自備　(C)廁所內的衛生紙用完時，可用房間內面紙代之　(D)國際觀光旅館內的衛生紙，使用後可直接丟入馬桶。　　　　【102外華導】

（　）17. 游泳池之游泳禮儀與衛生，下列敘述何項錯誤？　(A)下水游泳前應先淋浴及洗澡，才不會汙染游泳池，讓泳客能安心　(B)游泳中途上廁所後再次進入泳池前，僅需洗手、洗腳，無須淋浴　(C)拖鞋及個人毛巾都不可拿進游泳池畔，以隔絕汙染，才能確保大眾公共衛生　(D)游泳時不小心拍打或踢到別人，要馬上致歉，並注意保持安全距離，才能避免再犯。　【103外華領】

（　）18. 下列有關帶團人員保管財物安全之敘述，何者最不適當？　(A)領隊及導遊很容易成為歹徒覬覦的目標，因此金錢及證件的保管千萬不能離身　(B)每至一處旅館，最好將金錢及重要證件置於保險箱　(C)最好拿個小皮包，大小剛好可容納錢財及重要證件，如要沐浴時，必定要交給同房的團員妥善協助看管　(D)最好揹個小背包，大小剛好可容納重要證件，且分秒不得離身，尤其是在旅館辦理住宿登記時應將之轉到胸前。　【103外華領】

（　）19. 出國團體旅遊，帶團人員如遇旅客要求住宿Adjoining Room狀況，應妥善安排適當房間。所謂的Adjoining Room指的是下列何者？　(A)連號房　(B)連通房　(C)緊鄰房　(D)對面房。　【103外華領】

（　）20. 關於一般電話禮儀，下列何項敘述錯誤？　(A)說話速度要合宜，不可因趕時間而太快　(B)接聽電話，留意自己說話的口氣　(C)若有些話不想讓對方聽見，最好按住話筒談話　(D)用餐時間，接聽電話，不宜邊說話，邊吃東西。　【103外華導】

（　）21. 有關作客寄寓的禮儀，下列敘述何項最不恰當？　(A)作息時間應力求配合主人　(B)進入寓所或他人居所，應先揚聲或按電鈴，不可擅闖　(C)未獲主人同意前，勿打長途電話、開冰箱或在主人家會客　(D)臨去前，略將臥室及盥洗室恢復原狀即可。　【103外華導】

（　）22. 床頭小費宜放置於房間內何處最為恰當？　(A)電視上　(B)書桌上　(C)酒櫃上　(D)床鋪上。　【103外華導】

（　）23. 依據旅館房務作業系統，如遇門上懸掛「DND」牌示的狀況，應採取什麼行動？　(A)按門鈴3次，若無人應門就開門進入　(B)暫時不進入打

掃　(C)房內急需人手幫忙，趕快進入　(D)催促客房餐飲部儘快送餐。
【103】

（　）24. 住宿旅館若不幸發生火災，帶團人員應如何處理較為適當？　(A)遵守帶團人員守則，應盡忠職守集合所有團員再一起逃生　(B)迅速打電話通知各樓層團員，提醒逃生　(C)請先逃出的團員儘速搭乘電梯離開　(D)帶團人員應儘速用濕毛巾掩住口鼻，敲打同一樓層團員房門，提醒逃生。
【103】

（　）25. 有關作客寄寓的禮儀，下列敘述何項最不恰當？　(A)作息時間應力求配合主人　(B)進入寓所或他人居所，應先揚聲或按電鈴，不可擅闖　(C)未獲主人同意前，勿打長途電話、開冰箱或在主人家會客　(D)臨去前，略將臥室及盥洗室恢復原狀即可。
【103】

（　）26. 床頭小費宜放置於房間內何處最為恰當？　(A)電視上　(B)書桌上　(C)酒櫃上　(D)床鋪上。
【103】

（　）27. 歐洲飯店房間的浴室，常會增加一個沒有坐墊的馬桶座，其主要使用功能為何？　(A)男士的小號池　(B)下身洗淨器　(C)簡易洗衣槽　(D)廚餘清理槽。
【106】

（　）28. 團員欲使用投宿旅館游泳池時，領隊人員應提醒之注意事項，下列何者錯誤？　(A)確認救生設備是否完善　(B)避免在規定以外時間使用游泳池　(C)只要旅客報備，隨時可以單獨去游泳　(D)請旅客在救生員值班時再使用游泳池。
【106】

（　）29. 住宿飯店時，最應檢查的事項是：　(A)逃生門　(B)電視機　(C)盥洗用品　(D)抽水馬桶。
【107】

（　）30. 下榻飯店有訪客來訪時，下列何項行為最恰當？　(A)住宿房間為私人空間，所以在房間接待客人以示尊重　(B)選擇在飯店大廳、咖啡廳或會議廳接待，較為適宜　(C)若訪客為不熟悉之異性，宜關閉房門晤談，以示尊重　(D)若情非得已，必須在房間內接見賓客，房間內小冰箱飲料較貴，不宜請賓客享用。
【107】

（　）31. 當旅客在經過一整天旅遊行程的參觀訪問後，於房間內休息且不想受到干擾時，領團人員可以告訴該旅客應利用門把的哪一塊吊牌？　(A)Do not disturb　(B)Do not wake me up　(C)Make up the room　(D)Do not call me up。　【107】

（　）32. 泡溫泉時，下列禮儀，何者不恰當？　(A)進入溫泉池應要事先沖洗乾淨，再進入溫泉池　(B)進入溫泉時帶毛巾，在池邊搓洗或擦拭身體　(C)非溫泉旅館中，浴袍只能在房間裡面穿　(D)在溫泉區內，浴袍可以穿到房間以外的場合。　【95外華導】

（　）33. 客房與客房各自有獨立對外的房門，房間內部另有門可以互通，其房型英文稱之為：　(A)Executive Suite　(B)Executive Floor　(C)Connecting Room　(D)Corner Suite。

（　）34. 飯店內的付費電視節目，旅客若是於免費試看結束後，誤按「確定」鍵，領隊或導遊應如何協助旅客作最適當之處理？　(A)請旅客繼續看完節目，隔日告訴櫃檯是誤按　(B)請旅客繼續看完節目，隔日要求櫃檯給予折扣　(C)請旅客立刻關閉節目，通知櫃檯是誤按並拒絕付費　(D)請旅客立刻關閉節目，立即通知櫃檯並爭取依時間比例付費。

（　）35. 有關團體旅遊中小費支付的敘述，下列何者錯誤？　(A)國外有些餐廳在用餐之後，會希望客人放置小費在桌上給服務人員　(B)在國外機場請行李搬運人員搬運行李，通常需要支付行李搬運小費　(C)國外旅遊通常會於行程結束前給司機小費　(D)乘坐豪華遊輪時，因為費用較高，所以不用再支付任何小費。　【102外華領】

（　）36. 投宿旅館時，下列敘述何者錯誤？　(A)訂房時應告知住房人數、日期、聯絡人姓名、電話等資訊　(B)應告知預計停留天數　(C)若趕不上旅館check in時間，應聯絡告知旅館櫃檯　(D)若需要延長停留天數，只要不辦理check out手續即可。　【112】

（　）37. 在非日式休閒度假飯店住宿時，下列何種行為符合禮儀規範？　(A)在飯店大廳高談闊論　(B)依飯店規範的穿著從房間直接前往泳池　(C)穿著浴袍進入餐廳用餐　(D)帶走客房裡的毛巾與浴袍。　【112】

解答　1.(C)　2.(A)　3.(A)　4.(B)　5.(D)　6.(A)　7.(A)　8.(C)　9.(B)　10.(B)

11.(A)　12.(D)　13.(D)　14.(C)　15.(D)　16.(D)　17.(B)　18.(C)　19.(C)　20.(C)

21.(D)　22.(D)　23.(B)　24.(D)　25.(D)　26.(D)　27.(B)　28.(C)　29.(A)　30.(B)

31.(A)　32.(B)　33.(C)　34.(D)　35.(D)　36.(D)　37.(B)

行的禮儀

(　　) 1. 請問男女下樓梯時應：　(A)10階以上男士與女士併行　(B)男士先行　(C)女士先行　(D)男士與女士相隔。　　　　　　　　【94外華領】

(　　) 2. 導遊帶客人搭乘電梯時，下列行為何者恰當？　(A)進入電梯後應面向內，以便與客人談話　(B)進入電梯應轉身面對電梯門，避免與人面對站立　(C)搭乘電梯要先入後出　(D)進入擁擠的電梯，仍應戴著帽子以表示禮貌。　　　　　　　　　　　　　　　　　　　　【95外華導】

(　　) 3. 搭乘友人駕駛的車輛時，位於駕駛座何處的座位最尊？　(A)右側　(B)後方　(C)右後方　(D)後方中間。　　　　　　　　　　　【94外華導】

(　　) 4. 王董事長上下班有司機接送，下列何者為轎車首位的位置？　(A)後座右側　(B)後座中間座　(C)前座右側　(D)後座左側。　　　【94外華領】

(　　) 5. 臺灣旅客在國外駕車，下列敘述何者不正確？　(A)在美加地區開車，跟臺灣一樣是靠右行駛　(B)在日本、英國開車是靠右行駛　(C)通常租車時應備國際駕照及國內駕照　(D)經過行人穿越道前，務必要煞車暫停。　　　　　　　　　　　　　　　　　　　　　　　　　【95外華導】

(　　) 6. 當與兩位長輩同行搭計程車時，你最應該選擇的座位是：　(A)駕駛座旁(B)右後方　(C)左後方　(D)後方中間。　　　　　　　　　　【98】

(　　) 7. 進入擁擠的電梯中，下列哪一項行為最為恰當？　(A)告知按鈕旁之他人協助按下欲前往的樓層　(B)與熟人同行等候，應相互禮讓一番，再行進入電梯　(C)進入電梯後，應該背對電梯站立，與他人保持眼神交會　(D)談論公事。　　　　　　　　　　　　　　　　　　　　　【98】

(　　) 8. 有關走路時的禮儀，下列敘述何者不正確？　(A)右為尊，左為卑　(B)左為尊，右為卑　(C)三人並行時，中間位為尊　(D)多人同行時，依前後順序，最前面為尊。　　　　　　　　　　　　　　　　　　　【99】

( )9. 主人開小轎車迎送你與一位長輩時，你最不應
該選擇的座位為：

主人		甲
乙	丙	丁

(A)丙　(B)丁　(C)甲　(D)乙　　　【99】

( )10. 關於乘車禮儀，下列敘述何者正確？　(A)由司機駕駛之小汽車，男女
同乘時，男士先上車，女士坐右座　(B)由主人駕駛之小汽車，以前座
右側為尊　(C)由一主人駕車迎送一賓客，賓客應坐其正後座　(D)不論
由主人或司機開車，依國際慣例，女賓應坐前座。　　　【101】

( )11. 上樓時，若與長者同行，應禮讓長者先行。下樓時，應走在長者之：
(A)左邊　(B)右邊　(C)前面　(D)後面。　　　【101】

( )12. 主人親自駕駛小汽車時，下列乘坐法何者最不恰當？　(A)以前座為
尊，且主賓宜陪坐於前，若擇後座而坐，則如同視主人為僕役或司
機，甚為失禮　(B)與長輩或長官同車時，為使其有較舒適之空間，應
請長輩或長官坐後座，較為適宜　(C)如主人夫婦駕車迎送友人夫婦，
則主人夫婦在前座，友人夫婦在後座　(D)主人旁之賓客先行下車時，
後座賓客應立即上前補位，方為合禮。　　　【102外華領】

( )13. 有關搭乘電梯禮儀，下列何項行為最恰當？　(A)當電梯擁擠時，男士
應先進入電梯為女士占領空間　(B)入電梯應轉身面對電梯門，避免與
人面對站立　(C)搭乘電梯要以先入後出為原則　(D)進入電梯後應面向
內，以便與朋友談話。　　　【102外華導】

( )14. 領隊帶團時有關團體託運行李的敘述，下列何者正確？　(A)若國際線
行李限制每人20公斤，夫妻二人同遊時，行李可以一件裝30公斤，另
一件裝10公斤　(B)若國際線行李限制每人20公斤，不同日搭乘的國內
線行李限制為15公斤，帶19公斤行李的旅客有可能在搭乘國內線時，
被要求補行李超重費　(C)若國際線行李限制每人20公斤，某位旅客帶
了40公斤的行李，其中20公斤託運，另外20公斤可帶上機艙內　(D)搭
乘飛機的託運行李只限制重量，並無限制行李尺寸大小。

【103外華領】

（　）15. 下列對於團體時間掌握的敘述何者正確？　(A)搭乘國際線航班時，只要起飛前30分鐘抵達即可　(B)搭乘國際線航班時，最好至少距起飛前2 小時抵達機場辦理登機手續　(C)搭乘國內段航班時，只要起飛前抵達機場辦理登機手續即可　(D)搭乘國內段航班時，飛機起飛後才抵達仍可辦理登機手續。　　　　　　　　　　　　　　　　【103外華領】

（　）16. 使用ABACUS訂位系統，輸入123NOVSFOTPE11PYVR，其指定的轉機點為下列哪個城市？　(A) NOV　(B) SFO　(C) TPE　(D) YVR。　　　　　　　　　　　　　　　　　　　　　　　　　　　　　【103外華領】

（　）17. 李太太帶一位未滿兩歲的嬰兒，搭乘商務艙班機前往美國，依IATA規定，該嬰兒的免費託運行李，最多可帶幾件？　(A) 3件　(B) 2件　(C) 1件　(D) 0件。　　　　　　　　　　　　　　　　　　　　　【103外華領】

（　）18. 醫療用之雙氧水，屬於空運的第幾類危險品？　(A)第一類　(B)第三類　(C)第五類　(D)第九類。　　　　　　　　　　　　　　　　　　　【103外華領】

（　）19. 臺灣旅客出國必備的中華民國護照，由下列哪個政府機關核發？　(A)內政部入出國及移民署　(B)外交部領事事務局　(C)交通部觀光局　(D)交通部民航局。　　　　　　　　　　　　　　　　　　　　【103外華領】

（　）20. 一般而言，上下樓梯禮儀，下列敘述何項錯誤？　(A)上樓時，男士在前，女士在後，長者在前，幼者在後　(B)上樓時，女士在前，男士在後，長者在前，幼者在後　(C)下樓時，男士在前，女士在後　(D)下樓時，幼者在前，長者在後。　　　　　　　　　　　　　　　　　【103外華領】

（　）21. 一對情侶於馬路上靠右邊同行，下列何項為正確的行進禮儀？　(A)男士走在女士的左側　(B)男士走在女士的前右側　(C)男士走在女士的正前方　(D)男士走在女士的後右側。　　　　　　　　　　　　【103外華領】

（　）22. 旅客參觀國立故宮博物院時，下列何種情形應該避免？　(A)旅客穿露趾無鞋跟涼鞋　(B)旅客不得隨意干擾解說員或導遊之解釋介紹　(C)旅客可攜帶兒童入內參觀，必須妥為照料兒童　(D)旅客倘患重感冒、嚴重咳嗽，則不宜進入參觀。　　　　　　　　　　　　　【103外華領】

（　）23. 住宿旅館若不幸發生火災，帶團人員應如何處理較為適當？　(A)遵守帶團人員守則，應盡忠職守集合所有團員再一起逃生　(B)迅速打電話通知各樓層團員，提醒逃生　(C)請先逃出的團員盡速搭乘電梯離開　(D)帶團人員應盡速用濕毛巾掩住口鼻，敲打同一樓層團員房門，提醒逃生。　　　　　　　　　　　　　　　　【103外華領】

（　）24. 國外團體旅遊，抵達目的地之通關程序，下列敘述何者錯誤？　(A)通關前領隊應先向團員說明通關程序　(B)領隊先行通關時應向移民官表明領隊身分，提示團體人數，以利團員通關　(C)團員遇移民官查問時，領隊皆應主動上前代為回答　(D)團員因個人因素被拒絕入境，旅客須自行支付遣返的票款。　　　　　　　　　　　　　【103外華領】

（　）25. 下列何項屬於我國國籍航空公司之代碼(Airline Code)？　(A)X2　(B)Q3　(C)J5　(D)B7。　　　　　　　　　　　　　　　　　　【103外華導】

（　）26. 有關握手禮儀，下列敘述何項錯誤？　(A)握手時，無需一邊鞠躬一邊握手　(B)男士與初次介紹認識之女士，通常不行握手禮　(C)男士為顯示紳士風度，宜先伸手向女士行握手禮　(D)主人對客人有先伸手相握之義務。　　　　　　　　　　　　　　　　　　　　【103外華導】

（　）27. 打高爾夫球的禮儀，下列敘述何者錯誤？　(A)在沙坑上擊出球，應以沙耙推平鞋印、擊球坑，才能讓沙地平整　(B)若擊球時不小心削掉草皮，宜盡速通知服務人員，使球場得以盡快恢復原貌　(C)當別人專心一意準備開球時，應避免口語交談，干擾其心神　(D)在全組人員全部推桿進洞後，應插回旗桿，讓下一組人上果嶺時可以繼續比賽。　　　　　　　　　　　　　　　　　　　　　　　　　　【103外華導】

（　）28. 入境臺灣旅客所攜帶之貨物樣品，其完稅價格在新臺幣多少元以下者免稅？　(A)1萬2千元　(B)1萬5千元　(C)2萬元　(D)3萬元。　　　　　　　　　　　　　　　　　　　　　　　　　　【103外華導】

（　）29. 若駕駛座在左側，有關乘車座次安排的禮儀，下列敘述何項錯誤？　(A)有司機駕駛之小汽車，以後座右側為首位　(B)主人駕駛之小汽車，

前座主人旁的座位為首位　(C)有司機駕駛之小汽車，依國際慣例，女賓應坐前座　(D)主人駕駛之小汽車，應邀請男主賓坐前座，主賓夫人則坐右後座位。【103】

(　)30. 有關九人座巴士座次安排的禮儀，請參考附圖，下列何項正確？　(A)E座為首位　(B)B座為首位　(C)C座為首位　(D)H座為首位。【104】

司機	A	B
C	D	E
F	G	H

(　)31. 下列哪一個城市的車輛是靠右邊行駛？　(A)美國洛杉磯　(B)中國香港　(C)英國倫敦　(D)澳大利亞雪梨。【104】

(　)32. 搭機旅客的託運行李遭到損害或遺失，應填具下列何種表格？　(A)CPR(Cardiopulmonary Resuscitation)　(B)PNR(Passenger Name Record)　(C)PIR(Property Irregularity Report)　(D)VAT(Value Added Tax)。【104】

(　)33. 三人並行時，其尊卑的位置排列，下列敘述何項正確？　(A)右為尊，中次之，左最小　(B)右最小，中次之，左為尊　(C)右次之，中為尊，左最小　(D)左為尊，中最小，右次之。【105】

(　)34. 當男主人親自駕車，搭載一對夫婦友人時，這對友人夫婦應該如何選擇座位？　(A)夫坐駕駛座旁，婦坐在右後方　(B)婦坐駕駛座旁，夫坐在右後方　(C)婦坐駕駛座旁，夫坐在左後方　(D)兩人皆坐後座。【105】

(　)35. 下列何者為旅客訂位紀錄PNR之全文？　(A)Per Name Record　(B)Passenger Name Record　(C)Passenger Notice Record　(D)Passenger Number Record。【105】

(　)36. 搭乘電梯時，若遇電梯故障急速下降時，面臨生死一瞬間，下列做法何項最不恰當？　(A)迅速將每一層樓的按鍵按下，可能可以阻止電梯下降　(B)如果電梯內有手把，應迅速緊握手把　(C)將整個背部跟頭部

緊貼電梯內牆　(D)將膝蓋盡力伸直以防著地時全身骨折或跌倒。

【104】

(　)37. 有關行進的禮儀，下列何項敘述最不恰當？　(A)男士3人同行，以中間為尊，右邊次之，左邊為再次之　(B)男士3人同行，以右邊為尊，中間次之，左邊為再次之　(C)前位為尊，後位為輔　(D)右邊為大，左邊為輔。

【104】

(　)38. 有關搭乘飛機的禮儀，下列何項錯誤？　(A)飛機起飛前，要收好座位前的桌面，以免發生危險　(B)團體座位是以FIRST NAME的英文字首來編排座次　(C)機艙內洗手間的FLUSH鍵，是指如廁後沖水的按鍵　(D)洗手間門顯示OCCUPIED，是指洗手間有人使用。

【103】

(　)39. 搭乘中或大型遊覽車時，如附圖，下列何項位置為首位？

(A)B座位為首位　(B)F座位為首位　(C)H座位為首位。

【105】

(　)40. 有關行進的禮儀，下列敘述何者正確？　(A)前尊、後卑、右大、左小　(B)前卑、後尊、右大、左小　(C)前尊、後卑、左大、右小　(D)前卑、後尊、左大、右小。

【105】

(　)41. 主人自己開小轎車時，下列哪個座位為最尊？　(A)後座右邊　(B)後座左邊　(C)駕駛座旁之位置　(D)後座中間。

【106】

(　)42. 下列經濟艙乘客，何者不屬於先行登機之對象？　(A)攜帶嬰兒旅行之乘客　(B)單獨旅行孩童　(C)需要協助之乘客　(D)攜帶兒童旅行之乘客。

【106】

(　)43. 關於搭乘飛機的禮儀，下列敘述何者正確？　(A)同一艙門登機時，商務艙與經濟艙的旅客同時登機　(B)機上餐具精美，可向服務人員免費

索取　(C)機上用餐時須將椅背扶正，以免影響後座乘客用餐　(D)起飛前在機艙內可隨時更換座位。　　　　　　　　　　　　【106】

（　）44. 團體進行中，如發生治安事故時，下列何者不是領團人員應做的處置？　(A)追逐緝拿歹徒追回財物　(B)保護團員的人身和財產安全　(C)協助警察人員迅速破案　(D)及時向公司主管部門報告。　　　　　【106】

（　）45. 我國海關現行規定，不隨身行李物品應在入境時即於「中華民國海關申報單」上報名件數及主要品目，並應自入境之翌日起幾個月內進口？　(A)3　(B)6　(C)9　(D)12。　　　　　　　　　　【106】

（　）46. 旅遊行程中，下列有關使用行李箱時應注意的事項，何者錯誤？　(A)應使用堅固耐用且有綁帶的行李箱　(B)勿替陌生人攜帶物品　(C)搭機時，貴重物品應放置於托運行李中　(D)個人行李數量有增減，應告知領團人員。　　　　　　　　　　　　　　　　　　　【106】

（　）47. 活動主辦單位派小轎車來接貴賓時，貴賓應坐在哪個座位？　(A)司機旁　(B)司機的右後方　(C)司機的正後方　(D)後座的中間位子。

【107】

（　）48. 當商務艙與經濟艙旅客使用同一艙門上下飛機時，經濟艙的旅客是以何種原則上下飛機？　(A)先上先下　(B)後上後下　(C)先上後下　(D)後上先下。　　　　　　　　　　　　　　　　　　　　　　【100】

（　）49. 下列敘述何者較符合國際航空公司登機作業程序？　(A)國際航線團體應於飛機起飛前3小時抵達機場報到　(B)一般國際航線要求旅客於班機起飛前30分鐘抵達登機門　(C)國際線隨身行李可攜帶10公升液體上機　(D)國際線登機時一般會先請團體旅客登機。　　　　【102外華領】

（　）50. 搭乘由司機所駕駛的小轎車時，位於司機何處的座位為最尊？　(A)右側　(B)後方　(C)右後方　(D)後方中間。

（　）51. 根據我國民用航空法規定，下列於航空器上之行為，何者相對罰則較重，得處新臺幣3萬元以上15萬元以下罰鍰？　(A)於航空器之廁所內

吸菸　(B)無故操作其他安全裝置　(C)使用含酒精飲料或藥物，致危害航空器之秩序　(D)不遵守機長為維護航空器上秩序及安全之指示。

【106】

(　)52. 關於行的禮儀，下列敘述何者錯誤？　(A)行進時，右大左小、女右男左　(B)三人並行，中間為大、其次為右　(C)下樓梯時，客人先行下樓，接待人員尾隨於後　(D)出電梯時，貴賓先行，接待人員再出電梯，之後繼續引領。

【111】

(　)53. 關於乘車禮儀，下列敘述何者正確？　(A)進入座車，頭先進入、再臀部與腳　(B)後方 3 人座，右大、中次之、左最小　(C)有司機駕駛，右後方為首位　(D)主人夫婦駕車，男主人開車時，友人坐右前座，以示尊重。

【111】

(　)54. 搭乘單邊出入之無景觀電梯時，應遵守那些基本禮儀？①長者或老弱者先進或先出、②站在開關旁乘客應有舉手之勞之義務，應其他乘客之要求提供服務、③電梯內如遇熟人可高談闊論　④站在電梯內時應該背向電梯門　(A)①②　(B)②③　(C)③④　(D)①④。　【111】

(　)55. 老師開車下課順道載B同學一程，請問B同學應坐在轎車的那一座位？(A)駕駛座旁邊的座位　(B)後座左側　(C)後座右側　(D)後座中間。

【112】

解答　1.(B)　2.(B)　3.(A)　4.(A)　5.(B)　6.(A)　7.(A)　8.(B)　9.(C)　10.(B)
11.(C)　12.(B)　13.(B)　14.(B)　15.(B)　16.(D)　17.(C)　18.(C)　19.(B)　20.(A)
21.(A)　22.(A)　23.(D)　24.(C)　25.(D)　26.(C)　27.(B)　28.(A)　29.(C)　30.(A)
31.(A)　32.(C)　33.(C)　34.(A)　35.(B)　36.(A)　37.(B)　38.(B)　39.(A)　40.(A)
41.(C)　42.(D)　43.(C)　44.(A)　45.(B)　46.(C)　47.(B)　48.(B)　49.(B)　50.(C)
51.(A)　52.(C)　53.(C)　54.(A)　55.(A)

 溝通的禮儀

(   ) 1. 下列哪一項話題適合與人交談,而不致失禮? (A)對方的財務狀況 (B)對方的工作概況 (C)個人不幸的遭遇 (D)他人的私事。

【93外華導】

 1.(B)

社交的禮儀

（　）1. 西方人餽贈禮物時習慣上於何時拆開禮物？　(A)當場拆開　(B)回家再拆經　(C)送禮者允許則可拆開　(D)經眾人同意才可拆開婉謝禮物。

【93外華導】

（　）2. 旅遊時，與同遊者一起運動，下列敘述何者較不適當？　(A)做什麼運動要穿什麼服裝　(B)可隨意向同行者借球具　(C)球賽前先說明清楚比賽規則　(D)交談時，以融洽話題為原則。　【97】

（　）3. 女生表示已訂婚時，戒指應戴在左手的：　(A)無名指　(B)小指　(C)中指　(D)食指。　【97】

（　）4. 開舞的禮儀中，下列敘述何者不正確？　(A)若為結婚的舞會，應由主婚夫婦領先開舞，新婚夫婦隨後　(B)若為一般家庭舞會又無男女主賓，則可由主人夫婦開舞　(C)正式舞會必須為男主人邀女主賓及女主人伴男主賓率先開舞　(D)當主人夫婦開舞後，其他賓客即可進入舞池跳舞。　【98】

（　）5. 下列哪一種花，不適合國人做為祝賀結婚之贈禮？　(A)玫瑰花　(B)火鶴　(C)百合花　(D)白蓮花。　【99】

（　）6. 音樂會的場合中，入場時有帶位員引領，男士與女士應該如何就座？　(A)帶位員先行，男士與女士同行隨後　(B)男士與女士同行，帶位員隨後　(C)帶位員先行，男士其次，女士隨後　(D)帶位員先行，女士其次，男士隨後。　【100】

（　）7. 出席音樂會時，下列敘述何項最不恰當？　(A)務必提早於開演前十分鐘入場，以免影響節目演出　(B)如果遲到，應俟節目告一段落後再行進場入座　(C)持有手機者要記得將手機轉成靜音或震動　(D)不宜攜帶嬰兒或小孩入場。　【105】

（　）8. 觀賞音樂會時，可於何時獻花：　(A)演出結束　(B)演出前　(C)每節結束　(D)中場。　【94外華領】

（　）9. 參觀美術館時，下列行為何者不適當？　(A)為了保護展出的藝術品禁用閃光燈　(B)導遊在館內應大聲解說　(C)進場時大型背包、傘等應留在館外　(D)館內藝術品禁止觸摸。　　　　　　　　　　　　　【95外華領】

（　）10. 公共場合的禮儀，下列行為何者不適宜？　(A)公共場合不談家裡私事或談論別人　(B)行走時不大聲打招呼　(C)參觀動物園時可餵食物　(D)使用公共洗手間要保持清潔，補妝要快速完成。　　　　　　　　【95外華領】

（　）11. 使用游泳池或溫泉池時，下列何種舉止合乎禮儀？　(A)入池前，先淋浴　(B)在池內換氣、吐口水　(C)在池內搓腳、洗腳　(D)游畢或洗畢換下泳裝後，在池邊洗腳穿鞋。　　　　　　　　　　　　【94外華領】

（　）12. 聽音樂會的鼓掌禮儀，下列敘述何者不正確？　(A)兩個樂章之間應該鼓掌　(B)指揮者的雙手已完全放下後鼓掌　(C)指揮者轉身鞠躬後始鼓掌　(D)表演結束後起立鼓掌。

（　）13. 到醫院探訪病人，下列敘述何者錯誤？　(A)須先詢問探病時間，以免徒勞無功　(B)衣著須鮮豔充滿朝氣，才能帶給病人歡樂　(C)不清楚病房號碼，可在櫃檯詢問，不可一間間病房敲門　(D)進入病房宜先敲門，得到應允才可進入。　　　　　　　　　　　　　　　【102外華領】

（　）14. 拜訪禮儀應考量到主人的方便性，下列行為何項不適當？　(A)事先約好時間　(B)拜訪時間不宜太長　(C)事先說明大約離開時間　(D)於用膳時間拜訪　　　　　　　　　　　　　　　　　　　　　　　　　　　【107】

（　）15. 有關舞會禮儀的敘述，下列何者正確？　(A)要從頭至尾和同一位舞伴共舞，以示尊重　(B)要盛裝出席並且帶著解酒液，以備不時之需　(C)邀請人應在二週前將請帖發出，以利賓客準備　(D)化妝舞會就是要扮演 Cosplay，驚艷全場是一定必要的。　　　　　　　　　　【111】

（　）16. 日本友人邀請你至家中用餐，表示主人對你的態度是　(A)重視你這位朋友　(B)不太熟悉的朋友　(C)到餐廳用餐很貴　(D)到餐廳用餐太麻煩。　　　　　　　　　　　　　　　　　　　　　　　　　　　　【111】

（　）17. 有關欣賞歌劇或音樂會之禮儀，下列何者較不適宜？　(A)需提早入座　(B)自備飲料、爆米花但不可帶味道重的食物入場　(C)須注意服裝儀容合宜　(D)若遲到則須待中場休息時間才可入場。　　　【112】

（　）18. 有關相互餽贈禮物表示雙方的友好關係，下列敘述何者錯誤？　(A)送新鈔現金給新婚夫婦　(B)送小牛皮製成的皮鞋，給信奉印度教的友人　(C)送猶太教友人的食品，不能含有豬肉成分　(D)送玫瑰花束給自家夫人。　　　【112】

（　）19. 參觀博物館、美術館時，下列行為何者不適當？　(A)為了將展品拍清楚，使用自拍棒是最好的辦法　(B)對館內展品不了解時可以輕聲請教導覽人員，勿高聲談論　(C)大型背包、雨傘與外套須放在寄物處　(D)須留意館內是否可以拍照或使用閃光燈。　　　【112】

解答　1.(A)　2.(B)　3.(A)　4.(A)　5.(D)　6.(D)　7.(ABCD)　8.(A)　9.(B)　10.(C)　11.(A)　12.(A)　13.(B)　14.(D)　15.(C)　16.(A)　17.(B)　18.(B)　19.(A)

職場的禮儀

（　）1. 電話留言時，下列何者不必說明？　(A)姓名　(B)電話號碼　(C)時間 (D)詳細事由。　　　　　　　　　　　　　　　　　　　　　　　　【94外華導】

（　）2. 關於一般電話禮儀，下列何項敘述錯誤？　(A)說話速度要合宜，不可 因趕時間而太快　(B)接聽電話，留意自己說話的口氣　(C)若有些話不 想讓對方聽見，最好按住話筒談話　(D)用餐時間，接聽電話，不宜邊 說話，邊吃東西。　　　　　　　　　　　　　　　　　　　　　　【103】

（　）3. 在公司接待貴賓時，應如何引導？　(A)走在貴賓前面數步，引導貴賓 行走　(B)電梯內無服務員時，自己後進先出　(C)走在客人左後方半步 (D)走在客人中間。　　　　　　　　　　　　　　　　　　　　　　【106】

 解答　　1.(D)　　2.(C)　　3.(A)

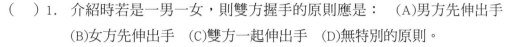

商務的禮儀

( ) 1. 介紹時若是一男一女，則雙方握手的原則應是： (A)男方先伸出手 (B)女方先伸出手 (C)雙方一起伸出手 (D)無特別的原則。

【95外華導】

( ) 2. 正式晚宴時，男士若不知道隔鄰女士姓名時，則： (A)男士應先自我介紹，再請女士自我介紹 (B)請女主人來幫忙做介紹 (C)男士請女士先自我介紹 (D)請男主人來幫忙做介紹。 【93外華導】

( ) 3. 有關民間與官方人員在交換名片時，正確的作法是： (A)非官方先給官方 (B)任其自由 (C)官方先給非官方 (D)在對方名片上書寫對方的姓名。 【93外華導】

( ) 4. 遞送或接受名片時，下列何種行為不合乎禮儀的規範？ (A)遞送者雙手齊胸奉上 (B)遞送者將名片的字體正面朝向對方 (C)接受者複誦對方名字 (D)接受者隨手放入口袋。 【93外華導】

( ) 5. 下列何種場合或時機，女士應該脫下手套？ (A)用餐時 (B)露天酒會 (C)賽馬會 (D)作禮拜時。 【95外華導】

( ) 6. 依國際禮儀慣例，下列握手方式何者恰當？ (A)由男士主動伸手向女士請握 (B)女士必須將手套取下 (C)男士不可將手套取下 (D)由長輩主動先伸手向晚輩請握。 【98】

( ) 7. 在高爾夫球場禮儀中，當有人要揮桿時，下列何者較適宜？ (A)避免交談保持安靜 (B)到處走動觀望 (C)接聽手機 (D)揮手提醒打招呼。

【98】

( ) 8. 下列何種場合，不行鞠躬禮？ (A)婚禮 (B)喪禮 (C)教徒謁見教宗 (D)人民謁見元首。 【99】

( ) 9. 下列介紹詞語中，何者較不符合一般介紹的順序原則？ (A)「部長夫人，容我介紹陳先生」 (B)「劉太太，容我介紹鄭小姐」 (C)「李先生，容我介紹吳小姐」 (D)「張董事長，容我介紹王先生」。

（　）10. 有關握手禮儀，下列敘述何項錯誤？　(A)握手時，無需一邊鞠躬一邊握手　(B)男士與初次介紹認識之女士，通常不行握手禮　(C)男士為顯示紳士風度，宜先伸手向女士行握手禮　(D)主人對客人有先伸手相握之義務。　　　　　　　　　　　　　　　　　　　　【103】

（　）11. 有關交換名片的禮儀，下列敘述何者均不恰當？　(A)在臺灣，傳遞名片時應雙手奉上　(B)接受對方名片時，為表示尊重，應複誦名片上的名字及頭銜　(C)接受對方名片時，應將名片立即隨手放入口袋　(D)遞送名片時，應將名片的字體正面朝向對方。　　　　　　【105】

（　）12. 介紹男女相互認識的順序為何？　(A)先將男士介紹給女士　(B)先將女士介紹給男士　（C）先請男士自我介紹　（D）先請女士自我介紹。

　　　　　　　　　　　　　　　　　　　　　　　　　　　　　　　【101】

（　）13. 在社交禮儀中，有關介紹的先後順序下列何者正確？　(A)將年長者介紹給年輕者　(B)將男賓介紹給女賓　(C)將地位高的介紹給地位低的　(D)將有貴族頭銜的介紹給平民。　　　　　　　【102外華領】

（　）14. 下列有關見面行握手禮的敘述，何項較為適當？　(A)主人與客人，由客人先伸出手　(B)長官與下屬，由下屬先伸出手　(C)男士與女士，由女士先伸出手　(D)年長者與年輕者，由年輕者先伸出手。　　　【106】

（　）15. 關於社交禮儀介紹之順序，下列何項不是考慮因素？　(A)社會地位　(B)年齡　(C)性別　(D)國籍。　　　　　　　　　　　　　　【107】

解答　　　1.(B)　　2.(A)　　3.(C)　　4.(D)　　5.(A)　　6.(D)　　7.(A)　　8.(C)　　9.(C)　　10.(C)
　　　　11.(CD)　12.(A)　13.(B)　14.(C)　15.(D)

旅遊的禮儀

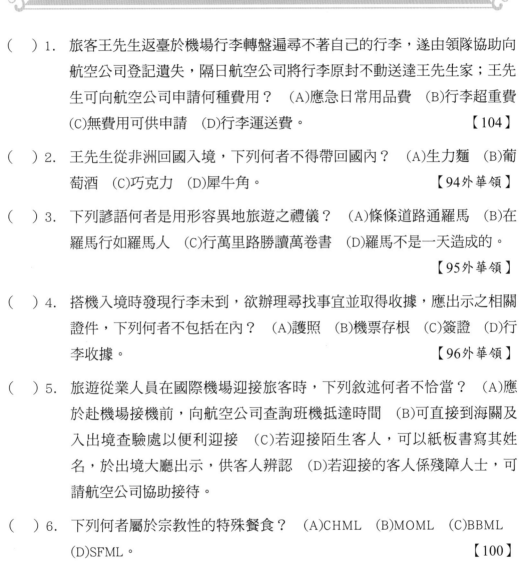

（　）1. 旅客王先生返臺於機場行李轉盤遍尋不著自己的行李，遂由領隊協助向
航空公司登記遺失，隔日航空公司將行李原封不動送達王先生家；王先
生可向航空公司申請何種費用？　(A)應急日常用品費　(B)行李超重費
(C)無費用可供申請　(D)行李運送費。　　　　　　　　　　　　【104】

（　）2. 王先生從非洲回國入境，下列何者不得帶回國內？　(A)生力麵　(B)葡
萄酒　(C)巧克力　(D)犀牛角。　　　　　　　　　　　　　【94外華領】

（　）3. 下列諺語何者是用形容異地旅遊之禮儀？　(A)條條道路通羅馬　(B)在
羅馬行如羅馬人　(C)行萬里路勝讀萬卷書　(D)羅馬不是一天造成的。

　　　　　　　　　　　　　　　　　　　　　　　　　　　　【95外華領】

（　）4. 搭機入境時發現行李未到，欲辦理尋找事宜並取得收據，應出示之相關
證件，下列何者不包括在內？　(A)護照　(B)機票存根　(C)簽證　(D)行
李收據。　　　　　　　　　　　　　　　　　　　　　　　【96外華領】

（　）5. 旅遊從業人員在國際機場迎接旅客時，下列敘述何者不恰當？　(A)應
於赴機場接機前，向航空公司查詢班機抵達時間　(B)可直接到海關及
入出境查驗處以便利迎接　(C)若迎接陌生客人，可以紙板書寫其姓
名，於出境大廳出示，供客人辨認　(D)若迎接的客人係殘障人士，可
請航空公司協助接待。

（　）6. 下列何者屬於宗教性的特殊餐食？　(A)CHML　(B)MOML　(C)BBML
(D)SFML。　　　　　　　　　　　　　　　　　　　　　　　　【100】

（　）7. 旅客在國外旅途中就醫，被診斷為「Allergy」，係指下列何者？　(A)
盲腸炎　(B)懷孕　(C)發高燒　(D)過敏症。　　　　　　　　　　【106】

（　）8. 旅客遺失下列何種財物時，不但不能掛失止付，而且報警找回的可能性
微小？　(A)信用卡　(B)旅行支票　(C)現金　(D)匯票。　　　　【106】

（　）9. 長途搭乘飛機很容易引起所謂「深層靜脈栓塞(Deep Vein Thrombosis-
DVT)」的疾病，為避免此疾病的發生，下列敘述何者錯誤？　(A)多喝

水，少喝咖啡、茶與酒類等刺激性飲品，因水分流失可能更快　(B)因長途飛行，穿著盡量寬鬆舒適，以免久坐而感到不適　(C)找尋適當時機起身做些伸展運動，尤其是腿部的活動更應加強　(D)在飛機上應盡量找機會睡覺，補充體力。　　　　　　　　　　　　　　【104】

(　　) 10. 旅客攜帶超額菸酒入境，若未依規定向海關申報者，則下列何者罰鍰金額最高？　(A)2公升酒　(B)2磅菸絲　(C)50支雪茄　(D)400支捲菸。　　　　　　　　　　　　　　　　　　　　　　　　　　　【111】

(　　) 11. 機票上表示中華民國貨幣的國際標準代碼為何？　(A)NUC　(B)THB　(C)NTD　(D)TWD。　　　　　　　　　　　　　　　　　【111】

(　　) 12. 依據洗錢防制物品出入境申報及通報辦法規定，旅客出入境，同一人於同日單一航次攜帶超越自用目的之鑽石、寶石及白金等，總價值逾等值新臺幣多少金額，應依規定向海關申報？　(A)總價值逾等值新臺幣10萬元　(B)總價值逾等值新臺幣20萬元　(C)總價值逾等值新臺幣30萬元　(D)總價值逾等值新臺幣50萬元。　　　　　　　　　　【112】

(　　) 13. 下列英文縮寫何者表示機票「不可背書轉讓」？　(A)NONEND　(B)NONRFND　(C)NONRTG　(D)EMBARGO。　　　　　　　　【112】

(　　) 14. 西方的吻手禮，應由誰主動？　(A)女方主動伸手讓男方吻手　(B)男女誰主動皆適宜　(C)男方主動伸手握女方之手吻手　(D)女方主動伸手握男方之手吻手。　　　　　　　　　　　　　　　　　　　【112】

解答　1.(C)　2.(D)　3.(B)　4.(C)　5.(B)　6.(B)　7.(D)　8.(C)　9.(D)
　　　10.(C)　11.(D)　12.(D)　13.(A)　14.(A)

國際間的禮儀

( ) 1. 日本(Japan)、美國(USA)、加拿大(Canada)與法國(France)參與的國際會議中，依一般原則其排名先後次序應為：　(A)美國、加拿大、日本、法國　(B)美國、法國、加拿大、日本　(C)日本、加拿大、法國、美國　(D)加拿大、法國、日本、美國。　　　　　　　　　　【94外華領】

( ) 2. 懸掛多國國旗時，依例應按照何種順序排列？　(A)國家大小　(B)地理位置　(C)英文字母　(D)國力強弱。　　　　　　　　　　　　【97】

( ) 3. 進入清真寺參觀時，下列穿著之敘述何者錯誤？　(A)可著無袖上衣　(B)可著長褲　(C)不可著短褲　(D)不可穿鞋。　　　　　　　【外華領】

( ) 4. 在西方社會認為7是幸運的數字，而中國社會則喜歡8這個數字。對此差別說明東、西方社會存在著何種差異？　(A)價值觀差異　(B)文化差異　(C)認知失調　(D)行為差異。　　　　　　　　　　　　　【96外華領】

( ) 5. 在國內，國旗與其他國家的四面國旗豎立掛旗時，本國國旗應置於何處？　(A)最左邊　(B)最右邊　(C)最中間　(D)中間偏右一。

【96外華領】

( ) 6. 一般日本人初次見面的禮俗，下列敘述何者正確？　(A)以鞠躬方式行招呼禮，直接稱呼其姓名　(B)見面即應交換名片，且應以雙手承接或奉上　(C)日本人注重送禮，禮物應以紅色紙包裝　(D)交談時保持適當距離，並應時時拍打其肩膀。

( ) 7. 給法國人賀禮時，下列何項圖案被視為禁忌？　(A)獅子　(B)仙鶴　(C)長頸鹿　(D)金魚。　　　　　　　　　　　　　　　　　　　【105】

( ) 8. 在德國不適合送什麼花，因為此種花代表死亡？　(A)玫瑰花　(B)百合花　(C)菊花　(D)康乃馨。　　　　　　　　　　　　　　　　　【105】

( ) 9. 懸掛多國國旗之原則，下列敘述何項錯誤？　(A)國旗之懸掛，以右為尊，左邊次之　(B)以地主國國旗為尊，他國國旗次之。故在國外如將我國國旗與駐在國國旗同時懸掛時，駐在國國旗居右，我國國旗居左

(C)當多於10國以上國旗並列時，以國名之英文字母首字為序，依次排列，惟地主國國旗應居首位。即排列於所有國家國旗之最右方，亦即面對國旗時觀者之最右方　(D)當少於10國以下國旗並列時，雙數時地主國居中央之右，其餘各國依字母先後分居地主國左右。而單數時，地主國居中央之首位。

【103】

(　　)10.下列那一國的人民信仰中，認為頭頂是神聖的，所以對小朋友要避免用摸頭表達善意？　(A)馬來西亞　(B)泰國　(C)日本　(D)韓國。

【111】

解答　　1.(D)　2.(C)　3.(A)　4.(B)　5.(C)　6.(B)　7.(B)　8.(C)　9(C)　10.(B)

Chapter 1~10 習作

第一章

◆ 1. 請安排男女同學一起進入西餐廳，男同學如何協助女同學入座及女同學應如何擺置其手提包之正確示範。

◆ 2. 請同學將西餐餐具擺在正確的位置。

◆ 3. 請同學示範品酒的步驟。

第二章

◆ 1. 請同學示範領帶的打法。

◆ 2. 請專業化妝師教導同學化妝，並介紹化妝品的用法，之後請同學化一個適合自己的妝。

◆ 3. 請男女示範適宜的衣著及化妝參加正式場合。

第三章

◆ 1. 請同學填寫飯店的旅客住宿資料單，中英文各一份。

第四章

◆ 1. 請4~5位同學分別擔任不同的身分地位，示範乘車時上下次序及座位的安排。

第五章

◆ 1. 請同學寫一封E-Mail給老師。

◆ 2. 請同學扮演受訪者接受記者同學的訪問。

第六章

◆ 1. 請同學談談探病時有哪些話題適合與病患交談。

◆ 2. 請同學示範華爾滋，從邀舞至結束應有哪些禮節。

第七章

◆ 1. 請同學示範於辦公室內接聽電話，情形為來電者欲找的人不在位置上。

◆ 2. 請同學練習一段電話英文。

◆ 3. 請同學當面試者，老師當口試委員面試同學（從入門至出門整個過程）。

第八章

◆ 1. 請同學示範互相介紹應遵守的禮節，並由老師安排同學為不同身分。

◆ 2. 請同學相互握手。

◆ 3. 請同學示範擁抱禮。

第九章

◆ 1. 請一位同學練習打電話至航空公司訂位，內容為：

(1) 201X年8月8日。

(2) 由臺北至洛杉磯最晚的班機。

(3) 經濟艙。

(4) 素食。

第十章

◆ 1. 何謂降半旗？

◆ 2. 地主國與其他多國國旗並列時，如何排列懸掛之？

New Wun Ching Developmental Publishing Co., Ltd.
New Age · New Choice · The Best Selected Educational Publications — NEW WCDP

NEW
WCDP

新文京開發出版股份有限公司

新世紀 · 新視野 · 新文京 ─ 精選教科書 · 考試用書 · 專業參考書